Herbert Deppisch
Robert Jung
Erhard Schleitzer

Tipps für neu- und wiedergewählte Personalratsmitglieder

aktiv im Personalrat

Herbert Deppisch / Robert Jung /
Erhard Schleitzer

Tipps für neu- und wiedergewählte Personalratsmitglieder

Rechtliches Wissen und soziale Kompetenz

5., überarbeitete und aktualisierte Auflage

BUND
VERLAG

Bibliografische Information der Deutschen Nationalbibliothek
Die Deutsche Nationalbibliothek verzeichnet diese Publikation in der Deutschen Nationalbibliografie; detaillierte bibliografische Daten sind im Internet über *http://dnb.d-nb.de* abrufbar.

5., überarbeitete und aktualisierte Auflage 2022

Umschlag: Bernd Adam, Weinheim
Satz: Dörlemann Satz, Lemförde
Druck: CPI books GmbH, Birkstr. 10, 25917 Leck

ISBN 978-3-7663-7218-5

www.bund-verlag.de

Vorwort

Nunmehr bereits in 5. Auflage dürfen wir wieder »Tipps für neu- und wiedergewählte Personalräte« geben. Verlag und Autoren freuen sich, dass die »Tipps« bei vielen Personalräteschulungen verwendet werden und dass auch erfahrene Personalratsmitglieder immer wieder mal einen Blick in das Büchlein werfen, um eine Meinung bestätigt zu bekommen oder sich die ein oder andere Anregung zu holen.
Ganz besonders bedanken wir uns bei allen Kolleginnen und Kollegen, die durch Anregungen, Nachfragen oder Hinweise auch den Autoren Stoff für neue Themengebiete oder Überarbeitungen gegeben haben. Natürlich freuen wir uns auf weitere Rückmeldungen.
Diese Auflage der »Tipps« steht ganz im Zeichen der Novellierung des Bundespersonalvertretungsgesetzes vom 9. Juni 2021 (BGBl. I. S. 1614). Der Novellierung des BPersVG widmen wir uns in den Vorbemerkungen. Für die Personalräte im Länderbereich bedeutet dies, dass sie beim Lesen dieser Auflage besonders aufmerksam sein müssen. Denn rechtliche Regelungen haben sich zum Teil geändert, so dass immer zu vergleichen ist, welche landespersonalvertretungsrechtliche Regelung vor Ort gilt. Grundlage der aktuellen Auflage ist das BPersVG, Schwerpunkt bleibt aber weiterhin die praktische Personalratsarbeit, unabhängig von den gesetzlichen Grundlagen. Wir gehen aber davon aus, dass die 2021 auf der Bundesebene erfolgte Novellierung in den nächsten Jahren auch Änderungen, Ergänzungen und Neugestaltungen in den Landespersonalvertretungsgesetzen nach sich ziehen wird.
Noch zwei Hinweise: Allen neu gewählten Personalratsmitgliedern empfehlen wir eine Grundschulung, entweder zum BPersVG oder zum jeweiligen Landespersonalvertretungsgesetz – zum Beispiel bei einem gewerkschaftlichen Bildungsträger (ver.di Bildungswerke, ver.di bildung & beratung, DGB-Bildungswerke, ...). Denn: Unser Buch gibt vielfältige »Tipps«, ersetzt aber keine mehrtägige Grundschulung. Für vertiefte rechtliche Fragen weisen wir für den Bereich des BPersVG auf den Kommentar für die Praxis zum BPersVG aus dem Bund-Verlag hin (Altvater

u. a.). Für den schnellen Überblick gibt es, ebenfalls aus dem Bund-Verlag, den Basiskommentar zum BPersVG. Ferner empfehlen wir die für die Landespersonalvertretungsgesetze entsprechenden Basiskommentare.
Wichtig außerdem: Aus Gründen der sprachlichen Vereinfachung und zur besseren Lesbarkeit haben wir ausschließlich die männliche Form verwendet; alle emanzipierten Leserinnen und Leser mögen uns dies nachsehen.
Wichtige Begriffe sind fett gedruckt; ein Stichwortverzeichnis am Ende soll das Auffinden der Begriffe erleichtern.
Grundlage der personalvertretungsrechtlichen Erläuterungen ist das Bundespersonalvertretungsgesetz (BPersVG). Es gilt jedoch ausschließlich für die Behörden und Einrichtungen des Bundes. Wegen der föderalen Struktur der Bundesrepublik gibt es in allen Bundesländern eigenständige Landespersonalvertretungsgesetze. Für die entsprechenden Mitbestimmungsgesetze der Bundesländer sind die Hinweise deshalb nur dann übertragbar, wenn die Bestimmungen wortgleich sind.

Wir wünschen allen Leserinnen und Lesern bei der Lektüre dieser Auflage neben dem Erkenntnisgewinn viel Spaß und den erwarteten Lernerfolg!

Frankfurt am Main, im Dezember 2021

Die Autoren

Inhaltsverzeichnis

Vorwort ... 5
Abkürzungsverzeichnis ... 13

Vorbemerkungen
Das neue BPersVG 2021 – Informationen und Einschätzungen 17

1. Was ist der Öffentliche Dienst? Aktuelle Tendenzen ... 23

2. Verschiedene Erwartungen an neugewählte Personalratsmitglieder ... 28
2.1 Hurra, ich bin gewählt! Warum? ... 28
2.2 Welche Erwartungen haben die Beschäftigten an die Personalratsmitglieder? ... 30
2.3 Welche Erwartungen hat die Dienststellenleitung an die Personalratsmitglieder? ... 32

3. Einarbeitung in die Rechtsgrundlagen ... 36
3.1 Das Verhältnis von Bundespersonalvertretungsgesetz zu den Landespersonalvertretungsgesetzen ... 36
3.2 Tipps zur Einarbeitung in das Personalvertretungsgesetz oder: »Wie fange ich an?« . 39

4. Der neugewählte Personalrat beginnt seine Arbeit ... 43
4.1 Ich bin in den Personalrat gewählt – was bedeutet dieses Amt? ... 43
4.2 Der Personalrat hat bereits eine Vorgeschichte ... 45
4.3 Die erste Orientierung für neue Personalratsmitglieder ... 48
4.3.1 Wo findet die Personalratsarbeit statt? ... 48
4.3.2 Wer ist mein Gegenüber? Wie sind die Vorgaben für die Zusammenarbeit? ... 50

4.3.3 Wen vertrete ich im Personalrat? 54
4.3.4 Die Arbeit wird verteilt 56
4.4 Die wichtigsten Formalien, Begriffe und Zusammenhänge zur Orientierung für die Personalratsarbeit 58
4.4.1 Das Amt des Personalratsvorsitzenden 58
4.4.2 Wahl des Vorsitzenden 60
4.4.3 Abwahl des Personalratsvorsitzenden 61
4.4.4 Aufgaben des Personalratsvorsitzenden 62
Führung der laufenden Geschäfte 63
Vertretung des Personalrats nach außen 64
Einberufung von Sitzungen 65
Entgegennahme von Entschuldigungen 66
Festlegung der Tagesordnung 66
Sitzungsleitung 68
Unterzeichnung des Sitzungsprotokolls 69
Einberufung der Personalversammlung 69
Leitung der Personalversammlung 69
Unterzeichnung von Dienstvereinbarungen 70
Entgegennahme von Anträgen des Arbeitgebers in Mitbestimmungsangelegenheiten 70
4.4.5 Die stellvertretenden Vorsitzenden 70
4.4.6 Das Amt des Schriftführers 71
4.4.7 Sitzungen 72
Die Geschäftsordnung des Personalrats 72
Durchführung von Sitzungen 73
Der ordnungsgemäße Personalratsbeschluss 75
Aussetzen von Beschlüssen? 76
4.4.8 Dienstvereinbarungen 76
Rechtlicher Rahmen von Dienstvereinbarungen 76
Mögliche Gegenstände von Dienstvereinbarungen nach dem BPersVG 77
Wichtige Voraussetzungen für Dienstvereinbarungen 79
Erzwingbarkeit von Dienstvereinbarungen? 80
4.4.9 Schulung für Personalratsmitglieder 80
Rechtliche Grundlagen 80
Planung der Schulungen 81
4.4.10 Ausschüsse des Personalrats 82
4.4.11 Freistellung von der Arbeit für Personalratstätigkeiten 82

4.5 Der Personalrat bestimmt mit 83
4.5.1 Die uneingeschränkte Mitbestimmung 84
4.5.2 Die eingeschränkte Mitbestimmung................ 84
4.5.3 Die Mitwirkung 84
4.5.4 Die Anhörung 85
4.5.5 Beteiligung bei Kündigungen 86
4.5.6 Informationsrecht 86
4.5.7 Initiativrecht.................................. 87
4.6 Das Personalratsbüro: Ausstattung und Rechtsgrundlagen 87
4.6.1 Sachmittel für die Personalratsarbeit 87
4.6.2 Fachliteratur 94
4.6.3 Schwarzes Brett und Bekanntmachungen 96
4.6.4 Publikationen des Personalrats 97
4.7 Stufenvertretungen 97
4.8 Zusammenarbeit mit anderen Personen, Gremien und Institutionen............................. 99
4.8.1 Schwerbehindertenvertretung..................... 99
4.8.2 Jugend- und Auszubildendenvertretung (JAV)....... 101
4.8.3 Gleichstellungsbeauftragte........................ 102
4.8.4 Beschwerdestelle nach § 13 AGG 103
4.8.5 Datenschutzbeauftragte 104
4.8.6 Arbeitsschutzausschuss, Betriebsarzt, Fachkraft für Arbeitssicherheit, Sicherheitsbeauftragte......... 106
4.8.7 Gewerbeaufsichtsamt, Berufsgenossenschaft, Unfallkasse 110
4.9 Sachkundige Personen 112

5. Die laufende Arbeit des Personalrats.................. 114
5.1 Der Personalrat als Gremium 114
5.1.1 Aufgaben und Selbstverständnis des Personalrats 115
5.1.2 Regeln für den Umgang mit internen Konflikten..... 116
5.1.3 Personalratsvorsitz und Arbeitsteilung im Personalrat 118
5.2 Der bewusste Umgang mit Zeit und mit den eigenen Kräften 121
5.2.1 Zeitkontingent für die Personalratsarbeit 121
5.2.2 Vom Reagieren zum Agieren....................... 123
5.2.3 Agieren des Personalrats.......................... 125
5.2.4 Der Faktor Kontinuität........................... 127
5.2.5 »Ich habe Stress« 129

5.2.6 Zeitmanagement ... 130
5.2.7 Internes »Controlling« des Personalrats ... 132
5.3 Effektives Arbeiten im Personalrat ... 133
5.3.1 Büroorganisation im Personalrat ... 133
5.3.2 Arbeitsrecht und Schulungen ... 137
5.3.3 »Prima Klima« im Personalrat ... 138
5.3.4 Informationspolitik des Personalrats ... 138
Personalversammlung ... 139
Sprechstunden des Personalrats ... 140
Das Schwarze Brett ... 141
Intranet und Soziale Medien ... 142
5.3.5 Umgang mit der Schweigepflicht ... 143
5.3.6 Aktivierung der Beschäftigten ... 144
5.3.7 Der Personalrat und die »lieben Mitarbeiter« ... 145
5.3.8 Personalrat und Mobbing ... 146
5.4 Verhandlungen mit dem Arbeitgeber ... 148

6. »Wenn zwei sich streiten ...«: Der Rechtsweg für Personalräte ... 151
6.1 Verwaltungsgerichtsweg ... 152
Weiterer Instanzenweg ... 155
6.2 Einigungsstellenverfahren ... 155
6.2.1 Bildung und Zusammensetzung der Einigungsstelle ... 157
6.2.2 Aufhebung von Beschlüssen der Einigungsstelle durch die oberste Dienstbehörde ... 159

7. Benachteiligungsverbot, Kündigungs- und Rechtsschutz für Personalratsmitglieder ... 160
7.1 Behinderungsverbot ... 160
7.2 Benachteiligungsverbot ... 161
7.3 Versetzungs- und Abordnungsverbot ... 161
7.4 Kündigungsschutz ... 162

8. Personalrat und Gewerkschaft ... 166
8.1 Rolle und Aufgabe der Gewerkschaften ... 166
8.2 Unterschiedliche Aufgaben von Personalrat und Gewerkschaft ... 168
8.3 Die Rechte der Gewerkschaften im Öffentlichen Dienst ... 169
8.4 Unterstützung des Personalrats durch die Gewerkschaft ... 171

8.5 Personalratsarbeit und gewerkschaftliche Arbeit als gegenseitige Ergänzung 172

9. Personalrat und öffentlicher Arbeitgeber 175
9.1 Öffentliche Daseinsvorsorge 175
9.2 Die Schuldenbremse 176
9.3 Kurze Geschichte der Privatisierung der öffentlichen Dienstleistungen 178
9.4 Public Private Partnership 184
9.5 Stärkung der Motivation durch leistungsorientierte Vergütung?.................... 191
9.6 Konfliktpartnerschaft und Streitkultur.............. 194
9.7 Co-Management, Leitbilddiskussion und das »Roll-Back« der Arbeitgeber 195
9.8 DGB-Index »Gute Arbeit« 197

10. Tarifentwicklung im Öffentlichen Dienst 203
10.1 Modernisierung als Schlagwort für Wettbewerbsöffnung............................ 203
10.2 Wozu eigentlich Tarifverträge? 205
10.3 Überblick: Entwicklung des Tarifrechts im Öffentlichen Dienst 208
Geschichtliche Entwicklung und Strukturen 208
Exkurs: Die Entwicklung des Öffentlichen Dienstes ab den 90er Jahren 213
Konsequenz: Veränderung der Tariflandschaft!.... 214
Die zusätzliche Altersversorgung im Öffentlichen Dienst 220

Anhang 223
Mustervordrucke für die Mitwirkung von Personalräten bei Einstellungen, Eingruppierungen, Versetzungen, Umsetzungen und Kündigungen 224
Gruppe Arbeitnehmer 224
Gruppe Beamte 226
Gruppe Arbeitnehmer: Kündigung 228
Muster-Geschäftsordnung für einen Personalrat nach dem BPersVG 230
Katalog stets wiederkehrender Eckpunkte für Dienstvereinbarungen 234
Muster-Dienstvereinbarung Urlaubsplanung................ 235

Muster-Dienstvereinbarung Dienstplangestaltung in Schichtbetrieben 236
Wichtige Adressen. 237
Anschriften der ver.di-Landesbezirke 237
Anschriften der GEW-Landesverbände. 238
Anschriften der Landesbezirke der Gewerkschaft der Polizei . 239
Weitere Adressen. 240
Interessante Internetadressen 240

Weiterführende Literatur. 243
Stichwortverzeichnis. 247

Abkürzungsverzeichnis

Abb.	Abbildung
Abs.	Absatz
AG	Arbeitsgericht
AGG	Allgemeines Gleichbehandlungsgesetz
AiB	Arbeitsrecht im Betrieb (Zeitschrift)
ArbSchG	Arbeitsschutzgesetz
ArbStättVO	Arbeitsstättenverordnung
ArbZG	Arbeitszeitgesetz
Art.	Artikel
ASA	Arbeitsschutzausschuss
ASiG	Arbeitssicherheitsgesetz
Az.	Aktenzeichen
BAG	Bundesarbeitsgericht
BAT	Bundes-Angestelltentarifvertrag
BayPVG	Bayerisches Personalvertretungsgesetz
BBiG	Berufsbildungsgesetz
BDSG	Bundesdatenschutzgesetz
BErzGG	Bundeserziehungsgeldgesetz
BetrVG	Betriebsverfassungsgesetz
BGB	Bürgerliches Gesetzbuch
BGV	Berufsgenossenschaftliche Vorschriften
BGW	Berufsgenossenschaft für Gesundheitsdienst und Wohlfahrtspflege
BKK	Betriebskrankenkasse/n
BMT-G II	Bundesmanteltarifvertrag – Gemeinden
BPersVG	Bundespersonalvertretungsgesetz
BPR	Bezirkspersonalrat
BSchG	Beschäftigtenschutzgesetz
BTHG	Bundesteilhabegesetz
Buchst.	Buchstabe

BUrlG	Bundesurlaubsgesetz
BVerfG	Bundesverfassungsgericht
BVerwG	Bundesverwaltungsgericht
DGUV	Deutsche Gesetzliche Unfallversicherung
d. h.	das heißt
DO	Dienstordnung
EDV	Elektronische Datenverarbeitung
EFZG	Entgeltfortzahlungsgesetz
e. V.	eingetragener Verein
FASi	Fachkraft für Arbeitssicherheit
GG	Grundgesetz
ggf.	gegebenenfalls
gGmbH	Gemeinnützige Gesellschaft mit beschränkter Haftung
GJAV	Gesamt-Jugend- und Auszubildendenvertretung
GmbH	Gesellschaft mit beschränkter Haftung
GPR	Gesamtpersonalrat
GUV	Gemeinde-Unfallversicherungsverband
HJAV	Hauptjugend- und Auszubildendenvertretung
HPR	Hauptpersonalrat
IAO	Internationale Arbeitsorganisation
i. V. m.	in Verbindung mit
JArbSchG	Jugendarbeitsschutzgesetz
JAV	Jugend- und Auszubildendenvertretung
KAV	Kommunaler Arbeitgeberverband
KSchG	Kündigungsschutzgesetz
LAG	Landesarbeitsgericht
MuSchG	Mutterschutzgesetz
Nr.	Nummer
ÖD	Öffentlicher Dienst

ÖPR	Örtlicher Personalrat
o. J.	ohne Jahr
OVG	Oberverwaltungsgericht
PC	Personal Computer
PR	Personalrat
Rn.	Randnummer
SBG	Soldatenbeteiligungsgesetz
SGB	Sozialgesetzbuch
SchwbG	Schwerbehindertengesetz (= SGB IX)
SVLFG	Sozialversicherung für Landwirtschaft, Forsten und Gartenbau
TdL	Tarifgemeinschaft deutscher Länder
TEG	Tarifeinheitsgesetz
TOA	Tarifordnung für Angestellte
TVöD	Tarifvertrag für den öffentlichen Dienst
TV-L	Tarifvertrag für den öffentlichen Dienst der Länder
TV-N	Tarifvertrag Nahverkehr
TV-V	Tarifvertrag Versorgungsbetriebe
TzBfG	Teilzeit- und Befristungsgesetz
u. a.	unter anderem
Unterabs.	Unterabsatz
u. U.	unter Umständen
UVV	Unfallverhütungsvorschrift (jetzt: BGV)
v. a.	vor allem
VBG	Verwaltungs-Berufsgenossenschaft
VBL	Versorgungsanstalt des Bundes und der Länder
VGH	Verwaltungsgerichtshof
ver.di	Vereinte Dienstleistungsgewerkschaft
VerwG	Verwaltungsgericht
vgl.	vergleiche
VKA	Vereinigung der kommunalen Arbeitgeberverbände
z. B.	zum Beispiel
ZBR	Zeitschrift für Beamtenrecht
ZVK	Zusatzversorgungskasse

Vorbemerkungen
Das neue BPersVG 2021 – Informationen und Einschätzungen

Im Juni 2021 ist das novellierte BPersVG in Kraft getreten. Die Koalitionäre SPD und CDU/CSU hatten sich bereits im Koalitionsvertrag auf eine Novellierung verständigt. Dort wurde u. a. festgehalten:

»Der Koalitionsvertrag zwischen CDU, CSU und SPD für die 19. Legislaturperiode sieht daher vor, das Bundespersonalvertretungsgesetz zu novellieren … Im Mittelpunkt stehen Verbesserungen der Organisation und Arbeitsweise der Personalvertretungen, die gesetzliche Verankerung der geltenden Rechtslage und personalvertretungsrechtlichen Praxis sowie die Neustrukturierung, die Bereinigung sowie die sprachliche und redaktionelle Überarbeitung zur Verbesserung der Verständlichkeit und Anwenderfreundlichkeit.«

Zur Begründung der vorgelegten Umsetzung wurde formuliert: *»Die im Gesetzentwurf vorgesehenen Maßnahmen bilden den Grundstein für ein modernes und anwenderfreundliches Personalvertretungsrecht. Maßnahmen, die weiterhin intensiver Erörterung mit allen Beteiligten bedürfen, werden zunächst zurückgestellt. Die Fortentwicklung des Bundespersonalvertretungsrechts unter Berücksichtigung der sich stetig verändernden Organisations- und Arbeitsbedingungen in der öffentlichen Verwaltung bleibt ein kontinuierlicher Prozess.«* (Auszug Gesetzesbegründung, BT-Drucksache 19/26820, S. 1).

Für die Praxis bedeuten diese Vorgaben, dass es ein Mehr an Rechten für die Personalräte nicht geben sollte. Hier hat sich die Union durchgesetzt. Dagegen hatte der DGB im Vorfeld der Novellierung gefordert: Personalräte müssen über das gleiche Niveau an Mitbestimmungsrechten wie Betriebsräte verfügen.

»Es widerspricht schon dem gesunden Menschenverstand, dass der öffentliche Dienst und die Privatwirtschaft hier unterschiedlichen Maßgaben folgen.«

- Stärkung der Beteiligungsrechte in der stärker digitalisierten Arbeitswelt und zum Schutz der Beschäftigten im Sinne »Guter Arbeit«.
- Allzuständigkeit der Personalräte in allen personellen, sozialen und sonstigen innerdienstlichen Angelegenheiten, auch solcher organisatorischer oder wirtschaftlicher Art.
- Verbesserung der Arbeitsfähigkeit des Personalrats.

Praktisch konnte der DGB wichtige Anregungen in Verfahrensfragen, Vereinfachungen usw. geben.
Der Zugewinn an Beteiligungsmöglichkeiten ist allerdings eher bescheiden. Durch die neue Struktur wurden sogar Mitbestimmungstatbestände, die im alten BPersVG der vollen Mitbestimmung zugeordnet waren, zu eingeschränkten Mitbestimmungstatbeständen herabgestuft.
Was hat sich nun getan, hier ein kurzer Überblick:

- Das Gesetz wurde neu strukturiert.
- Das Gesetz wurde sprachlich überarbeitet (»gegendert«).
- Überholte Vorschriften wurden gestrichen.
- Das Wahlrecht wurde überarbeitet.
- Die Geschäftsführung des Personalrats wurde digitalisiert.
- Organisatorische Aspekte der Personalratsarbeit wurden überarbeitet.
- Neue allgemeine Aufgaben wurden in das Gesetz aufgenommen.
- Einige wenige neue Mitbestimmungstatbestände wurden geschaffen.
- Die Stellung der JAV wurde gestärkt.

Wer noch tiefer in den novellierten Text mit den Begründungen des Gesetzgebers eindringen möchte, sollte sich die beiden Bundestags-Drucksachen 19/26820 und 19/28839 im Internet anschauen.
Hier ein (nicht vollständiger) Überblick über die Änderungen, Ergänzungen, Neuerungen:

- Die Gewerkschaften haben nunmehr das Recht, auf dem Intranet-Auftritt des Arbeitgebers verlinkt zu werden (§ 9).
- Beschäftigte ab dem 16. Lebensjahr können nunmehr neben der JAV auch den Personalrat wählen (§ 14).
- Beschäftigte verlieren ihre Wahlberechtigung erst ab einer Beurlaubung von mehr als 12 Monaten – bisher: 6 Monate (§ 14).
- Beschäftigte können nun bereits nach 6 Monaten Beschäftigungszeit für den Personalrat kandidieren, die 12-monatige Zugehörigkeitsdauer zum öffentlichen Dienst wurde gestrichen (§ 15).

- Die Zahl der Wahlvorstandsmitglieder kann jetzt auch mehr als 3 betragen (ungerade Zahl); für die ordentlichen Wahlvorstandsmitglieder sollen durch den Personalrat bis zu drei persönliche Stellvertretungen bestellt werden (§ 21).
- Künftig gibt es mit dem 1. Juni einen einheitlichen Termin für den Beginn der Amtszeit des Personalrats und der JAV (§ 27).
- Es wird ein Übergangs- und Restmandat eingeführt, wenn Dienststellen aufgespalten, ausgegliedert, zusammengelegt, neu gebildet, aufgelöst oder privatisiert werden. Dadurch sollen personalratslose Zeiten vermieden werden (§ 29).
- Ausdrücklich wird festgehalten, dass die Personalratsmitglieder, die verhindert sind, an einer Sitzung teilzunehmen, sich unter Angabe der Gründe beim Personalratsvorsitzenden entschuldigen müssen (§ 36).
- Bei der Terminierung von Sitzungen muss nunmehr auch auf die Arbeitszeiten der Personalratsmitglieder Rücksicht genommen werden, z. B. bei Teilzeitbeschäftigten (§ 36).
- Geregelt wurde auch die Frage der Teilnahme von Büropersonal an PR-Sitzungen. Dies ist nun für die Erstellung des Protokolls zulässig (§ 38).
- Video- und Telefonkonferenzen können durchgeführt werden, wenn nicht mindestens ein Viertel des Personalrats oder die Mehrheit einer Gruppe dies ablehnt (§ 38).
- In der Geschäftsordnung kann die Beschlussfassung im elektronischen Verfahren – der Datenschutz ist dabei zu beachten – vorgesehen werden. Die elektronische Beschlussfassung ist obsolet, wenn ein Personalratsmitglied widerspricht (§ 39).
- Neu eingefügt wurden Regelungen, wie bei persönlicher Betroffenheit eines Personalratsmitglieds (oder eines Angehörigen im Sinne des § 20 Abs. 5 des Verwaltungsverfahrensgesetzes) zu verfahren ist (§ 41).
- Die Kommunikation mit dem Arbeitgeber und auch untereinander kann nunmehr elektronisch erfolgen, wenn der Datenschutz beachtet wird (§§ 43, 63, 70, 77, 81).
- Sprechstunden können per Video- oder Telefonkonferenz durchgeführt werden (§ 45).
- Klargestellt wurde, dass dem Personalrat die in der Dienststelle üblicherweise genutzte Informations- und Kommunikationstechnik zur Verfügung zu stellen ist (§ 47).
- Das Gleiche gilt, wenn der Personalrat Informationen an die Beschäftigten geben will (§ 48).

- Klargestellt wurde auch, dass Teilfreistellungen möglich sind. Der geringste Umfang einer Teilfreistellung beträgt dabei 20 % eines Vollzeitbeschäftigten (§ 52).
- Vorstandsmitglieder und die zugewählten Ergänzungsmitglieder des Vorstands haben Anspruch auf volle Freistellungen, wenn dies die Beschäftigtenzahl ermöglicht (§ 53).
- Personalversammlungen können im Einvernehmen mit dem Dienststellenleiter mittels Videokonferenz in Nebenstellen oder Teile der Dienststelle übertragen werden (§ 58).
- Zu den allgemeinen Aufgaben des Personalrats kommt hinzu: Beantragen von Maßnahmen zur Bekämpfung gruppenbezogener Menschenfeindlichkeit in der Dienststelle. Ebenso: Fördern von Maßnahmen des Arbeitsschutzes und des Gesundheitsschutzes in der Dienststelle (§ 62).
- Klargestellt wurde, dass der Personalrat die für die Durchführung seiner Aufgaben erforderlichen personenbezogenen Daten erhält (§ 60).
- Komplett neu ist die Vorschrift über den Datenschutz für Personalräte (§ 69).
- Personalrat und Dienststellenleitung können längere Zustimmungsfristen freiwillig vereinbaren (§ 70).
- Die bisherige Rechtsprechung des Bundesverfassungsgerichts zur Bindung der Dienststellen an Beschlüsse der Einigungsstelle – bzw. der Aufhebung durch die oberste Dienstbehörde – wurde übernommen (§ 75).
- Neu aufgenommen wurde, dass die Leitung über Initiativanträge des Personalrats innerhalb von 6 Wochen entscheiden bzw. einen Sachstandshinweis erteilen soll (§ 77).
- Die Mitbestimmungsrechte wurden neu strukturiert: § 78 Personelle Angelegenheiten (eingeschränkte Mitbestimmung), § 79 Soziale Angelegenheiten (volle Mitbestimmung) und § 80 Organisatorische Angelegenheiten (volle Mitbestimmung).
- Die eingeschränkte Mitbestimmung bei Personalgestellung zu Dritten wurde neu aufgenommen (§ 78).
- Mehrere Tatbestände, die der vollen Mitbestimmung unterlagen, wurden in die eingeschränkte Mitbestimmung des § 80 überführt: § 75 Abs. 3 Nr. 14 – Absehen von der Ausschreibung von Dienstposten, die besetzt werden sollen; § 76 Abs. 2 Nr. 1 – Auswahl der Teilnehmer an Fortbildungsveranstaltungen; § 76 Abs. 2 Nr. 4 – Bestellung von Vertrauensärzten/Betriebsärzten als Beamte; § 78 Abs. 2 Nr. 9 – Geltendmachung von Ersatzansprüchen gegen einen Beschäftigten.

- Bei der Mitbestimmung in organisatorischen Angelegenheiten (§ 80) erfolgte eine Neuaufteilung, zum Teil mit Ergänzungen: »Arbeitszeit und Arbeitsformen« (Nr. 1 bis 5), »Bezüge und Entgelt« (Nr. 6 und 7), »Ausbildung, Fortbildung, Beurteilung, Auswahlrichtlinien« (Nr. 8 bis 13), »Vorschlagswesen, Personalfragebogen« (Nr. 14 und 15), »Gesundheits- und Arbeitsschutz« (Nr. 16 und 17) sowie »Hebung Arbeitsleistung, Arbeitsmethoden, technische Einrichtungen« (Nr. 18 bis 21).
- Im Bereich der Mitwirkung wurde die Aufspaltung oder Ausgliederung von Dienststellen oder wesentlichen Teilen von ihnen aufgenommen, ebenso die Privatisierung (§ 84).
- Die Arbeitsgemeinschaft der Hauptpersonalräte bei den obersten Bundesbehörden wurde in das BPersVG aufgenommen (§§ 96 bis 98).
- Für die JAV können nunmehr alle Beschäftigte, die sich in einer beruflichen Ausbildung befinden, ohne Altersgrenze kandidieren (§ 100).
- Klargestellt wurde, dass eine gleichzeitige Mitgliedschaft in der JAV und im Personalrat möglich ist (§ 100).
- Die JAV kann vom Personalrat verlangen, dass er der JAV die für Durchführung ihrer Aufgaben erforderlichen Unterlagen einschließlich der personenbezogenen Daten zur Verfügung stellt (§ 104).
- Die JAV hat nunmehr die Möglichkeit, mit der Dienststellenleitung ein Halbjahresgespräch zu führen, analog den Monatsgesprächen des Personalrats (§ 104).

Es ist davon auszugehen, dass Teile der Novellierung des BPersVG in den nächsten Jahren in die Landespersonalvertretungsgesetze einfließen werden. Die Arbeit der Gewerkschaften und der Personalratsgremien, für mehr Demokratie, mehr Beteiligungsrechte und bessere Arbeitsbedingungen der Personalräte und JAVen einzutreten, ist durch die Novellierung im Jahr 2021 nicht beendet, sie geht weiter.

1. Was ist der Öffentliche Dienst? Aktuelle Tendenzen

Die Vorstellungen über den Öffentlichen Dienst gehen weit auseinander. Die einen halten ihn für die »Bürokratie pur«, die jede Eigeninitiative von Unternehmen und Bürgern in einem Paragraphendschungel erstickt (dabei machen Politiker Gesetze und Verordnungen, nicht der Öffentliche Dienst selbst!). Andere wiederum halten den Öffentlichen Dienst für einen Hort der Gemächlichkeit mit der Einstellung »was Du heut nicht kannst besorgen, das verschiebe ruhig auf morgen«. Die Nächsten lernen den Öffentlichen Dienst als unangenehmen Bestandteil des Lebens kennen, wenn Sie einen Steuerbescheid mit Nachzahlung erhalten, mit Polizei oder Justiz in Konflikt geraten oder Unterhaltszahlungen leisten müssen. Bürger erleben den Öffentlichen Dienst aber auch als Retter in der Not, etwa Feuerwehr, Krankenhäuser, Notärzte oder die Bundeswehr bei Hochwassereinsätzen. Aber auch große Teile des Sozial- und Erziehungsdienstes gehören zum Öffentlichen Dienst, wie die Streiks um die Aufwertung dieser Berufsbilder in den letzten Jahren gezeigt haben.

Eines ist klar: Das Bild des Öffentlichen Dienstes, das sich an Beamten mit Ärmelschonern, Schirmmütze und präzise festgelegten Pausenzeiten orientiert, gehört der Vergangenheit an. Klar ist aber auch, dass sich dieses Bild über den Öffentlichen Dienst in vielen Köpfen verfestigt hat, sei es durch negative Erfahrungen oder auch durch gezielte Kampagnen in Teilen der Medien – besonders, wenn es um Einkommenserhöhungen für den Öffentlichen Dienst geht.

Öffentlicher Dienst ist also nicht gleich öffentlicher Dienst. Dem klassischen Öffentlichen Dienst – Bund, Länder und Gemeinden – stehen die so genannten »Satelliten« (Körperschaften des öffentlichen Rechts, Anwender des BAT, des TVöD oder inhaltsgleicher bzw. angelehnter Tarifverträge) zur Seite: gesetzliche Krankenkassen, Arbeitsverwaltung, Rentenversicherung, Berufsgenossenschaften, Sparkassen, Kirchen und Wohlfahrtsverbände, privatisierte Unternehmen im Wettbewerb und viele Einrichtungen mehr. Der Bundes-Angestelltentarifvertrag (BAT) galt lange Zeit als die »Leitwährung« des Öffentlichen Dienstes und seiner

Satelliten. Der BAT wurde durch den am 1. Oktober 2005 in Kraft getretenen Tarifvertrag für den öffentlichen Dienst (TVöD) abgelöst. Der TVöD ist dabei kein einheitliches Werk, es gibt unterschiedliche Regelungen für Bund und Gemeinden. Darüber hinaus enthält der Tarifvertrag Vorschriften für die Verwaltung, für Krankenhäuser und Betreuungseinrichtungen, für Sparkassen, Flughäfen und für Entsorgungsbetriebe. Die Regelungen für den Öffentlichen Dienst der Länder finden sich im TV-L, der im Jahr 2006 in Kraft getreten ist.

In all diesen unterschiedlichen Einrichtungen gibt es Personalräte, um die es in diesem Ratgeber gehen soll.

Welche aktuellen Tendenzen zeichnen sich im Öffentlichen Dienst ab?

Viele öffentliche Arbeitgeber versuchen, sich durch Ausgründung, Outsourcing, Privatisierung oder durch sonstige Maßnahmen von Teilen ihres Aufgabengebiets zu trennen, um damit Personalkosten einzusparen. Entweder sie werden mit dem ausgegründeten Teil Mitglied in einem anderen Arbeitgeberverband, mit dann niedrigeren Tarifen, oder sie schließen mit den Gewerkschaften einen Haustarifvertrag ab, der in der Regel schlechter ist, oder sie lassen Tarifverträge völlig auslaufen (einschließlich Kündigung der Mitgliedschaft in der Zusatzversorgung). Oder sie treten, wie im Januar 2003 das Land Berlin, aus dem Arbeitgeberverband aus (Wiedereintritt zum 1.1.2013 in die TdL). Zentrales Ziel solcher Maßnahmen ist immer die Senkung der Personalkosten; andere Gründe (etwa: mehr Effektivität oder schnellere Reaktionsmöglichkeiten auf sich verändernde Marktbedingungen) sind meist nur vorgeschoben. Die Flucht aus dem BAT bzw. jetzt dem TVöD erfolgt so auf verschiedene Weise.

Gleichzeitig werden die Gewerkschaften mit der Drohung der Ausgründung oder Privatisierung zu so genannten »Spartentarifverträgen« gezwungen, um so das Schlimmste zu verhindern. Dabei geht es in der Regel um Gehaltsabsenkungen für neu eingestellte Beschäftigte. Unter solchen Rahmenbedingungen kommt es immer wieder dazu, dass kleine, mitgliederschwache Gewerkschaften außerhalb des DGB den Arbeitgebern so genannte »Billig-Tarifverträge« anbieten (z.B. beim Roten Kreuz), um ihrerseits in das »Geschäft« Tarifverträge einsteigen zu können. Ein klassisches Beispiel ist hier die Gewerkschaft der Sozialversicherung (GdS), die 2009 u.a. mit der Schwenninger BKK einen Haustarifvertrag abgeschlossen hat, der in seinem Niveau etwa 30 % unter dem BKK-Branchentarifvertrag von ver.di, IG Metall und IG BCE liegt. Einen für die Arbeitgeberseite günstigen Tarifvertrag – im Vergleich zum BKK-Branchentarifvertrag – schloss die GdS im Jahr 2014 mit der BKK VBU (Verkehrsbau Union, Berlin) ab. Interessant ist hier, dass die

Beschäftigten von gesetzlichen Krankenkassen, die mit der BKK VBU fusionierten, seitdem »mit sanftem Nachdruck« angeregt werden, auf erworbene Rechte zu verzichten. Immer wieder hat das Bundesarbeitsgericht sog. Billiggewerkschaften die Tariffähigkeit entzogen, so z. B. der »Neuen Assekuranz-Gewerkschaft« (Nichtzulassung der Beschwerde zur Entscheidung des Hessischen Landesarbeitsgerichts vom 9. 4. 2015). Mit Beschluss vom 22. Juni 2021 (1 ABR 28/20) wurde der »Deutsche Handels- und Industrieangestelltenverband DHV – die Berufsgewerkschaft« für nicht tariffähig erklärt. Bei insgesamt (nach Angaben des DHV) rund 66 000 Mitgliedern über einen sehr großen Branchenbereich sah das BAG die Durchsetzungsfähigkeit bei Tarifverhandlungen als nicht gegeben an. So soll der finanzielle Druck, der auf vielen Arbeitgebern wegen einer verfehlten Finanz- und Steuerpolitik von Bund und Ländern in den letzten 15 Jahren lastet, an die Beschäftigten durch verschlechterte Tarifbedingungen weitergegeben werden. Auffällig ist, dass die öffentliche Hand durch die Politik – egal welcher Farbe – systematisch verarmt wurde, um Leistungskürzungen und Sozialabbau durchzusetzen. Gleichzeitig wurden dem Spekulantentum Tür und Tor geöffnet. Wenn sich die Spekulanten verspekulieren, steht der Staat mit Milliardenbeträgen dafür gerade.
Besonders im Bereich des Bundes und der Länder wurden und werden Beamte mehr und mehr als Speerspitze für Verschlechterungen gegenüber Arbeitnehmern und Auszubildenden benutzt. Um genauer zu sein: nicht die Beamten werden benutzt, sondern das einfach zu verändernde Beamtenrecht, das in den Händen von Politikern in Bund und Ländern liegt. Erhöhen die Bundesländer die Arbeitszeit für ihre Beamten, dann vor allem auch mit dem Hintergedanken, dies für ihre Arbeitnehmer ebenfalls einzuführen. Beamte müssen in dieser Logik auch dafür herhalten, als erste mit Kürzungen beim Weihnachts- oder Urlaubsgeld, bei der Grundbesoldung, der Jubiläumszuwendung, bei freien Tagen, der Beihilfe, bei den Essenzuschüssen usw. belastet zu werden. Die Diskussion über solche Kürzungen verstummt nicht; Teile des Streichkatalogs wurden in den letzten Jahren umgesetzt.
Zwischenzeitlich hat sich bei den Personalräten – unterstützt von ver.di – eine Gegenbewegung entwickelt. Auch bei einigen Arbeitgebern des Öffentlichen Dienstes ist bereits ein Umdenken festzustellen. So wurden Überlegungen zu Privatisierungen eingestellt oder erfolgte Privatisierungen sogar zurückgenommen. Die Modelle des Public Private Partnership (PPP) haben sich als unwirtschaftlich herausgestellt und werden von den Rechnungshöfen kritisiert. Oder die Arbeitszeit für Beamte – wie in Bayern – wurde wieder von 42 auf 40 Stunden reduziert. Erfolgreich war die erste europäische Bürgerinitiative in Deutschland, u. a. getragen von ver.di,

die sich dafür einsetzte, die Privatisierung der Trinkwasserversorgung durch ein Hintertürchen der EU-Kommission (Privatisierung durch eine Richtlinie) zu verhindern. Beispielhaft sind Arbeitgeber und Personalrat der Stadt Düsseldorf. Hier wird die Eigenreinigung Schritt für Schritt wieder kommunalisiert. Im Jahr 2020 betrug die Eigenreinigungsquote bereits rund 36 %, es wurden über 250 Beschäftigte neu eingestellt. Das Engagement des Personalrats wurde 2020 mit dem Deutschen Personalräte-Preis in Gold ausgezeichnet (s. Kap. 9.3.)
Auch die Zusatzversorgung für die Beschäftigten ist vielen Arbeitgebern im Öffentlichen Dienst zu teuer geworden. Es ist sicher richtig, dass durch die abnehmende Zahl der Beschäftigten im Öffentlichen Dienst immer weniger Aktive immer mehr Versorgungsrentner finanzieren müssen. An dieser Entwicklung sind jedoch die Arbeitgeber von Bund und Ländern beteiligt gewesen, besonders durch die Frühverrentungspolitik bei der Bundeswehr und vor allem durch zunehmende Privatisierungen. Ver.di und die Arbeitgeber von Bund, Ländern und Gemeinden haben im Herbst 2001 die »Zusatzversorgung« völlig neu gestaltet, um sie zukunftssicherer zu machen. Diese Zielsetzung wird mittlerweile konterkariert durch eine Reihe von Austritten der Arbeitgeber in den Bereichen Krankenkassen oder Berufsgenossenschaften aus den Zusatzversorgungskassen. Eine solche Politik lässt dann die Basis für eine sichere Altersversorgung in der Zusatzversorgung schrumpfen. Diese Arbeitgeber haben die Solidarität in der Zusatzversorgung aufgekündigt und wollen so mit eigenständigen Regelungen ihre Arbeitnehmer verstärkt an sich binden und Kosten einsparen. Es gibt auch Arbeitgeber, die von einer zusätzlichen Altersversorgung analog den Regelungen in der Versorgungsanstalt des Bundes und der Länder (VBL) völlig absehen. In der Tarifrunde 2015 im Bereich der Länder (TV-L) wurde hier durch die Arbeitgeber ein Angriff auf die Zusatzversorgung gestartet. Ziel war es, die Leistungszusage abzuschaffen und nur noch eine Zahlungszusage (Das heißt, der Arbeitgeber zahlt nur einen bestimmten Betrag pro Monat und Beschäftigten in die Zusatzversorgung ein. Was dies für die Leistungen bei Renteneintritt bedeutet, interessiert den Arbeitgeber nicht mehr.) für die Beiträge zu geben. Damit wäre die Zusatzversorgung im Alter für die Arbeitnehmer unkalkulierbar geworden. Gerade in Zeiten niedriger Zinsen hätte sich der Arbeitgeber aus seiner Verantwortung für die Zusatzversorgung gestohlen. Als Kompromiss wurde bei diesen Tarifverhandlungen eine moderate Anhebung des Eigenbeitrags der Beschäftigten im Länderbereich vereinbart. In weiteren Tarifbereichen wurde dieser Tarifabschluss sinngemäß übernommen. Die Leistungszusagen bleiben erhalten, die Eigenbeteiligung der Beschäftigten steigt moderat.

Weiterhin ist festzustellen, dass die Steuereinnahmen des Öffentlichen Dienstes seit einiger Zeit steigen und damit wieder mehr Spielraum für Einkommenserhöhungen bestünde. Allerdings profitieren besonders im kommunalen Bereich nicht alle Kommunen von dem »Steuersegen«.
Den einheitlichen »Öffentlichen Dienst« wie früher gibt es nicht mehr. Mittlerweile besteht der Öffentliche Dienst aus den verschiedensten Sparten und die verschiedenen Bereiche driften immer weiter auseinander. Dies ist das Ergebnis zahlreicher Privatisierungen, der Flucht aus dem BAT bzw. dem TVöD der Änderungen im Beamtenrecht und der Untergrabung der Basis für eine einheitliche Zusatzversorgung.
Dieser Ratgeber soll Personalräten Tipps an die Hand geben, wie sie sich innerhalb der immer undurchschaubaren Situation des ehemals einheitlichen Öffentlichen Dienstes besser zurechtfinden können und es will auch Handlungsperspektiven aufzeigen.
Noch eins ist den Autoren wichtig: Viele wesentliche Teile des TVöD und des Arbeitsrechts im Öffentlichen Dienst sind es wert, erhalten zu werden. Der neue TVöD ist das Ergebnis von Machtfragen zwischen den Gewerkschaften und den Arbeitgebern des Öffentlichen Dienstes. Die Arbeitgeber haben sich hier stark durchgesetzt. Es bleibt an den Arbeitnehmern zu erkennen, dass Tarifverträge »nicht vom Himmel fallen«, sondern gemeinsam erkämpft werden müssen. Der Eintritt in eine DGB-Gewerkschaft müsste für Arbeitnehmer, Personalräte, Jugendvertreter usw. eigentlich selbstverständlich sein, erfordert jedoch den Schritt vom »Einzelkämpfer« zum Beschäftigten, der die eigenen Interessen gemeinsam vertreten und durchsetzen will.
Auch in Corona- und Nach-Coronazeiten ist Engagement wichtig. Das Geld im Öffentlichen Dienst ist knapper geworden. Viel Geld wurde in die Hand genommen, um Unternehmen und Selbständige zu stützen, auch um Kurzarbeit zu finanzieren. Der Kampf um die Mittel hat bereits begonnen. So hat das Bundesgesundheitsministerium 2020 durchgesetzt, dass die Rücklagen der gesetzlichen Krankenkassen reduziert werden müssen. Kostensteigerungen im Gesundheitsbereich müssen dann früher mit Zusatzbeiträgen ausgeglichen werden. Insgesamt besteht die Gefahr, dass die durch die Bewältigung der Corona-Krise aufgehäuften Schulden auf Kosten der Beschäftigten im Öffentlichen Dienst und durch den Abbau der staatlichen und kommunalen Leistungen verringert werden sollen.

2. Verschiedene Erwartungen an neugewählte Personalratsmitglieder

Wer in den Personalrat gewählt wird, hat plötzlich eine weitere – neue – Rolle. Er muss nicht nur seine Arbeitsleistung erbringen, sondern auch die Interessen der Kollegen gegenüber der Dienststellenleitung vertreten. An die neue Rolle sind die verschiedensten Erwartungen geknüpft.

2.1 Hurra, ich bin gewählt! Warum?

Der Pulverdampf des Wahlkampfs hat sich verzogen. Die Stimmen sind abgegeben und ausgezählt. Die Mitglieder des neuen Personalrats sind bekannt und ich bin dabei. Bevor ich mich mit meiner neuen Rolle und der neuen Aufgabe beschäftige, noch ein Blick zurück: Warum habe ich kandidiert? Warum bin ich gewählt worden? Es gibt völlig unterschiedliche Motive und Gründe für eine Kandidatur:

- **Gestaltungswille:** Ich will mich in den Personalrat und die Arbeit der Dienststelle einbringen.
- **Macht 1:** Ich will Einfluss nehmen und dabei auch meine Interessen durchsetzen.
- **Macht 2:** Ich bin gut, ich kenne mich aus und will der Dienststellenleitung ab und zu auf die Füße treten.
- **Macht 3:** Ohne mich soll nichts gehen.
- **Verärgerung 1:** Ich habe mich in der Vergangenheit über den Personalrat geärgert und will denen mal zeigen, was eine Harke ist.
- **Verärgerung 2:** Ich habe mich in der Vergangenheit über die Dienststellenleitung geärgert und will denen mal zeigen, was eine Harke ist.
- **Vorschlag:** Ich wurde von Kollegen vorgeschlagen, die mich für fähig halten, das Amt im Interesse der Beschäftigten auszuüben.
- **Fremdbestimmung 1:** Der Dienststellenleiter hat mich aufgefordert zu kandidieren.

- **Fremdbestimmung 2:** Die Familie findet es gut, einen Personalrat zu haben.
- **Pflichterfüllung 1:** Ich kandidiere, weil sonst niemand anders kandidiert.
- **Pflichterfüllung 2:** Ich kandidiere, weil sonst andere kandidieren.
- **Pflichterfüllung 3:** Ich habe kandidiert, weil ich eigentlich nur Ersatzmitglied werden wollte – aber es kam anders.
- **Pflichterfüllung 4:** Aus meiner Familie kamen schon immer Betriebs- oder Personalratsmitglieder.
- **Gerechtigkeitssinn:** Ich kandidiere, weil ich für Gleichheit und gegen Vetternwirtschaft bin.
- **Absicherung 1:** Ich kandidiere, weil ich als Personalrat praktisch unkündbar bin.
- **Absicherung 2:** Ich kandidiere, weil ich als Personalrat nur sehr eingeschränkt versetzt werden kann.
- **Absicherung 3:** Ich kandidiere, weil ich als Personalrat nur sehr eingeschränkt umgesetzt oder abgeordnet werden kann.
- **Absicherung 4:** Ich kandidiere, weil ich – wenn das Amt beendet ist – faktisch noch ein Jahr unkündbar bin.
- **Politik:** Ich will das Amt nutzen, um mich auch über die Grenzen meiner Dienststelle hinaus für Beschäftigte des Öffentlichen Dienstes einzusetzen.
- **Fatalismus:** Wenn mich die Beschäftigten schon gewählt haben, sollen sie auch damit klarkommen.
- **Engagement:** Ich habe Freude daran, über den Tellerrand meiner dienstlichen Aufgabe hinauszusehen, mich in neue Bereiche einzuarbeiten und aktiv zu sein.
- **Informationsvorsprung:** Als Personalratsmitglied habe ich wichtige Informationen früher als die übrigen Beschäftigten.
- **Arbeitspause:** Als Personalratsmitglied bin ich öfter von meinem Arbeitsplatz weg.
- **Teamgeist:** Die richtigen Leute haben kandidiert, da macht arbeiten Spaß.
- **Rache:** Hat doch wirklich keiner geglaubt, dass ich kandidiere und gewählt werde.
- **Leichtsinn:** Bei der Listenaufstellung habe ich »ja« gesagt, ohne zu ahnen, dass ich gewählt werden könnte.
- **Partnerschaft:** Ein Freund oder Partner kandidiert, da kandidiere ich auch.
- **Gewerkschaft:** Mich hat mein Gewerkschaftssekretär überzeugt oder überredet zu kandidieren.

- **Freistellung von der Arbeit:** Ich kandidiere, um mich freistellen zu lassen.
- **Irrtum zur Freistellung:** Ich werde von meiner bisherigen Arbeit freigestellt, als »Freigestellter« gibt es aber Arbeit genug.

Klar ist, dass meist nicht nur ein Grund für die Kandidatur vorhanden war. Allerdings sollten sich die gewählten Personalratsmitglieder über die Motive für ihre Kandidatur im Klaren sein. Denn die künftige Arbeit wird von diesen Motiven (zumindest mit-)geprägt sein.

Sicherlich werden die ursprünglichen Motive im Lauf der Amtsperiode in den Hintergrund treten und die vielfältige Personalratsarbeit – von der man sich im Vorfeld oft keine genaue Vorstellung gemacht hat (es sei denn, man war schon einmal Mitglied oder Ersatzmitglied) – mehr und mehr im Vordergrund stehen.

Eine wichtige Frage, die sich immer stellt: Wie viel Zeit will ich, wie viel Zeit kann ich nach meiner Wahl für die Personalratsarbeit einsetzen?

2.2 Welche Erwartungen haben die Beschäftigten an die Personalratsmitglieder?

Die Beschäftigten erwarten sehr häufig von einem Personalratsmitglied, dass es in allen Fragen des Personalvertretungsrechts, des TVöD, der Spartentarifverträge, des Arbeits- und Tarifrechts, des Sozial-, Beamten- und Rentenrechts, des Arbeitsschutzes, der Unfallverhütung, der Arbeitsplatzgestaltung, des Steuer- und Abgabenrechts usw. kompetent ist und die Vorstellungen der Beschäftigten eloquent und erfolgreich gegenüber der Dienststellenleitung vertritt. Sie erwarten in der Regel auch, dass alle Fragen, egal aus welchem Rechtskreis, vollumfänglich und rechtssicher beantwortet werden. Das klassische Personalratsmitglied ist somit die »Eier legende Wollmilchsau«. Doch konkret: Was erwarten die Beschäftigten von den Mitgliedern des Personalrats:

- **Einfühlungsvermögen** in die Situation des einzelnen Beschäftigten.
- **Soziale Kompetenz** im Umgang mit Konflikten innerhalb der Belegschaft.
- **Verhandlungskompetenz** bei der Durch- und Umsetzung von Dienstvereinbarungen.
- **Durchsetzungsvermögen** gegenüber der Dienststellenleitung bei allen berechtigten – und eventuell auch unberechtigten – Anliegen der Beschäftigten.

- **Verschwiegenheit** bei den persönlichen Angelegenheiten der Mitarbeiter.
- **Sachkunde** in allen sozial- und arbeitsrechtlichen Fragen der Beschäftigten, von A wie Abmahnung bis Z wie Zusatzversorgung. Natürlich auch am besten in allen Fragen des Miet-, Straf-, Verkehrsrechts usw., die mit den Aufgaben eines Personalratsmitglieds in der Regel wenig zu tun haben. Aber wofür hat man denn einen Personalrat?
- **Kompetenz** durch Besuch von Fort- und Weiterbildungen.
- **Offenheit**, wenn es um Angelegenheiten der Dienststelle geht, die alle Beschäftigten betreffen, z. B. bei Arbeitszeitveränderungen oder Outsourcing-Maßnahmen.
- **Ansprechbarkeit** zu jeder Tages- und Nachtzeit, wenn es ein Problem zu lösen gibt.
- **Führungskompetenz:** In schwierigen Situationen den Beschäftigten – und natürlich auch der Dienststellenleitung – kompetent sagen können, wo es langgeht.
- **Teamgeist:** Der Personalrat soll ein eingespieltes Team und keine Gruppe von Einzelkämpfern sein.
- **Kommunikation:** Der Personalrat informiert in der Personalversammlung, durch Aushänge, Rundschreiben und Betriebszeitungen klar und verständlich. Er besitzt nicht nur das Herrschaftswissen, sondern die Beschäftigten werden an der Arbeit des Personalrats beteiligt.
- **Unterhaltungstalent:** Die Personalversammlungen müssen informativ, abwechslungsreich, belebend, motivierend, treffend, … gestaltet sein.
- **Innovationsfähigkeit:** Vom Personalrat gehen Impulse für die Weiterentwicklung der Dienststelle aus.
- **Kreativität:** Die Lösung von Problemen wird nicht nur im stillen Kämmerlein beraten, sondern der Personalrat nimmt auch Hilfe von sachkundigen Personen und Beschäftigten an.
- **Schwächen:** Personalratsmitglieder dürfen schon auch mal Schwächen und Fehler zugeben, ansonsten wären sie Übermenschen. Aber nur in homöopathischen Dosen, sonst ist das »Image im Eimer«.
- **Geduld:** Personalratsmitglieder sollen unendlich viel Zeit haben für jedes einzelne Anliegen.
- **Verständnis:** Für alle berechtigten und unberechtigten Sorgen und Nöte der Beschäftigten müssen Personalratsmitglieder das nötige Verständnis aufbringen.
- **Detektivische Fähigkeiten:** Die Personalratsmitglieder müssen ein Gespür für künftige Themen in der Dienststelle haben. Am allerbesten

wissen sie bereits vor der Dienststellenleitung Bescheid und agieren entsprechend.
- **Heilende Hände:** Durch »Handauflegen« und beruhigende Worte wird alles gut, durch den Einsatz des Personalrats können die Beschäftigten alle Probleme abgeben und es bedarf keines eigenen Engagements mehr.
- **Stellvertreterfunktion:** Der Personalrat trägt die Probleme der Kollegen bei der Dienststellenleitung vor und erzielt die beste aller Lösungen (und wehe, wenn nicht!).
- **Lobbyarbeit:** Beste Kontakte zu Politikern aller Parteien, zu Selbstverwaltern der Sozialversicherung und anderen dienstlichen und außerdienstlichen Entscheidungsträgern werden als selbstverständlich vorausgesetzt. Der Personalrat ist in allen Vor- und Hinterzimmern zu Hause.

Diese Aufzählung ist sicher nicht vollständig und könnte beliebig erweitert werden. Können und sollen wir als Personalratsmitglieder alle diese Erwartungen erfüllen? Hier stellt sich auch die Frage, ob eine Arbeitsteilung innerhalb des Personalrats und mit weiteren Institutionen sinnvoll ist, etwa mit Gewerkschaften, der zuständigen Berufsgenossenschaft, sachkundigen Personen, der Gewerbeaufsicht, den Technologieberatungsstellen des DGB, verschiedenen Bildungsträgern usw.

2.3 Welche Erwartungen hat die Dienststellenleitung an die Personalratsmitglieder?

Bei der Antwort auf diese Frage kommt es auf die allgemeine Einstellung der Dienststellenleitung zu ihrem Personalrat an. Denn es gibt mehrere Typen von Dienststellenleitungen:

Typ A: Die Dienststellenleitung nimmt den Personalrat ernst und betrachtet ihn als unverzichtbares Korrektiv zu ihren Entscheidungen. Sie nimmt seine Anregungen auf und befindet sich in einem regen Diskussionsprozess mit dem Personalrat. Sie bezieht ihn rechtzeitig und bereits im Vorfeld in Entscheidungen ein und pflegt ein offenes und vertrauensvolles Miteinander. Dienststellenleitung und Personalrat können sich auch nach harten Auseinandersetzungen noch in die Augen sehen. In Personalversammlungen informiert die Dienststellenleitung offen und konkret über die personelle und wirtschaftliche Situation der Dienststelle. Geheimniskrämerei kommt nicht vor.

Typ B: Die Dienststellenleitung informiert den Personalrat erst, nachdem Entscheidungen bereits umgesetzt sind. Gleichzeitig verspricht sie, das Personalvertretungsgesetz künftig einzuhalten. Der Personalrat wird als notwendiges Übel betrachtet, das möglichst wenig in die Entscheidungen der Dienststellenleitung einbezogen werden sollte. Teilweise absichtlich, teilweise durch Gedankenlosigkeit und teilweise wegen Unkenntnis der Dienststellenleitung über die Bestimmungen des Personalvertretungsgesetzes ist der Personalrat gezwungen, seinen Rechten hinterher zu laufen und kommt so nur durch ständige Überwindung dieser Schwierigkeiten zu seiner Arbeit. Die Mitglieder der Dienststellenleitung betrachten sich als absolute Gutmenschen, die – weil sie ja Gutmenschen sind – gar nichts Schlechtes vorhaben, so dass sich die Mitwirkung, die Mitbestimmung oder die Beteiligung der Personalvertretung an sich erübrigt. Der Personalrat hat dies nur noch nicht begriffen. Personalversammlungen werden zur Selbstdarstellung der Dienststellenleitung genutzt. Der Personalrat wird gerne öffentlich korrigiert, sollte er nicht zu ignorieren sein.
Typ C: Die Dienststellenleitung kennt die Bestimmungen des Personalvertretungsgesetzes nicht, sie hält den Personalrat eigentlich für überflüssig und demonstriert dies täglich. Nur durch Verwaltungsgerichts- und Einigungsstellenentscheidungen, die sie allerdings für verfehlt hält, ist sie bereit, den Personalrat auch in der eigenen Dienststelle phasenweise anzuerkennen. Personalversammlungen werden von der Dienststellenleitung als Behinderung der Aufgabenerledigung der Dienststelle betrachtet. Personalräte werden als natürliche Feinde der Dienststellenleitung angesehen.
Typ D: Die Dienststellenleitung kennt das Personalvertretungsgesetz sehr gut und legt es kleinlich und nur zu ihren Gunsten aus. Sie sieht im Personalrat einen permanenten Störenfried, der schnelle Entscheidungen verhindert und sich lediglich in bürokratischem Kleinklein ergeht. Bei Wünschen, Anregungen und Initiativen des Personalrats werden zuerst Gründe für deren Unzuständigkeit, dann für die Ablehnung gesucht, um zu verhindern, dass neben dem Licht der Dienststellenleitung noch andere »Lichtgestalten« in der Dienststelle existieren. Klageverfahren sind an der Tagesordnung; ob die Dienststellenleitung jedoch die Ergebnisse umsetzt, behält man sich in jedem Einzelfall vor. Die Entscheidung des Bundesverwaltungsgerichts, dass auch im Personalvertretungsrecht Rückabwicklungen von durch die Dienststelle einseitig vorgenommen Maßnahmen möglich sind, wird als »Zumutung« empfunden. In Personalversammlungen belehrt die Dienststellenleitung Beschäftigte und Personalrat.

Je nach Typ sind die Erwartungen der Dienststellenleitung an die Personalratsmitglieder äußerst unterschiedlich:

Typ A erwartet von seinen Personalratsmitgliedern:

- **Offenheit** zu Vorschlägen der Dienststellenleitung, Hinweise auf Stärken und Schwächen der Vorschläge, eigene Lösungsansätze, Diskussionsbereitschaft und Diskussionsfähigkeit.
- **Fortbildung:** Durch ständige Fort- und Weiterbildung soll der Personalrat zu einem gleichwertigen Partner der Dienststellenleitung werden.
- **Fachwissen:** Das Personalvertretungsgesetz, seine Möglichkeiten und Grenzen sind bekannt, die aktuelle Rechtsprechung ist präsent.
- **Moderationsfähigkeit:** Der Personalrat kann bei Problemen zwischen Beschäftigten und Dienststellenleitung vermitteln, ohne die Position der Interessenvertretung für die Beschäftigten aufzugeben.
- **Eigeninitiative:** Der Personalrat greift von sich aus Fragen und Probleme der Dienststelle auf, diskutiert Lösungsmöglichkeiten, holt sich eventuell internes oder externes Fachwissen und macht der Dienststellenleitung entsprechende Vorschläge.
- **Sensibilität:** Wenn die Dienststellenleitung mal einen schwarzen Tag hat, soll der Personalrat nicht in den noch offenen Wunden kratzen, sondern damit einen Tag warten.
- **Pragmatismus:** Wenn Entscheidungen nicht mehr zu ändern sind, vor allem wenn sie von außen aufgedrückt wurden, soll der Personalrat nicht »nachkarten«, sondern gemeinsam mit der Dienststellenleitung versuchen, die Auswirkungen auf die Beschäftigten abzumildern.
- **Fair play:** Wenn die Dienststellenleitung bei einem Einigungsstellenverfahren oder vor dem Verwaltungsgericht gewonnen hat, soll der Personalrat keine unsachlichen Kommentare abgeben. Wenn der Personalrat umgekehrt gewonnen hat, soll er nicht in höhnisches Triumphgeschrei ausbrechen.
- **Klarheit und Beständigkeit:** Die Positionen des Personalrats wechseln nicht täglich, sie sind fundiert und durchdacht.
- **Zielstrebigkeit:** Der Personalrat weiß, was er will und kann dies auch gegenüber der Dienststellenleitung deutlich machen, so dass Diskussionen möglich sind.
- **Akzeptanz der Rechtswege:** Einigungsstellen- und Verwaltungsgerichtsverfahren sind Instrumente der Friedenssicherung in der Dienststelle. Dienststellenleitung und Personalrat akzeptieren, dass bei Meinungsverschiedenheiten die Instanzen des Rechtswegs entscheiden, wenn sie anders nicht ausgeräumt werden können.

Typ B, C und D erwarten – in unterschiedlicher Gewichtung – von den Personalratsmitgliedern:

- **Ruhe:** Der Personalrat soll dann tätig werden, wenn die Dienststellenleitung dies für erforderlich hält.
- **Vertrauen** in die Entscheidungen der Dienststellenleitung. Informationen oder Nachfragen hindern oder hemmen eher den Verwaltungsablauf.
- **Unwissenheit 1:** Schulungen sind teuer und schaffen zusätzliche Abwesenheitszeiten vom Arbeitsplatz. Gewerkschaftliche Bildungsprogramme sind unverzüglich zu vernichten.
- **Unwissenheit 2:** Die Mitgliedschaft von Personalräten in DGB-Gewerkschaften ist strikt zu vermeiden. Sonst könnten bei der Gewerkschaft unnötige Fragen gestellt werden, deren Beantwortung den Betriebsablauf stören.
- **Akzeptanz** eines patriarchalischen Führungsstils der Dienststellenleitung.
- **Geduld:** Wenn auch nach dem fünften Versprechen, künftig das Personalvertretungsgesetz einzuhalten, nichts dergleichen passiert.
- **Sparsamkeit:** Sitzungen, Personalversammlungen, sachkundige Personen, Sprechstunden, Rundschreiben, Schwarze Bretter, Literatur, Büroeinrichtung und Seminare kosten schließlich Geld und sollten daher tunlichst nicht in Anspruch genommen werden.
- **Zurückhaltung:** Probleme sind von der Personalvertretung erst dann aufzugreifen, wenn die Dienststellenleitung eine Frage zum Problem erklärt und eine Lösung gefunden hat.
- **Loyalität:** Meinungen der Dienststellenleitung werden, ohne sie zu hinterfragen, vom Personalrat als eigene Meinung ausgegeben.
- **Demut:** Es reicht aus, wenn die Dienststellenleitung handelt.
- **Hilfe:** Wenn die Dienststellenleitung wirklich einmal etwas »versemmelt« hat, soll sich der Personalrat schützend vor seine Dienststellenleitung stellen.

3. Einarbeitung in die Rechtsgrundlagen

»Aller Anfang ist schwer.« Diese alte Weisheit gilt ganz besonders für die Einarbeitung in das Personalvertretungsrecht. Dies liegt nicht nur an der Materie der Personalvertretungsgesetze selbst, sondern auch am Nebeneinander von Bundes- und Landespersonalvertretungsgesetzen, die es wegen der föderalen Struktur der Bundesrepublik gibt. Die föderale staatliche Struktur hat sich entsprechend auch im Öffentlichen Dienst der Bundesländer abgebildet. Vor diesem Hintergrund sollten neue Personalratsmitglieder zuerst Klarheit haben, welches Personalvertretungsgesetz für sie und ihre Dienststelle gilt.
Zur Einarbeitung gehören aber auch ein erstes Verständnis für die Zusammenhänge des bundesdeutschen – föderalen – Personalvertretungsrechts und erste Tipps, wie man eine größere Vertrautheit mit dem jeweiligen Gesetzestext bekommt.

3.1 Das Verhältnis von Bundespersonalvertretungsgesetz zu den Landespersonalvertretungsgesetzen

In der Weimarer Republik gab es für Interessenvertretungen der Beschäftigten ausschließlich das Betriebsrätegesetz, eigenständige Bundes- oder Landespersonalvertretungsgesetze waren unbekannt. Das in der Adenauer-Zeit 1952 neu beschlossene Betriebsverfassungsgesetz nahm aus seinem Geltungsbereich ausdrücklich den Öffentlichen Dienst und die Kirchen aus (§§ 118 und 130 BetrVG).

Art. 73 Nr. 8 GG

Legitimiert durch Art. 73 Nr. 8 GG war der Bundesgesetzgeber berechtigt, Regelungen für die Personalvertretung der »im Dienste des Bundes und der bundesunmittelbaren Körperschaften des öffentlichen Rechts stehenden Personen« zu erlassen. Auf dieser Grundlage wurde das Bundespersonalvertretungsgesetz (1955, 1974 bzw. 2021) beschlossen.

Der Bund als Gesetzgeber war jedoch nicht berechtigt, ein Personalvertretungsgesetz zu erlassen, das unmittelbar und zwingend für die einzelnen Länder gilt. Bis 1994 konnte der Bundesgesetzgeber im Rahmen des Art. 75 GG lediglich Rahmenvorschriften im Bereich der Personalvertretung erlassen, die die Länder dann mit eigenem Recht ausfüllen konnten. Nur in Ausnahmefällen konnte der Bund einzelne abschließende Bestimmungen erlassen, wenn an einer bundeseinheitlichen Regelung ein besonderes Interesse bestand. Am 15.11.1994 wurde das Grundgesetz in diesem Punkt so novelliert, dass der Bund nur Rahmenvorschriften für die Gesetzgebung der Länder erlassen kann, wobei ebenfalls nur in Ausnahmefällen Einzelheiten geregelt werden bzw. unmittelbar geltende Regelungen vorgesehen werden durften.

§§ 126 bis 128 BPersVG

Die §§ 126 bis 128 BPersVG enthalten die **Rahmenvorschriften** für die Landesgesetzgebung. Diese Rahmenvorschriften haben den Charakter von Richtlinien für die Gesetzgebung der Länder. Sie besitzen keine unmittelbare Verbindlichkeit, verpflichten aber die Länder, gesetzliche Regelungen in Einklang mit Vorschriften des Landesrechts und mit dem Rahmenrecht zu bringen.

Die Paragrafen sehen im Einzelnen vor:

- § 126: Hinweis, dass dieser Teil für die Länder gilt.
- § 127: Der Schutz der Personal- und Jugend- und Auszubildendenvertretung, der Wahlvorstände und der Wahlbewerber wird festgeschrieben.
- § 128: Hinweis, dass vom Arbeitgeber ausgesprochene Kündigungen unwirksam sind, wenn der Personalrat nicht beteiligt wurde.

Auf der Basis der Rahmenvorschriften des BPersVG 1974 ähneln sich die verschiedenen Landespersonalvertretungsgesetze und das Bundespersonalvertretungsgesetz stark. Durch die Novellierung des BPersVG im Jahr 2021 wurden fast alle Vorgaben gegenüber den Ländern gestrichen. Abweichungen zwischen den einzelnen Bundesländern bestehen in der Reichweite der Mitbestimmung, die die Bundesländer ihren Personalräten zugestehen. Von Bundesland zu Bundesland und zwischen Ländergesetzen und Bundespersonalvertretungsgesetz gibt es zum Teil auch bedeutende Unterschiede, welche Mitbestimmungstatbestände der vollen oder eingeschränkten Mitbestimmung oder auch nur der Mitwirkung unterliegen.

Vor diesem Hintergrund muss jedes Personalratsgremium mit seinem Personalvertretungsgesetz »leben«. Änderungen der landesweiten Personalvertretungsgesetze lassen sich allerdings über die Länderparlamente oder auch über den Bundestag anstoßen.

§ 125 BPersVG

Die Länder sind an den Rahmen des § 125 BPersVG gebunden. Er gibt die Möglichkeiten für die Landespersonalvertretungsgesetze vor, wobei sich ab 2021 die Zahl der Vorgaben deutlich reduziert hat.

Für die praktische Arbeit der Personalräte ist die häufig vorkommende Ähnlichkeit von Bundespersonalvertretungsgesetz und Landespersonalvertretungsgesetzen in zweierlei Hinsicht von Bedeutung:

- Die Rechtsprechung des Bundesverwaltungsgerichts kann in Streit- und Problemfällen mit dem Landespersonalvertretungsgesetz hilfsweise herangezogen werden, wenn der entsprechende Artikel wortgleich ist oder sinngemäß den gleichen Inhalt wiedergibt und noch keine höchstrichterliche Rechtsprechung zu dem Streitfall besteht.
- Die Kommentierung zum Bundespersonalvertretungsgesetz kann bei Zweifelsfragen – unter den gleichen Bedingungen – hinzugezogen werden.

Immer mehr Arbeitgeber des Öffentlichen Dienstes stehen im Wettbewerb: Sparkassen, Ver- und Entsorgungsbetriebe, Krankenkassen usw. Neuerdings können auch Krankenkassen von einer Insolvenz betroffen sein. Vor diesem Hintergrund zeigt sich, dass die bestehenden Personalvertretungsgesetze als Möglichkeit zur Mitgestaltung in Dienststellen und Betrieben und als Schutz für die Beschäftigten absolut unzureichend sind. Salopp gesprochen, gehen die Personalvertretungsgesetze – wegen der Rahmenvorschriften des Bundes – vom Grundsatz aus: Die wirtschaftlichen Entscheidungen trifft die Dienststellenleitung, die Folgen der Entscheidungen haben der Personalrat und die Beschäftigten »auszubaden«. Gerade nach der Novellierung des Betriebsverfassungsgesetzes 2001 und den Verbesserungen durch das Betriebsrätemodernisierungsgesetz 2021 ist daher eine erneute Reform des 2021 novellierten Bundespersonalvertretungsgesetzes schon jetzt überfällig, die die erneut größer gewordenen Unterschiede zwischen beiden Mitbestimmungsgesetzen wieder verringert.

So ist etwa zu fragen, warum es im Personalvertretungsrecht keine Wirtschaftsausschüsse gibt, wie sie im Betriebsverfassungsgesetz vorgesehen sind. Im Rahmen von Wirtschaftsausschüssen müsste der Arbeitgeber regelmäßig Auskunft über die finanzielle und wirtschaftliche Situation der Dienststelle geben. Gerade in Dienststellen, die im Wettbewerb stehen, könnte der Arbeitgeber die Vorstellungen und Ideen der Personalvertretung mit einbeziehen. Denkbar wären Regelungen für die Beteiligung von Personalräten an Aufsichtsgremien, ähnlich wie im Betriebsverfassungsgesetz (§ 76 BetrVG von 1952) oder wie im Mitbestimmungsgesetz. Einige Bundesländer – etwa Hessen – haben hier zaghafte erste Schritte unternommen, indem sie z. B. den Personalräten Sitze in den Betriebskommissionen von kommunalen Eigenbetrieben zugestehen.

Weitere Fragen: Welchen Grund gibt es dafür, dass Beamte ab der Besoldungsgruppe A 16 (und vergleichbare Angestellte nach den Landespersonalvertretungsgesetzen) aus der Mitbestimmung ausgenommen sind? Warum ist der Personalrat nicht bei jeder Abordnung zu beteiligen? Warum besteht keine Mitbestimmung bei jeder Umsetzung innerhalb einer Dienststelle? Warum sind die Einigungsstellen nicht auf jeder Ebene angesiedelt? Warum haben Personalräte nur sehr, sehr eingeschränkte Rechte bei den Prozessen für Verwaltungsreformen? Warum gibt es innerhalb einer Kommune keine Konzernpersonalräte? Warum gibt es keine Beteiligung von Personalräten in Aufsichtsgremien? Oder: Wo bleibt die Allzuständigkeit der Personalvertretungen in personellen, organisatorischen und sozialen Angelegenheiten? Und, und, und; weiterer Änderungs- und Verbesserungsbedarf des Personalvertretungsrechts ist im Übermaß vorhanden.
Neben den Gewerkschaften ist es auch Aufgabe der Personalräte, ihre Kompetenz gegenüber den Entscheidungsträgern, also den Landtags- und Bundestagsabgeordneten, zu nutzen, um auf weitere Novellierungen der Personalvertretungsgesetze hinzuwirken.

3.2 Tipps zur Einarbeitung in das Personalvertretungsgesetz oder: »Wie fange ich an?«

Egal ob Krankenschwester, Verwaltungsbeamter, Sozialversicherungsfachangestellter, Gärtner, Schreibkraft, Ingenieur oder Arzt: Nach der Mitteilung des Wahlvorstands über meine erfolgreiche Wahl geht es los.
Von den Gewerkschaften gibt es in der Regel Textausgaben des jeweiligen Personalvertretungsgesetzes und, sobald ich eine solche Ausgabe in Händen habe, heißt es zuerst, Geduld mitbringen und den Text einmal, zweimal durchlesen. Das Lesen soll dazu dienen, ein Gefühl für den Text und die Systematik des Personalvertretungsgesetzes zu bekommen. Klar ist, dass nach dem Lesen des Gesetzes noch kein perfekter Personalrat »vom Himmel gefallen« ist. Das kommt erst mit der Zeit. Aber ein erstes Gefühl, ein erster Eindruck für die Regularien, die Mitwirkungs-, Mitbestimmungs-, Informations- und Initiativrechte des Personalrats, ist bereits vorhanden.
Nach dem Durchlesen eines Gesetzes kann man aber auch vor großen Rätseln stehen. Die Personalvertretungsgesetze sind zwar systematisch in großen Blöcken aufgebaut: »Allgemeine Vorschriften«, »Wahl und Zusammensetzung des Personalrats«, »Personalversammlung«, »Betei-

ligungsrechte«, »Verfahren« usw. Doch der nackte Gesetzestext hilft oft nicht weiter. Zu allen (Bundes- und Landes-)Personalvertretungsgesetzen gibt es als erste Hilfe zum Einstieg Kurzkommentare, in denen die einzelnen Paragrafen oder Artikel erläutert sind. Dort gibt es rechtliche Hinweise, Verweise auf andere Gesetze und einschlägige Urteile der Verwaltungsgerichte. Deshalb ist ein solcher Kurzkommentar für jedes neugewählte Personalratsmitglied ein unbedingtes MUSS, wenn es sich nicht nur auf den Personalratsvorsitzenden verlassen will. Kurzkommentare muss man nicht unbedingt selbst kaufen, sie gehören zur Grundausstattung eines jeden Personalrats. Jedes Personalratsgremium sollte zu Beginn der Amtszeit im Rahmen seiner Geschäftsführung einen solchen Kurzkommentar für die neuen Personalratsmitglieder anschaffen – auf Kosten des Arbeitgebers. Dazu ist im Personalrat ein entsprechender Beschluss zu fassen.

Praxistipp:
Am besten lernt man die Arbeit in der Praxis anhand praktischer Beispielfälle kennen. Anschließend kann man sich gezielt am jeweiligen Beispiel in die unterschiedlichen Kommentare einlesen. Bei der Kombination von Theorie und Praxis bleibt für die neuen Personalräte »am meisten hängen«.
Aber auch die »alten Hasen« im Personalrat sollten ab und zu einfach mal den Gesetzestext durchlesen, allein schon, um festzustellen, ob sich eventuell Verfahrensweisen eingeschliffen haben, die nicht dem Gesetz entsprechen.

Als Personalrat ist man in der Dienststelle – in den Augen der Beschäftigten – allumfassend zuständig für jedwede Problem- und Streitfälle des Alltags und des Dienstbetriebs. Zu den Aufgaben eines Personalrats gehört es auch, die Einhaltung der für die Beschäftigten geltenden Gesetze und Vorschriften zu überwachen und sich für deren Einhaltung einzusetzen. Gesetze und Vorschriften gibt es genug, z. B. Nachweisgesetz, Mutterschutzgesetz, SARS-CoV-2-Arbeitsschutzverordnung und SARS-CoV-2-Arbeitsschutzregel, Jugendarbeitsschutzgesetz, Arbeitszeitgesetz und Arbeitsstättenverordnung, Bundesdatenschutzgesetz, Allgemeines Gleichbehandlungsgesetz sowie Bürgerliches Gesetzbuch und Kündigungsschutzgesetz. Für den Bereich des Betriebsverfassungsgesetzes hat das Bundesarbeitsgericht entschieden, dass jedem Betriebsrat eine Textsammlung dieser Gesetze zur Verfügung zu stellen ist, damit er seine Arbeit ordnungsgemäß erledigen kann (BAG vom 24. 1. 1996, AP Nr. 52 zu § 40 BetrVG 1972). Dieses Urteil ist analog auf den Bereich des Personalvertretungsrechts anzuwenden. Das beste und umfassendste

Buch auf dem Markt ist eine jährlich erscheinende Textsammlung zum Arbeits- und Sozialrecht, kurz nach seinem Herausgeber »Der Kittner« genannt (Kittner, Arbeits- und Sozialordnung, 47. Auflage 2022, Frankfurt am Main). Dort gibt es zu den meisten Gesetzen und Verordnungen noch eine Einführung mit Rechtsprechung, Rechtshinweisen und mit einem kurzen geschichtlichen Abriss über Entstehung und Wandel der Vorschrift.

Personalräte benötigen aber noch weitere Literatur für ihre Arbeit, die im Personalratsbüro vorhanden sein sollte. Dazu gehören auch entsprechende Fachzeitschriften (z. B. »Der Personalrat«, Bund-Verlag). Zur Information über aktuelle Neuerscheinungen, empfiehlt es sich, die Programme der größeren Verlage für Arbeits- und Sozialrecht regelmäßig zu sichten. In folgenden Verlagen (Liste nicht vollständig) erscheint regelmäßig entsprechende Fachliteratur:

- Bund-Verlag
- C.H. Beck-Verlag
- Hüthig Jehle Rehm
- Walhalla-Verlag
- Erich-Schmidt-Verlag
- Nomos-Verlag
- Verlag Vahlen
- Haufe Verlag
- Luchterhand-Verlag
- Carl Heymanns Verlag
- Datakontext-Fachverlag
- Verlag Dr. Otto Schmidt
- Boorberg-Verlag

Personalräte sollten Prospekte direkt bei den Verlagen bestellen oder über die Buchhandlungen beziehen bzw. die Internetauftritte dieser Verlage nutzen. Zwischenzeitlich gibt es auch Online-Ausgaben der verschiedensten Kommentare mit praktischen Suchfunktionen.

Weiterhin kann unter *www.bund-verlag.de/newsletter* ein 14-täglich erscheinender Newsletter für Personalräte kostenlos bestellt werden.

Zur Einarbeitung in das entsprechende Personalvertretungsgesetz ist die Teilnahme des neuen Personalratsmitglieds an einer Wochen- (5 Tage) oder geteilten Schulung (3 Tage/2 Tage) absolut notwendig. Dort lernt man gemeinsam mit anderen Kollegen, die in der gleichen Situation sind, die wichtigsten Tipps, Kniffe, Auslegungshinweise, Zusammenhänge und die optimale Nutzung der Rechte der Personalvertretung kennen. In solchen Schulungen wird das Gesetz gemeinschaftlich erkundet und erarbeitet sowie das Gelernte in Fallbeispielen erprobt. Sachkundige Hilfestellung ist dabei durch die Teamer gewährleistet. Angebote solcher Schulungen gibt es vor allem bei den Gewerkschaften, aber auch bei privaten Fortbildungsinstitutionen.

4. Der neugewählte Personalrat beginnt seine Arbeit

Nach den verschiedenen Erwartungen an die Personalratsmitglieder und einem ersten Einstieg in die Rechtsgrundlagen des Personalvertretungsgesetzes, wollen wir nun auf die Rahmenbedingungen eingehen, denen ein neugewähltes Personalratsmitglied gegenüber steht. Es stellen sich Fragen zur Bedeutung des Amtes, zur Dienststelle, also zu dem Bereich, für den ich jetzt zuständig bin und zu den neuen Partnern, mit denen ich zusammenarbeiten muss. Es ist lohnend, sich diese Zusammenhänge klarzumachen, am besten gemeinsam mit anderen neugewählten Personalratsmitgliedern. Dabei können unterschiedliche Sichtweisen und Rollen deutlich werden.

Einen Satz sollten sich neugewählte Personalratsmitglieder immer wieder vorsagen: »Ich bin nicht allein in meiner neuen Funktion!« Das bedeutet, ich kann die anderen Neugewählten, aber auch die »alten Hasen« um ihre Meinung bitten, nach der Erläuterung eines Zusammenhangs fragen usw. Klar ist auch: Es gibt noch andere, die in der gleichen neuen Rolle sind wie ich. Das schafft die Basis für Solidarität.

Angst und Unsicherheit angesichts der neuen Aufgabe und die Freude wie der Stolz über die erfolgte Wahl sind die zwei Seiten eines frisch gebackenen Personalratsmitglieds. Das macht die Sache spannend.

4.1 Ich bin in den Personalrat gewählt – was bedeutet dieses Amt?

Wer für den Personalrat kandidiert hat, hat zunächst einmal die Bereitschaft gezeigt, sich zu engagieren und Verantwortung zu übernehmen. Wenn wir gewählt sind, ist das ein Vertrauensbeweis einer bestimmten Zahl von Beschäftigten, die uns bei der Wahl ihre Stimme gegeben haben. Diese **Vertrauensstellung** sollte uns Mut machen, die neue Aufgabe anzugehen.

Mit der erfolgreichen Wahl in den Personalrat haben wir das **Mandat** der Beschäftigten erhalten, ihre Interessen in der Dienststelle wahrzunehmen. Dass diese Interessen und Erwartungen nicht bei allen Beschäftigten gleich sind, haben wir in Punkt 2 gelesen. Das neue Mandat bedeutet also, Verantwortung für die Dienststelle und für die Beschäftigten zu tragen. Daneben bringt es aber auch viele Gestaltungsmöglichkeiten mit sich. Ohne Personalrat würde die Dienststelle anders aussehen, das müssen wir uns immer wieder klar machen.
Personalratsmitglieder bekleiden ein so genanntes »Ehrenamt«, also ein Amt, das sie unentgeltlich und ohne materielle Zuwendungen ausüben (s. § 50 BPersVG). Das kann leicht falsch verstanden werden: Gemeint ist nicht, dass Personalratstätigkeit in der Freizeit und ohne jede Vergütung stattfindet. Der Begriff Ehrenamt ist vielmehr so zu verstehen, dass es eine »Ehre« ist, Mitglied im Personalrat zu sein.
Ehrenamtliche Arbeit hat in unserer Gesellschaft eine große Bedeutung, etwa als Schöffe, als Mitglied eines Vereins-, Partei- oder Gewerkschaftsvorstands. Es ist der Versuch, bei aller notwendigen Fachlichkeit und Professionalität auch die Sicht der Laien in alle gesellschaftlichen Bereiche einfließen zu lassen. Zusätzlich macht uns das Ehrenamt aber auch unabhängig von Einflüssen des Arbeitgebers und der Beschäftigten.
Interessenvertretung, Verantwortung für die Dienststelle und Ehrenamt machen die besondere Bedeutung der Mitgliedschaft im Personalrat aus. Als solche Mitglieder in einem offiziellen und gewählten Gremium ragen wir aus den Beschäftigten unserer Dienststelle heraus und können uns »bedeutend« fühlen.

Praxistipp:
Neugewählte Personalratsmitglieder sollten sich die Bedeutung ihres Amts klarmachen, bevor sie sich in die Arbeit stürzen. Gemeinsam mit anderen Mit-Personalräten im neugewählten Gremium können die verschiedenen Sichtweisen diskutiert und gegenübergestellt werden. Die Klärung solcher Fragen ist wesentlich, um zu einem gesunden Selbstverständnis als Personalratsmitglied zu finden.

Auch in den Rahmen von Familie, Freundes- und Bekanntenkreis muss die neue Rolle »Personalratsmitglied« eingeordnet werden. Vielleicht hat das neue Amt auch Auswirkungen auf Hobbys und Freizeitbeschäftigungen?

4.2 Der Personalrat hat bereits eine Vorgeschichte

Neuen Personalratsmitgliedern muss klar sein, dass sie in ein Gremium gewählt wurden, das nicht erst mit der neuen Amtszeit zu leben beginnt. Oft sind – abgesehen von Ein-Personen-Personalräten – im Personalrat auch so genannte »alte Hasen« vertreten, die mehr oder weniger dominant Meinung und Diskussion bestimmen. Sie sind vielleicht sogar der Überzeugung, die »Neuen« im Personalrat bräuchten nur ihren Stil und ihre Arbeitsweise zu übernehmen, damit der Personalrat weiterhin erfolgreich tätig ist.

Auch der Umgang zwischen Personalrat und Dienststellenleitung dürfte bereits durch die Vergangenheit geprägt sein: Viele Reaktionsmuster, Verhaltensweisen und der Führungsstil in der Dienststelle haben sich eingeschliffen. Die bisherigen Konflikte und der Umgang mit ihnen haben bereits eine bestimmte Betriebskultur entstehen lassen. Der neugewählte Personalrat tritt in die »Betriebsgeschichte« ein.

Diese Rahmenbedingungen, vor denen jedes neugewählte Personalratsgremium steht, stellen an »altgediente« und an neugewählte Personalratsmitglieder unterschiedliche Aufgaben:

Für die **erfahrenen Personalratsmitglieder** heißt das:

- Verständnis entwickeln für die Situation der Neuen
- Zeit nehmen für die Einführung der Neuen in die Personalratsarbeit
- Strukturierte Zusammenstellung der wichtigen Informationen zur Orientierung in der Personalratsarbeit geben
- Bereitschaft zeigen, eingeschliffene Haltungen und verfestigte Bewertungen hinterfragen zu lassen.

Für die **neuen Personalratsmitglieder** heißt das:

- Neugier auf die Informationen der erfahrenen Personalratsmitglieder
- Bereitschaft, sich konstruktiv und kritisch mit diesen Informationen auseinander zu setzen
- Kritische Fragen zu stellen und die Vergangenheit des Personalrats zu erkunden.

> **Praxistipp:**
> Gleich auf einer der ersten Sitzungen des neugewählten Personalrats wird ausreichend Zeit eingeplant für eine Art Übergabe der erfahrenen Personalratsmitglieder an die Neugewählten. Handelt es sich um einen großen Personalrat, und ist die Zahl der Neugewählten beträchtlich, empfiehlt sich eine mindestens eintägige – besser: mehrtägige – Klausurtagung. Neugewählte Personalratsmitglieder sollten außerdem so schnell wie möglich

eine Schulung über die Grundlagen des Personalvertretungs- und Arbeitsrechts besuchen.
Anregungen und Kritik der Neuen sind unbedingt ernst zu nehmen. Bestehende Regularien im Personalrat dürfen nicht wie selbstverständlich übernommen werden. Hat der Personalrat bereits eine Geschäftsordnung, ist sie intensiv mit den neuen Mitgliedern zu diskutieren, evtl. zu verändern und neu zu beschließen. Gerade die neuen Personalratsmitglieder können hier mit unverstelltem Blick vermeintliche Sicherheiten auf den Prüfstand stellen. Auch die »alten Hasen« im Personalrat tun gut daran, lieb gewordene Strukturen je nach Rückmeldung der neuen Personalratsmitglieder unvoreingenommen zu überdenken.

Die Frage, wie gut die **Integration neuer Personalratsmitglieder** in das Gremium gelingt, hängt von mehreren Faktoren ab:

- Wie viele Neue kommen in den Personalrat?
- Wie groß ist das Beharrungsvermögen der »alten« Personalratsmitglieder?
- Wie ausgeprägt ist das Selbstbewusstsein der neuen Personalratsmitglieder?
- Wie ausgeprägt ist das Selbstbewusstsein der alten Personalratsmitglieder?
- Wie offen ist das Diskussionsklima im Personalrat im Hinblick auf Strukturen und Verfahren?

Der Verlauf der Integrationsphase in die neue Gruppe (Personalrat) hat auch Auswirkungen auf das interne Gefüge, die Rollenverteilung und das Binnenklima im Personalrat. Bleiben die »Neuen« lediglich Außenseiter? Werden sie von den »alten« Personalratsmitgliedern als nicht integrationsfähig abgestempelt? Oder gelingt eine ergebnisreiche Synthese von Altem und Neuem, die die Arbeit des Personalrats nach vorne bringt? Daher lohnt es sich für alte und neue Personalratsmitglieder, in dieser ersten Phase der Gruppenentwicklung (Orientierung) besonders auf integrative Elemente bei Sitzungen und Gesprächen zu achten.

Beispiel: Die Teamuhr

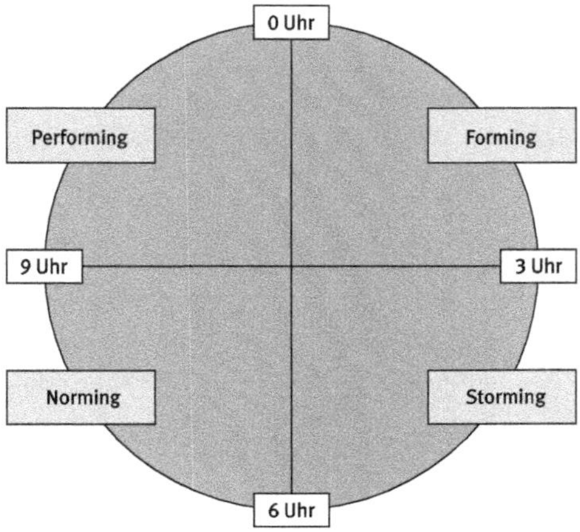

Es gibt eine Möglichkeit, sich als neu zusammengesetztes PR-Gremium den aktuellen Stand der Teamentwicklung plastisch vor Augen zu führen: die so genannte Teamuhr. Für eine längere Sitzung oder einen Klausurtag könnte diese Einschätzung aller PR-Mitglieder vorbereitet werden. Die Teamuhr besteht aus vier Phasen und ist aufgebaut wie eine Uhr mit einem Zifferblatt von 12 Stunden (s. Grafik):
Erste Phase (0–3 Uhr): **Forming**, die Gruppen- oder Teammitglieder sind höflich, unpersönlich, gespannt, vorsichtig.
Zweite Phase (3–6 Uhr): **Storming**, die Gruppen- oder Teammitglieder haben unterschwellige Konflikte, es gibt mühsames Vorankommen, Cliquenbildung und Ausweglosigkeit.
Dritte Phase (6–9 Uhr): **Norming**, es finden statt: Konfrontation der Standpunkte, Entwicklung neuer Umgangsformen und Regeln, es gibt Feedback.
Vierte Phase (9–12 Uhr): **Performing**, das Team bzw. die Gruppe ist ideenreich, flexibel, offen, leistungsfähig und solidarisch. Damit ist sie wirklich arbeitsfähig, alles »flutscht« und sie ist »am Ziel angekommen«.
(Teamuhr nach dem Phasenmodell des US-Psychologen Bruce W. Tuckman)
Alle Gremiumsmitglieder erhalten einen Klebezettel mit ihrem Namen und werden aufgefordert, ihren Namen an die Stelle des Ziffernblatts zu kleben, an dem sich ihrer Meinung nach das Team derzeit in seiner Entwicklung befindet.
Mit der Teamuhr kann ein Gremium wie der Personalrat gemeinsam und anschaulich erkunden, wie weit die Teamentwicklung nach gemeinsamer Einschätzung bereits gediehen ist. Und nach unserer Erfahrung in vielen Seminaren liegen die Einschätzungen der Mitglieder eines solchen Gremiums meist nicht so weit auseinander. Es stärkt die Gemeinsamkeit eines Gremiums, einer Gruppe, es wächst so etwas wie ein »Teamgefühl«. Jeden-

falls lohnt es sich, die Einschätzungen über den Stand der Teamentwicklung gemeinsam festzuhalten und dies evtl. auch zu einem späteren Zeitpunkt (z. B. nach einem Jahr) zu wiederholen. Dann lässt sich in der Regel bereits eine gewisse Entwicklung ablesen. Das kann sehr spannend sein.
Man sollte die Methode nicht überbewerten, aber sie kann helfen, die Entwicklung einer Gruppe bewusst zu machen und die Gruppe auf ihrem Weg positiv zu begleiten.

Besonders schwer werden es Personalratsgremien haben, die vollständig neu zusammengesetzt sind. Ist ein Personalrat neu in der Dienststelle, muss er sich umgehend Hilfe von außen holen: vom Gesamt-Personalrat (GPR), von benachbarten Personalräten oder von der Gewerkschaft, und die Mitglieder müssen so schnell wie möglich Schulungen besuchen. Hat ein kompletter Austausch im Personalrat stattgefunden, ist natürlich auch die Vorgeschichte des Gremiums besonders wichtig. Hier helfen informelle Kontakte zu den alten Personalräten, um zu einer Einschätzung zu kommen, weshalb der alte Personalrat nicht mehr wiedergewählt wurde, warum er vielleicht aufgegeben hat und welchen Anteil eventuell die Dienststellenleitung daran hatte. Solche informellen Kontakte müssen aber nicht unbedingt ganz am Anfang der Arbeit stehen.
Bei den nächsten Abschnitten
- Wo findet die Personalratsarbeit statt?
- Wer ist mein Gegenüber? Welche Vorgaben gibt es für die Zusammenarbeit?
- Wen vertrete ich im Personalrat?
- Die Arbeit wird verteilt

sind die »Alt«-Personalräte angesprochen, erforderliche Informationen zu geben und für die notwendige Integration der Neuen zu sorgen. Für die neuen Personalräte werfen wir Fragestellungen auf und geben Hilfen für eine erste Orientierung im Personalrat.

4.3 Die erste Orientierung für neue Personalratsmitglieder

4.3.1 Wo findet die Personalratsarbeit statt?

Wesentlicher Teil der Rahmenbedingungen, unter denen Personalräte tätig sind, ist der Ort der Arbeit. Für Personalräte kleinerer Dienststellen mag das weniger ein Problem sein, für neugewählte Personalräte in großen Dienststellen mit unterschiedlichsten Aufgaben kann ihr neues

Betätigungsfeld im Personalrat am Anfang ein wahrer Dschungel sein. Es geht um die Klarheit darüber, was zu meiner Dienststelle gehört, in der der Personalrat gebildet wurde. Welche Einrichtungen mit welchen Aufgaben und Dienstleistungen sind Teil der **Dienststelle**, für welche und für wie viele Beschäftigte ist der Personalrat zuständig, welche Berufsgruppen gibt es?

Dienststelle ist die Ebene, auf der der Personalrat gewählt wurde.

Das Bundespersonalvertretungsgesetz (BPersVG) definiert Dienststellen in § 4 Abs. 1 Nr. 6: »Im Sinne dieses Gesetzes sind … Dienststellen … die einzelnen Behörden, Verwaltungsstellen und Betriebe der in § 1 Abs. 1 genannten Verwaltungen sowie die Gerichte.« Eine Dienststelle ist die räumlich-organisatorische Einheit, für die eine Personalvertretung vorgesehen ist. Unter dem Oberbegriff der Dienststelle sind diejenigen organisatorischen Einheiten zu verstehen, die einen selbständigen Aufgabenbereich haben und innerhalb der Verwaltungsorganisation verselbständigt sind (BVerwG vom 2.3.1993 – 6 P 34.91). Die organisatorische Selbständigkeit ist jedoch nur gegeben, wenn der Dienststellenleiter im Allgemeinen über die Sachverhalte selbständig entscheiden kann, an deren Regelungen der Personalrat zu beteiligen ist. Dabei ist es unerheblich, ob der Dienststellenleiter an Weisungen einer übergeordneten Dienststelle gebunden ist.

§ 4 BPersVG

Um sich einen Überblick über den künftigen Aufgabenbereich von Personalratsmitgliedern zu verschaffen, sollten folgende Fragen gestellt werden:

- Welche Dienststellenteile bestehen?
- Welche Dienstleistungen werden angeboten?
- Gibt es eventuell Außenstellen der Dienststelle in anderen politischen Gemeinden?
- Wie viele Beschäftigte gibt es insgesamt?
- Welcher Dienststellenteil hat wie viele Beschäftigte?
- Welche Berufsgruppen gibt es in welchem Dienststellenteil?
- Wie viele weibliche und männliche Beschäftigte gibt es in der Dienststelle?
- Wie viele schwerbehinderte Beschäftigte gibt es in der Dienststelle?
- Wie viele Jugendliche und Auszubildende gibt es in der Dienststelle?
- Wie viele ausländische Beschäftigte bzw. Beschäftigte mit Migrationshintergrund gibt es in der Dienststelle?
- Welche Rechtsform hat meine Dienststelle?
- Welches sind die wesentlichen Entscheidungsgremien in der Dienststelle? (Welches sind die wesentlichen informellen Entscheidungsgremien?)

- Wer ist das Gegenüber des Personalrats, wer ist unser Verhandlungspartner, in einem Wort: Wer ist die Dienststellenleitung?
- Ist der Arbeitgeber noch Mitglied im Arbeitgeberverband?
- Hat es in der Vergangenheit Ausgründungen, Privatisierungen gegeben? Gibt es also »Töchter« meiner Dienststelle?

Praxistipp:
Neugewählte Personalratsmitglieder sollten sich ein Organigramm ihrer Dienststelle erstellen bzw. erstellen lassen. So kann etwa ein großes Krankenhaus mit seinen verschiedenen Abteilungen oder eine große Verwaltung bzw. Behörde übersichtlich werden. Anhand der Fragen oben kann eine Art »Steckbrief« bzw. »Landkarte« der Dienststelle erstellt werden. Der Steckbrief enthält die wesentlichen Informationen über den neuen Zuständigkeitsbereich. Die leitende Fragestellung bei der Erstellung des Organigramms ist: Wie erkläre ich einem völlig Fremden (z. B. einem »Marsmännchen«), was meine Dienststelle ist und welche Bereiche zu meiner Dienststelle gehören.
In das Organigramm können die Einrichtungen/Abteilungen mit der Zahl der Beschäftigten, eventuelle Unterstrukturen und die wesentlichen Entscheidungsgremien eingetragen werden. Bei strukturellen Veränderungen in der Dienststelle sollte das Organigramm fortgeschrieben werden (siehe Abbildung S. 52).

4.3.2 Wer ist mein Gegenüber? Wie sind die Vorgaben für die Zusammenarbeit?

Verschleiernde Sprachregelungen (»Dienstgemeinschaft«, »Wir sind alle ein Team«) und häufig anzutreffendes patriarchalisches Führungsverhalten (Leitung nach dem »Familienprinzip«) machen es manchmal schwer, den eigentlichen Verhandlungspartner, das betriebliche Gegenüber, festzumachen. Dabei gehört es zu den zentralen Fragen, welche Personen zur Dienststellenleitung gehören, damit das Personalratsgremium weiß, wer sein Partner ist.

§ 8 BPersVG

Nach § 8 BPersVG ist Dienststellenleiter, wer nach den entsprechenden Vorschriften über die Organisationsstruktur der Bundesverwaltung (bzw. Länderverwaltung) oder derjenigen juristischen Person des öffentlichen Rechts, die Träger der Dienststelle ist, die Dienststelle leitet. Sonderregelungen gibt es für die Bundesagentur für Arbeit und für die bundesunmittelbaren Körperschaften und Anstalten des öffentlichen Rechts im Bereich der Sozialversicherung (§ 114 BPersVG).

Praxistipp:
Ist einem Personalrat nicht klar, welche Personen zur Dienststellenleitung gehören, sollte er das leitende Organ (eventuell schriftlich) veranlassen, ihm die entsprechenden Personen zu benennen.
Daneben sollte für den Personalrat auch die Stellvertretungsregelung eindeutig sein. Gibt es Zuständigkeitsregelungen für bestimmte Bereiche, etwa für bestimmte Personalangelegenheiten oder Fragen der Arbeitssicherheit, sind auch diese Informationen einzuholen. Alle Personen der Dienststellenleitung, ihre Stellvertretungen und die Zuständigkeiten können dann in einer übersichtlichen Liste oder in einem Organigramm festgehalten werden.

Grundlage der Zusammenarbeit zwischen Personalvertretung und Dienststellenleitung ist die wechselseitige Verpflichtung, sich gegenseitig bei der Erfüllung der Aufgaben zu unterstützen. Die Personalvertretungsgesetze legen fest, beide Seiten **arbeiten vertrauensvoll und partnerschaftlich zusammen** (§ 2 BPersVG). Dies schließt die Gewerkschaften mit ein (§ 9 BPersVG). **§§ 2, 9 BPersVG**
Diese besondere Verantwortung für die Dienststelle gilt für beide Seiten gleichermaßen, sie ist »unteilbar«. Sie ist die Basis für das betriebliche Zusammenwirken und muss natürlich noch mit Inhalt gefüllt werden.

Praxistipp:
Die Wörter »vertrauensvoll« und »partnerschaftlich« umschreiben die Grundlagen der Zusammenarbeit mit der Dienststellenleitung nur sehr allgemein. Der Personalrat könnte in einem Workshop die Begriffe konkretisieren und seine Erwartungen an die Dienststellenleitung (schriftlich) formulieren. Dies ist ein wesentlicher Baustein, das Selbstverständnis eines Personalrats zu erarbeiten.

Doch betrachten wir die Vorgabe der Personalvertretungsgesetze zur vertrauensvollen Zusammenarbeit noch etwas genauer: Konkret ist hier vor allem die Arbeitgeberseite angesprochen, denn die meisten Maßnahmen, die der Mitbestimmung oder Mitwirkung unterliegen, werden von der Arbeitgeberseite initiiert.
Zur vertrauensvollen Zusammenarbeit gehört nämlich auch, dass der **Arbeitgeber den Personalrat rechtzeitig und umfassend informiert** (§ 66 Abs. 1 BPersVG). Rechtzeitig und umfassend bedeutet, dass der Personalrat bereits im Vorfeld von Planungen in die Überlegungen einbezogen wird. Praktisch heißt das, die geplante Maßnahme muss noch **§ 66 Abs. 1 BPersVG**

Beispiel für das Organigramm einer Dienststelle (Gemeinde)

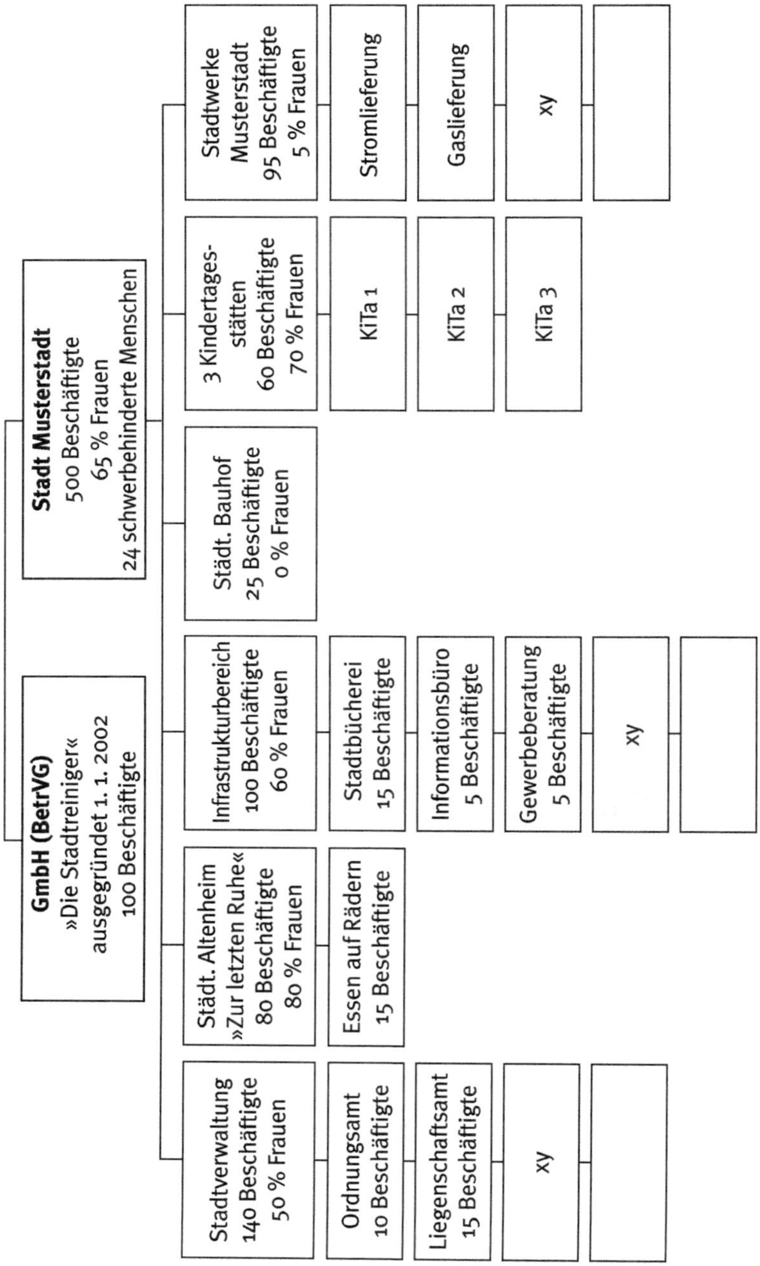

gestaltungsfähig sein, so dass der Personalrat mit seiner Meinung die Maßnahme noch beeinflussen kann.
In der Praxis kommt es häufig vor, dass Arbeitgeber dem Personalrat eine bereits durchgeführte Maßnahme zur Mitbestimmung vorlegen und sozusagen um rückwirkende Zustimmung bitten. Dazu ist zu sagen, dass die Personalvertretungsgesetze eine rückwirkende Zustimmung oder Beteiligung nicht vorsehen. Will der Personalrat verhindern, dass ein solches Verfahren zur Regel wird, ist er gezwungen, das Verwaltungsgericht anzurufen, um die Verletzung seiner Rechte feststellen zu lassen. Darüber hinaus ist Lobby- und (interne) Öffentlichkeitsarbeit gefragt, um die ordnungsgemäße Beteiligung des Personalrats im Vorfeld von Entscheidungen des Arbeitgebers zu erreichen. Doch dies muss nicht immer die Sache der neugewählten Personalratsmitglieder sein. Hier sind vor allem die erfahrenen Mitglieder im Gremium gefragt.
Allerdings erkennt das Bundesverwaltungsgericht inzwischen an, dass der Personalrat bei Einstellungen kein »zahnloser Tiger« mehr ist (BVerwG vom 10.1.2008 – 6 P 5.07). Das gilt für den Fall, wenn der Arbeitgeber den Personalrat nicht vor der Einstellung beteiligt. Dann ist nachträglich ein Mitbestimmungsverfahren einzuleiten. Der Personalrat kann außerdem verlangen, dass der ohne Zustimmung des Personalrats eingestellte Beschäftigte nicht arbeiten darf (aber weiterhin bezahlt wird!) und der Arbeitgeber verpflichtet ist, eine Kündigung auszusprechen, falls sich im Mitbestimmungsverfahren nachträglich herausstellt, dass der Arbeitgeber den Arbeitnehmer nicht hätte einstellen dürfen.
An dieser Stelle sei auch darauf hingewiesen, dass Arbeitgeber und Personalrat sich auf der gleichen Ebene begegnen, sozusagen **»auf Augenhöhe«**. Der Personalrat ist keine der Dienststellenleitung unterstellte Einrichtung. Vielmehr ist er von Weisungen des Arbeitgebers unabhängig, allerdings in die Regelungen der Personalvertretungsgesetze eingebunden. Streitfragen können durch das Verwaltungsgericht oder die Einigungsstelle entschieden werden. Schließlich sind die Personalratsmitglieder durch die Wahl der Beschäftigten legitimiert, deren Interessen zu vertreten. Die meisten Arbeitgeber bzw. Dienststellenleitungen sind ohne Wahl in ihr Amt gekommen, also ohne demokratische Legitimation. Der Personalrat kann von daher selbstbewusst die Interessen der Beschäftigten vertreten. Seine Zusammenarbeit mit dem Arbeitgeber wird immerhin vom Vertrauen der Beschäftigten getragen.
Die Zusammenarbeit der Personalratsmitglieder findet auch mit weiteren Personen, Gremien und Institutionen statt: Schwerbehindertenvertretung, Jugend- und Auszubildendenvertretung (JAV), Arbeitsschutzausschuss, Betriebsarzt, Fachkraft für Arbeitssicherheit, Sicherheits-

beauftragte, Gewerbeaufsichtsamt, Gewerkschaft, Berufsgenossenschaft, Gleichstellungsbeauftragte, Mobbing-Beauftragte, Beschwerdestelle nach § 13 AGG, Datenschutzbeauftragte (siehe hierzu 4.8).

4.3.3 Wen vertrete ich im Personalrat?

Mit der Wahl in den Personalrat haben die Beschäftigten mir das Mandat auf Zeit gegeben, ihre Interessen zu vertreten. Ihnen fühle ich mich besonders verpflichtet, weil sie mir bei der Wahl ihr Vertrauen geschenkt haben. Sie haben mir den Auftrag gegeben, im Personalrat in ihrem Interesse zu arbeiten.
Das bedeutet jedoch nicht, dass wir kritiklos und ohne eigene Meinung die Wünsche und Anliegen der Beschäftigten zu unseren eigenen machen müssen. Vielmehr gehört zur Entgegennahme von Anliegen immer auch die Prüfung, ob das Anliegen berechtigt ist.

Praxistipp:
Diese Prüfung sollten neue Personalratsmitglieder nicht allein vornehmen, sondern immer gemeinsam mit dem Gremium. Das kann gerade für die Neuen sehr entlastend sein.

Schwieriger wird es schon, wenn es um das Anliegen einer Gruppe von Beschäftigten geht, dessen Verwirklichung den Interessen anderer Mitarbeiter widerspricht. Spätestens dann ist es wichtig, einen **Überblick** über die verschiedenen Beschäftigtengruppen in der Dienststelle zu haben. Es gibt Arbeitnehmer in den verschiedensten Tätigkeitsbereichen (Verwaltung, Pflege, Erziehung, Sozialdienst, Wirtschaftsdienst usw.) und aus unterschiedlichen Berufsfeldern. Beschäftigte unterscheiden sich auch hinsichtlich des Umfangs ihrer Beschäftigung (Vollzeit, Teilzeit), ob sie befristet oder unbefristet angestellt sind und durch ihr persönliches Umfeld (ledig, verheiratet, mit/ohne Kinder). Weitere Differenzierungsmerkmale sind: Alter (Jugendliche, Auszubildende, ältere Beschäftigte, Beschäftigte in Altersteilzeit), Geschlecht, Nationalität, Menschen mit Behinderung. Aus all diesen Merkmalen resultieren unterschiedliche Interessenlagen, Probleme und Zielsetzungen der Beschäftigtengruppen. Daher kann man auch nicht von **den** Beschäftigten als einer homogenen Gruppe sprechen.
Doch Zuständigkeit und Verantwortung von Personalratsmitgliedern beziehen sich auf **alle** diese Mitarbeitergruppen. Es ist unsere Aufgabe, unterschiedliche und widersprüchliche Interessen- und Problemlagen

gegeneinander abzuwägen und »unter einen Hut zu bekommen«. Personalratsmitglieder sind jedenfalls gut beraten, wenn sie ihre Belegschaft als Ganzes sehen – mit all ihren Differenzierungen und Interessenunterschieden – und versuchen, die Interessen aller gleichermaßen zu vertreten.

In den Personalvertretungsgesetzen werden die Beschäftigten in die **Gruppen** der **Arbeitnehmer** und der **Beamten** eingeteilt. Gibt es in der Dienststelle Soldaten, bilden diese eine eigene Gruppe. Dienstordnungsangestellte der Sozialversicherungsträger fallen dabei personalvertretungsrechtlich unter die Gruppe der Arbeitnehmer. Betreffen Fragen, Probleme oder Mitbestimmungsangelegenheiten nur Beschäftigte einer Gruppe, so sind im Personalratsgremium nur die Mitglieder der jeweiligen Gruppe befugt, über diese Fragen zu entscheiden. Die Beratungen über Gruppenangelegenheiten finden jedoch zusammen mit allen Personalratsmitgliedern statt (§ 40 Abs. 2 Satz 1 BPersVG).

Das **Gruppenprinzip** ist eine der tragenden Säulen des Personalvertretungsrechts.

In § 4 BPersVG ist der Begriff des **Beschäftigten** definiert, also diejenigen, die wir als Personalratsmitglieder zu vertreten haben: Beschäftigte im Sinne des BPersVG sind alle Arbeitnehmer, Beamten, Dienstordnungsangestellten oder zu ihrer Ausbildung Beschäftigten einer Dienststelle. **§ 4 BPersVG**

Nicht zu den Beschäftigten im Sinne des BPersVG gehören also: Mitarbeiter mit einem (echten) Honorararbeitsverhältnis, »freie« Mitarbeiter, Mitarbeiter von Fremdfirmen (z. B. Reinigungskräfte), Beschäftigte im Freiwilligen Sozialen Jahr oder im Bundesfreiwilligendienst sowie Mitarbeiter, die überwiegend aus karitativen oder religiösen Beweggründen beschäftigt sind, ebenso Personen, die überwiegend zu ihrer Heilung, Wiedereingewöhnung oder Erziehung beschäftigt werden (s. § 4 Abs. 2 BPersVG). Auch die sog. 1-Euro-Jobber gehören nicht zu den Beschäftigten. Bei deren Einstellung hat der Personalrat allerdings mitzubestimmen. Unerheblich für den Mitarbeiterstatus sind Umfang und Dauer der Beschäftigung.

Zu den Beschäftigten der Dienststelle zählen auch: Auszubildende, Beamtenanwärter, Vorpraktikanten, Berufspraktikanten, Anerkennungspraktikanten, Beschäftigte in Arbeitsbeschaffungsmaßnahmen, geringfügig Beschäftigte, Werkstudenten und Ferienarbeiter. Zuständig ist der Personalrat auch für Leiharbeitnehmer, die im Rahmen eines Leiharbeitsverhältnisses von der Dienststelle bei einer Leiharbeitsfirma entliehen und weisungsgebunden beschäftigt werden. Leiharbeitnehmer sind laut Rechtsprechung nach drei Monaten Beschäftigungszeit im Betrieb wahlberechtigt. Sie dürfen von Anfang an Personalversammlungen und

Sprechstunden aufsuchen und sich bei Problemen an den Personalrat der Dienststelle wenden, in der sie tätig sind.
Beschäftigte, die zur Dienststellenleitung gehören, Beamte auf Zeit und Beamte der Besoldungsgruppe A 16 aufwärts (gilt in einigen Landespersonalvertretungsgesetzen auch für vergleichbare Arbeitnehmer) hat der Personalrat grundsätzlich nicht zu vertreten. In den Personalangelegenheiten dieser Personen hat der Personalrat kein Mitbestimmungs- und Mitwirkungsrecht.

4.3.4 Die Arbeit wird verteilt

Zur ersten Personalratssitzung (konstituierende Sitzung) zu Beginn der neuen Amtsperiode hat der Wahlvorstand einzuladen. Er leitet die Sitzung so lange, bis ein **Wahlleiter** gewählt ist. Für diese Wahl ist keine geheime Abstimmung vorgeschrieben. Danach verlässt der Wahlvorstand die Sitzung und die Leitung übernimmt der Wahlleiter (siehe unten bei 4.4.2 Wahl des Vorsitzenden). Anschließend werden die Gruppenvertreter der Gruppe der Arbeitnehmer und der Beamten sowie deren Stellvertreter von den jeweiligen Gruppen gewählt.

§§ 34, 35 BPersVG

Die von den jeweiligen Gruppenmitgliedern gewählten Gruppenvertreter bilden den **Vorstand des Personalrats**. Aus den Gruppenmitgliedern werden dann der Vorsitzende und der stellvertretende Vorsitzende gewählt.

§ 34 BPersVG

In größeren Personalratsgremien (ab elf Mitgliedern) werden vom gesamten Gremium zusätzlich noch zwei weitere Vorstandsmitglieder gewählt (§ 34 BPersVG). Mitglieder des erweiterten Vorstands können nur dann zu stellvertretenden Personalratsvorsitzenden gewählt werden, wenn ein Gruppenvertreter auf dieses Amt verzichtet.
Neben der Arbeitsteilung in Vorsitz und Stellvertretung ist noch zu klären, ob ein Personalratsmitglied zum **Schriftführer** bestimmt wird oder ob dieses – in der Regel nicht geliebte – Amt auf mehrere oder alle Personalratsmitglieder aufgeteilt wird. Die Tätigkeit der Schriftführung lässt sich aber erleichtern: Das Protokoll bzw. die Niederschrift wird während der Sitzung gleich in den Laptop des Personalrats getippt – die Tagesordnung ist ja bekannt. So kann das Protokoll bereits vorbereitet werden und am Ende der Sitzung ist das Protokoll bereits fertiggestellt. Wenn gewünscht, könnte das Protokoll sogar mittels Beamer an die Wand geworfen werden, so dass alle Personalratsmitglieder die Erstellung des Protokolls »live« miterleben können. So oder so: Das BPersVG sieht jedenfalls das Amt eines Schriftführers nicht ausdrücklich vor (Weiteres siehe unter 4.4.6).

Eine weitere mögliche Arbeitsteilung stellt die **Bildung von Ausschüssen** dar, denen der Personalrat Aufgaben übertragen kann. Im Bundespersonalvertretungsgesetz sind keine beschließenden Ausschüsse vorgesehen, sie können die Arbeit des Personalrats jedoch vorbereiten, zu einzelnen Themen Stellungnahmen erarbeiten oder Informationen sammeln. In verschiedenen Landespersonalvertretungsgesetzen ist die Möglichkeit beschließender Ausschüsse vorgesehen.
Für die Bildung von Ausschüssen kommen z. B. in Betracht:

- Personalangelegenheiten (insbesondere Einstellungen und Eingruppierungen)
- Beamtenrecht
- (Vereinbarkeit von) Familie und Beruf
- Öffentlichkeitsarbeit (»PR-Info«)
- IT-Ausschuss
- Gleichstellungsangelegenheiten
- Arbeitsschutz und Arbeitssicherheit
- Dienstpläne und Arbeitszeit
- wirtschaftliche und finanzielle Fragen
- Ausbildungsfragen
- bestimmte Aufgaben von begrenzter Dauer.

Praxistipp:
Die Bildung solcher Ausschüsse sollte erst ab einer gewissen Mitgliederzahl des Personalrats überlegt werden, z. B. ab sieben oder neun Mitgliedern. In kleineren Personalratsgremien dürfte es in der Regel keinen Sinn machen, solche Ausschüsse zu installieren.

Allgemein gilt, dass die Aufteilung in Ausschüsse immer zwei Seiten hat: Wird die arbeitsteilige Organisation zu weit getrieben, mangelt es an der erforderlichen Rückkopplung zum Gesamtgremium. Es besteht dann durchaus die Gefahr der Verselbstständigung. Daher erfordert Arbeitsteilung immer auch Berichterstattung an und Kontrolle durch den ursprünglichen Auftraggeber, hier des gesamten Personalratsgremiums.
Arbeitsteilung im Personalrat kann auch nach **Themen und Organisationsbereichen** erfolgen. So könnten über die Zeit Experten für bestimmte arbeits- und mitbestimmungsrechtliche Themen herangebildet werden, die Spezialwissen besitzen. Mögliche Themen sind: Kündigungsrecht, Eingruppierungsrecht, Beamtenrecht, DO-Recht, Abmahnungen, Arbeitsschutz und Arbeitssicherheit, Arbeitszeitregelungen, Fragen der Ausbildung, Betriebliches Eingliederungsmanagement, Betriebliches

Gesundheitsmanagement, Haftungsrecht, Mutterschutz und Elternzeit, Betriebsübergang und Betriebsumwandlung, Datenschutz, Mobbing, Rente, Zusatzversorgung bzw. Betriebsrente, Gesetzliche Rente, Befristungsrecht, Recht der Teilzeitarbeit, Beihilfe, Zeugnisse, Beurteilungen, schwerbehinderte Menschen usw. Doch auch hier besteht die Gefahr, dass Expertenwissen zur Abgehobenheit vom Gremium führt. Daher sollten wenigstens jeweils zwei Personalratsmitglieder zu »Experten« für arbeitsrechtliche Themen »ernannt« bzw. ausgebildet werden. Gibt es im Personalratsgremium nur jeweils einen Experten für ein Thema, so muss sichergestellt sein, dass im Falle des Ausscheidens noch eine Einarbeitung für den Nachfolger stattfinden kann.

Personalratsarbeit bedeutet auch immer organisatorische Arbeit, wie die Vorbereitung von Sitzungen, Gesprächen und Versammlungen oder Bürotätigkeiten. Auch hier lassen sich je nach Gremium und Interesse **Zuständigkeiten für bestimmte Organisationsbereiche** oder auch für Abteilungen, Arbeitsbereiche und Einrichtungen festlegen. Im Sinne einer Teamarbeit im Personalrat sollte die Arbeitsteilung jedoch nie so weit gehen, dass am Ende immer nur jeweils ein Einzelner zuständig ist.

In den folgenden Punkten sollen die rechtlichen Vorgaben des BPersVG zur Arbeitsteilung im Personalrat erläutert werden. Es geht noch einmal um den Vorsitzenden und dessen besondere Aufgaben, die Stellvertretungsregelung, die Schriftführung, die Ausschüsse und die Regelungen zur Freistellung.

4.4 Die wichtigsten Formalien, Begriffe und Zusammenhänge zur Orientierung für die Personalratsarbeit

4.4.1 Das Amt des Personalratsvorsitzenden

Dem Vorsitzenden des Personalrats kommt eine besondere Bedeutung zu. Ihm sind nicht nur durch die Personalvertretungsgesetze besondere Aufgaben zugewiesen, vor allem ist er **DER Ansprechpartner für den Arbeitgeber**. Er muss auch durch Geschick und eigene Persönlichkeit den Personalrat zu einer schlagkräftigen und kompetenten Einheit formen, die die Interessen der Beschäftigten eloquent und nachhaltig gegenüber der Arbeitgeberseite vertritt. Dies gelingt allerdings nur, wenn auch die anderen Personalratsmitglieder ihre Verantwortung wahrnehmen und ihren eigenen Beitrag zu einer handlungsfähigen Personalvertretung leisten.

In Abwandlung eines geflügelten Wortes hat »jeder Personalrat den Vorsitzenden, den das Gremium verdient« oder umgekehrt, »jeder Personalratsvorsitzende hat den Personalrat, den er verdient«. Personalratsvorsitzende gibt es nicht maßgeschneidert, entsprechend ihrer Motivation und Erfahrungen kommen vielmehr die unterschiedlichsten Charaktere vor:

Gottvater: weiß alles, kennt das Gesetz auswendig, hat für alles eine Lösung, wird von allen verehrt; sein Wort ist Gesetz im Personalratsgremium, bei den Beschäftigten und der Dienststellenleitung, ohne ihn läuft nichts, er lenkt die Geschicke in der Dienststelle, gibt und nimmt, erhöht die Gerechten, straft die Ungerechten.

Teamarbeiter: weiß über die Funktion des Vorsitzenden Bescheid, bindet jedoch immer alle Personalräte in die Arbeit ein, Herrschaftswissen gibt er unverzüglich weiter, er kann verschiedene Meinungen zu einem Ergebnis zusammenfassen, er ist auch dann nicht beleidigt, wenn Abstimmungen mal nicht einstimmig ausgehen.

Sympath: will es allen recht machen, will überall beliebt und jedermanns Liebling sein, scheut jeden Konflikt und sitzt diese aus.

Einzelkämpfer: macht am liebsten alles allein, denn nur was er selbst macht, kann auch richtig sein, verzettelt sich in jedem Einzelfall, übernimmt jede Aufgabe, wundert sich, dass er überarbeitet ist.

Delegator: sucht und findet für jede Aufgabe ein Personalratsmitglied, koordiniert und fasst ausschließlich zusammen, leitet und lenkt den Personalrat.

Diktator nach innen: sein Wort ist Gesetz, das Protokoll der Sitzung steht bereits vor der Sitzung fest, die Ergebnisse sind einstimmig, abweichende Meinungen und Ideen werden bei der Listenaufstellung für die kommende Wahl entsprechend abgestraft.

Diktator nach innen und außen: siehe Diktator nach innen, plus: Arbeitgeber und Beschäftigte unterwerfen sich.

Strenger Dogmatiker: kennt das Gesetz in- und auswendig, die Buchstaben des Gesetzes sind der absolute Maßstab, Abweichungen oder kreative Lösungen sind nicht machbar, Ergebnisse sind immer unter dem Gesichtspunkt eventueller Entscheidungen der obersten Gerichte und der EU zu sehen.

Wankelmütiger: wurde gewählt, weil er es allen recht macht oder machen will, hält sich regelmäßig an die Mehrheit im Personalrat, hat der Arbeitgeber nur ein gutes Argument, gerät er in Selbstzweifel, er weiß oft nicht, wieso er eigentlich Vorsitzender werden wollte.

Zerreder: Redet und redet, findet kein Ende. Eine Zeitplanung ist überflüssig.

Hedonist: kümmert sich allzeit und ausgiebig um die Betriebsausflüge.

Natürlich gibt es kaum solche Personalratsvorsitzende in reiner Form. Jeder Vorsitzende sollte sich aber immer wieder fragen, welcher Typisierung von Personalratsvorsitzendem er am nächsten kommt. Auch folgende Fragestellungen machen Sinn: Wie sehe ich mich selbst? Wie sehen mich meine Personalratskollegen? Wie sieht mich die Dienststellenleitung? Wie sehen mich die Beschäftigten?
Einen Spezialfall stellen die freigestellten und teilfreigestellten Personalratsvorsitzenden dar. Hier ist festzustellen, dass die übrigen Personalratsmitglieder unter Hinweis auf die Freistellung häufig alle Arbeit auf diese Kollegen und Kolleginnen abschieben. Dies ist dann meist mit der Erwartung verbunden, in den Personalratssitzungen alles mundgerecht und appetitlich serviert zu bekommen. Hier bedarf es eines besonderen Geschicks, wirklich alle Personalräte in die Arbeit mit einzubeziehen. Umgekehrt gilt auch, sich mit dem Hinweis auf die Freistellung oder Teilfreistellung nicht alle Kompetenzen anzumaßen.

4.4.2 Wahl des Vorsitzenden

§ 36 Abs. 1 BPersVG

Nach der Wahl hat der Wahlvorstand die gewählten Personalratsmitglieder zur so genannten »konstituierenden Sitzung« einzuladen. Im BPersVG und den Landespersonalvertretungsgesetzen gibt es unterschiedliche Fristen, bis wann diese Sitzung einberufen sein muss.
Die konstituierende Sitzung ist durch den Wahlvorstand so lange zu leiten, bis aus der Mitte des Personalrats ein Wahlleiter gewählt wurde (§ 36 Abs. 1 BPersVG).
Die Einladung zur konstituierenden Sitzung kann schriftlich oder mündlich erfolgen. Die Tagesordnung muss sich dabei auf die Aufzählung der vorzunehmenden Wahlen beschränken.
Der Wahlvorstand selbst kann mit allen drei Mitgliedern an der konstituierenden Sitzung teilnehmen. Ersatzmitglieder des Wahlvorstands können in der Reihenfolge ihrer Stimmenzahl an der konstituierenden Sitzung teilnehmen, wenn ein (oder mehrere) ordentliches Mitglied des Wahlvorstands verhindert ist, an der Sitzung teilzunehmen.
Mit der Bestellung des Wahlleiters endet das Recht des Wahlvorstands, an der konstituierenden Sitzung teilzunehmen; der Wahlvorstand hat dann die Sitzung zu verlassen.
Alle vorgesehenen Wahlen – Wahl der Gruppenvertreter, der evtl. Mitglieder des erweiterten Vorstandes, des Vorsitzenden und seines bzw. seiner Stellvertreter – führt nunmehr der Wahlleiter durch.

§ 34 BPersVG

Während im BPersVG für die Wahl der Vorstandsmitglieder keine geheime Wahl vorgesehen ist (§ 34 BPersVG), ist dies in den Landesper-

sonalvertretungsgesetzen unterschiedlich geregelt. In Bayern sind z.B. der Vorsitzende und seine Stellvertreter zwingend in geheimer Wahl zu wählen (Art. 32 Abs. 2 BayPVG). Wenn keine geheime Wahl vorgesehen ist, kann das Gremium durch einen Mehrheitsbeschluss jedoch auch die offene Wahl durch eine geheime Wahl ersetzen.
Geheime Wahl bedeutet, dass die Abstimmung per Stimmzettel erfolgt. Der Wahlleiter hat für Stimmzettel zu sorgen, die sicherstellen, dass keine Rückschlüsse auf das Wahlverhalten der einzelnen Personalratsmitglieder möglich sind. Gewählt ist, wer die Mehrheit der abgegebenen Stimmen erhält. Der Personalrat bzw. die Gruppen müssen bei den Wahlhandlungen beschlussfähig sein. Das heißt: Es muss mindestens die Hälfte der Personalrats- oder Gruppenmitglieder anwesend sein (Beispiel Wahl Personalratsvorsitzender: ein Personalrat besteht aus neun Mitgliedern, die Beschlussfähigkeit ist gegeben, wenn fünf Personalratsmitglieder anwesend sind; gewählt ist in diesem Fall, wer mindestens drei Stimmen erhält).
Die Stimmzettel für die Wahlen im Personalrat gehören zu den Wahlunterlagen. Der Wahlleiter übergibt sie dem Personalratsvorsitzenden zur Aufbewahrung. Die Unterlagen sind mindestens bis zum Ende der Amtsperiode aufzubewahren.

Hinweis:
Macht man sich vor den Wahlen einen Ablaufplan über die Reihenfolge der Wahlen, kann dies die Durchführung der Wahlen erheblich erleichtern.

Von der konstituierenden Sitzung ist ein Protokoll zu erstellen (§ 43 Abs. 1 BPersVG). Bis der neue Personalrat einen Wahlleiter bestellt hat, ist dies Aufgabe des Wahlvorstands. Nachdem der Wahlvorstand den Raum verlassen hat, übernimmt ein Mitglied des Personalrats die Protokollführung.

§ 43 Abs. 1 BPersVG

Besteht der Personalrat nur aus einer Person, ist das gleiche Verfahren durchzuführen. Auch wenn der Wahlausgang bei nur einem Personalratsmitglied vorhersehbar ist, kennt das BPersVG hier keine abweichenden Regelungen.

4.4.3 Abwahl des Personalratsvorsitzenden

Der Personalrat muss immer über einen Vorsitzenden verfügen. Eine eventuelle Abwahl des Vorsitzenden kann somit nur über den Weg erfolgen, dass sich die Mehrheit der Personalratsmitglieder für einen neuen

Vorsitzenden entscheidet (konstruktives Misstrauensvotum). Zum einen kann die Neuwahl dadurch erfolgen, dass ein anderes Vorstandsmitglied zum Personalratsvorsitzenden gewählt wird, zum andern kann der bisherige Vorsitzende auch von seinem Amt als Gruppenvertreter oder erweitertes Vorstandsmitglied abgewählt werden und die für ihn gewählte Person als Personalratsvorsitzender bestimmt werden.
Die Neuwahl des Vorsitzenden muss jedoch als eigenständiger Tagesordnungspunkt auf der Tagesordnung einer Personalratssitzung ausgewiesen sein.

§ 36 Abs. 2 BPersVG

Diesen Tagesordnungspunkt kann der bisherige Personalratsvorsitzende auch selbst auf die Tagesordnung setzen, oder mindestens ein Viertel der Personalratsmitglieder können dies von ihm verlangen (§ 36 Abs. 3 BPersVG). Dabei ist nicht vorgeschrieben, ob der Antrag auf Aufnahme dieses Tagesordnungspunkts schriftlich oder mündlich zu erfolgen hat. Bei der Bedeutung des Vorgangs sollten die Personalratsmitglieder, die die Aufnahme dieses Tagesordnungspunkts wünschen, den Antrag allerdings schriftlich formulieren.
Der Tagesordnungspunkt muss auf der Tagesordnung eindeutig zu erkennen sein. Eine Neuwahl unter dem allgemeinen Tagesordnungspunkt »Personelles« wäre unzulässig. Sinn der ausdrücklichen Aufnahme der Neuwahl als eigenständiger Tagesordnungspunkt ist es, dass sich jedes Personalratsmitglied rechtzeitig Gedanken über die mögliche Neuwahl des Vorsitzenden machen kann.
Das Ergebnis der Neuwahl und die neue Reihenfolge in der Vertretung des Vorsitzenden sind dem Arbeitgeber mitzuteilen. Um die Handlungsfähigkeit des Personalrats sicherzustellen, hat die Benachrichtigung des Arbeitgebers unverzüglich, das bedeutet ohne schuldhaftes Zögern, zu erfolgen. Eventuelle Konsequenzen durch die nicht rechtzeitige Benachrichtigung des Arbeitgebers trägt der Personalrat. Dies könnte z. B. der Fall bei einem Fristproblem sein, das dadurch entsteht, dass der Arbeitgeber Unterlagen einem nichtberechtigten Personalratsmitglied überreicht.

4.4.4 Aufgaben des Personalratsvorsitzenden

Dem Personalratsvorsitzenden sind durch das BPersVG **verschiedene Aufgaben** zugewiesen. Der Vorsitzende

- führt mit dem Vorstand die laufenden Geschäfte (§ 34 Abs. 1 BPersVG),
- vertritt den Personalrat nach außen im Rahmen der von ihm gefassten Beschlüsse (§ 35 Abs. 2 BPersVG),

- vertritt den Personalrat in Gruppenangelegenheiten nach außen im Rahmen der von ihm gefassten Beschlüsse zusammen mit dem entsprechenden Gruppensprecher (§ 35 Abs. 2 BPersVG),
- beruft die Sitzungen des Personalrats ein – Präsenzsitzungen oder per Videokonferenz (§ 36 Abs. 2 und § 38 Abs. 2 BPersVG),
- legt die Einspruchsfristen fest, wenn Personalratsmitglieder keine Videokonferenzen oder keine elektronischen Abstimmungen möchten (§§ 38 Abs. 2, 39 Abs. 4 BPersVG),
- nimmt die Entschuldigungen von Personalratsmitgliedern für Sitzungstermine entgegen (§ 36 Abs. 2 BPersVG),
- lädt erforderlichenfalls Ersatzmitglieder ein (§ 36 Abs. 2 BPersVG),
- legt die Tagesordnung für Personalratssitzungen fest (§ 36 Abs. 2 BPersVG),
- leitet die Personalratssitzung (§ 36 Abs. 2 BPersVG),
- muss das Sitzungsprotokoll unterschreiben (§ 43 Abs. 1 BPersVG),
- leitet die Personalversammlung (§ 57 Abs. 1 BPersVG),
- hat im Rahmen der Beschlüsse Dienstvereinbarungen zu unterzeichnen (§ 63 Abs. 2 BPersVG),
- nimmt die Anträge des Arbeitgebers in Mitbestimmungsangelegenheiten entgegen (§ 70 Abs. 2 BPersVG),
- nimmt die Anträge des Arbeitgebers in Mitwirkungsangelegenheiten entgegen (§ 81 BPersVG),
- nimmt die Anträge des Arbeitgebers bei Kündigungen und fristlosen Kündigungen entgegen (§§ 85, 86 BPersVG),
- nimmt die Unterlagen der Stufenvertretung in Beteiligungsangelegenheiten entgegen, die nur »seine« Dienststelle oder einzelne Beschäftigte dieser Dienststelle betreffen (§ 92 BPersVG).

Führung der laufenden Geschäfte

Die laufenden Geschäfte des Personalrates führt sein Vorstand (§ 34 Abs. 1 BPersVG). In einigen Landespersonalvertretungsgesetzen, z. B. in Bayern, ist vorgesehen, dass nicht der gesamte Vorstand, sondern nur der Vorsitzende des Personalrates die laufenden Geschäfte führt (Art. 32 Abs. 3 BayPVG). Die laufenden Geschäfte umfassen die Organisation der Personalratsarbeit und ihre verwaltungsmäßige Abwicklung, die Beschaffung von Informationen, die Entgegennahme von Erklärungen und Anträgen des Arbeitgebers und die Prüfung, ob und welche Fristen einzuhalten sind. § 34 Abs. 1 BPersVG

Bei den laufenden Geschäften kann der Vorstand auf Büropersonal des Arbeitgebers zurückgreifen (§ 47 BPersVG). Das gilt auch für die Erstellung des Protokolls in Personalratssitzungen. Bei der Beschaffung von § 47 BPersVG

Informationen kann der Vorstand auch auf sachkundige Personen, Vertreter der Gewerkschaft oder die Stufenvertretungen zugehen.

Vertretung des Personalrats nach außen

§ 35 Abs. 2 BPersVG

Der Personalratsvorsitzende vertritt den Personalrat nach außen (§ 35 Abs. 2 BPersVG). In Gruppenangelegenheiten vertritt der Vorsitzende zusammen mit dem entsprechenden Gruppenvertreter (falls er der Gruppe nicht angehört) den Personalrat. Dabei müssen sich der Vorsitzende und ggf. der Gruppenvertreter an die Beschlüsse des Personalrats bzw. der Gruppe halten. Der Vorsitzende ist auch dann an die Beschlüsse des Gremiums gebunden, wenn er sich nicht mit ihnen identifizieren kann oder wenn er an ihnen im Rahmen des Gruppenprinzips gar nicht beteiligt war. Unzulässig wäre es z. B., wenn der Vorsitzende zustimmende oder ablehnende Erklärungen zu Mitbestimmungs- oder Mitwirkungsangelegenheiten abgibt. Auch bei – für den Arbeitgeber – dringenden Angelegenheiten darf der Vorsitzende keine Erklärungen ohne einen Beschluss des Gremiums abgeben. Tut er dies doch, gelten die Erklärungen für den Arbeitgeber als vom Personalrat verbindlich abgegebene Willensbekundungen. Der Arbeitgeber wird nach den Erklärungen vorgehen und entsprechende Maßnahmen umsetzen können, es sei denn, für ihn war zu erkennen, dass der Vorsitzende einem Antrag ohne Personalratsbeschluss zugestimmt (oder abgelehnt) hat.

Dies ist z. B. immer dann der Fall, wenn der Arbeitgeber dem Personalratsvorsitzenden eine geplante Maßnahme »zwischen Tür und Angel« mitteilt und gleichzeitig um Zustimmung zur Maßnahme bittet. Gibt der Vorsitzende dann ohne Personalratsbeschluss eine entsprechende Erklärung gegenüber dem Arbeitgeber ab, stellt dies einen groben Missbrauch von Befugnissen dar und könnte, je nach konkretem Sachverhalt, zum Ausschluss aus dem Personalrat führen.

§ 30 BPersVG

Dies gilt jedenfalls für den Wiederholungsfall (§ 30 BPersVG).

Vertretung des Personalrats nach außen im Rahmen der von ihm gefassten Beschlüsse kann für den Vorstand bzw. Vorsitzenden auch bedeuten, dass er ein Verhandlungsmandat besitzt.

> **Praxistipp:**
> Die Grenzen des Verhandlungsmandats für den Vorstand bzw. Vorsitzenden sollten vom Personalrat im Einzelnen genau definiert werden.

§ 42 Abs. 1, 3 BPersVG

Erachtet die Mehrheit einer Gruppe, die Schwerbehindertenvertretung oder die JAV einen Beschluss des Personalrats als eine erhebliche Beeinträchtigung wichtiger Interessen der durch sie vertretenen Beschäftigten, so ist der Beschluss auf ihren Antrag für die Dauer von fünf Arbeitstagen vom Zeitpunkt der Beschlussfassung an auszusetzen (§ 42 Abs. 1 BPersVG). Voraussetzung dafür ist, dass die Umsetzung des Beschlusses eine **erhebliche Beeinträchtigung** wichtiger Interessen bedeutet. Allerdings hat die Aussetzung des Beschlusses für den Personalrat keine Verlängerung von Fristen zur Folge. Bei der Aussetzung eines Beschlusses hat der Vorstand bzw. der Personalratsvorsitzende deshalb immer zu prüfen, ob vorgegebene Fristen noch eingehalten werden können. Können die Fristen nicht eingehalten werden, würde sich ein ablehnender Beschluss des Personalrats in eine Zustimmung durch Fristablauf verwandeln (§ 70 Abs. 3 BPersVG). Die Möglichkeit der Aussetzung eines Beschlusses hat den Sinn, dass der Sachverhalt in der Zeit der Aussetzung noch einmal behandelt und geklärt werden kann.

Einberufung von Sitzungen

Je nach Bedarf – besser: nach einem festen Turnus – beruft der Personalratsvorsitzende die Personalratsmitglieder zu den Sitzungen (Präsenz oder Videokonferenz) ein. Der Personalrat entscheidet eigenständig, welche Sitzungsform er wählt. Nachdem die Sitzung der Ort des Austauschs, der Diskussion und der Meinungsbildung ist, ist aus unserer Sicht der Präsenzsitzung der Vorrang einzuräumen. Hier kann »Auge in Auge« mit allen Reaktionen diskutiert werden und hier können auch mal Emotionen gezeigt werden.

§ 38 BPersVG

Der Arbeitgeber ist dabei vom Zeitpunkt der Sitzung zu verständigen (§ 38 Abs. 1 BPersVG). Sinn dieser Regelung ist z. B., Personalengpässe abfedern zu können. Einen Genehmigungsvorbehalt durch den Arbeitgeber kennt das Personalvertretungsrecht allerdings nicht.

Die Einladung zu den Sitzungen kann mündlich oder schriftlich erfolgen.

§ 38 BPersVG

Bei der Terminierung der Sitzung hat der Personalrat dienstliche Notwendigkeiten zu berücksichtigen (§ 38 Abs. 1 BPersVG). Daher muss der Vorsitzende bei der Festlegung des Termins dienstliche Interessen, die Interessen der Beschäftigten und die ordnungs- und fristgemäße Erledigung der anstehenden Aufgaben in Einklang bringen. Im Zweifelsfall entscheidet der Personalratsvorsitzende allein – ohne den Dienststellenleiter – über den Sitzungstermin.

§ 108 Abs. 1 Nr. 3 BPersVG

Sollte der Arbeitgeber mit einem Sitzungstermin nicht einverstanden sein, kann er das Verwaltungsgericht anrufen (§ 108 Abs. 1 Nr. 3 BPersVG). Wegen der Dauer eines Verwaltungsgerichtsverfahrens wird jedoch die Entscheidung des Verwaltungsgerichts in der Regel erst nach dem Sitzungstermin fallen.

Entgegennahme von Entschuldigungen

Personalratsmitglieder, die an Sitzungen nicht teilnehmen können, müssen dies dem Vorsitzenden unter Angabe des Grundes (§ 36 Abs. 2 BPersVG) mitteilen. Die Entschuldigung kann schriftlich oder mündlich erfolgen. Dienstliche Gründe können nur im absoluten Ausnahmefall (z. B. OP-Schwester assistiert bei einer OP: offener Bauch und kein Ersatz vorhanden) ein Fernbleiben von Personalratssitzungen rechtfertigen. Nur bei einer rechtlichen oder tatsächlichen Verhinderung eines Personalratsmitgliedes darf ein Ersatzmitglied geladen werden. Verhinderungen aus »Lustlosigkeit«, »Verärgerung« oder Arbeitsüberlastung führen nicht zur Einladung eines Ersatzmitgliedes. In einem solchen Fall wäre das Gebot der Nichtöffentlichkeit der Personalratssitzung verletzt.
Ist ein Personalratsmitglied krank, reicht die Erkrankung als Begründung aus. Seitens des Personalrats besteht kein Anspruch, die Art der Erkrankung zu erfahren; das Gleiche gilt für den Arbeitgeber, der mit der Krankmeldung ebenfalls keine Information über die Art der Erkrankung erhält. Anzugeben ist jedoch die voraussichtliche Dauer der Erkrankung, um eventuell ein Ersatzmitglied rechtzeitig laden zu können.

> **Praxistipp:**
> Dem ersten Ersatzmitglied – bzw. den ersten Ersatzmitgliedern – des Personalrats sollte der Vorsitzende regelmäßig die Sitzungstermine – jedoch ohne Tagesordnung – mitteilen. Die Ersatzmitglieder können sich dann leichter auf solche Termine einstellen, die eventuell auf sie zukommen.

Festlegung der Tagesordnung

Die Tagesordnung kann der Vorsitzende mündlich oder schriftlich mitteilen. Vor allem, wenn mehrere Tagesordnungspunkte zu behandeln sind, empfiehlt es sich, den Personalratsmitgliedern die Tagesordnung schriftlich zukommen zu lassen.
Die Tagesordnung muss die Tagesordnungspunkte genau und detailliert benennen. Die häufige Unsitte, alle Personalmaßnahmen unter dem Oberpunkt »Personelles« zu behandeln, hat die Unwirksamkeit der gefassten Beschlüsse zur Folge (vgl. BAG vom 28. 10. 1992, Betriebs-Berater 93, 580). Ein korrekter Auszug aus einer Tagesordnung würde etwa lauten:

Personalmaßnahmen

1. Höhergruppierung Kollege Müller von E 5 nach E 6
2. Höhergruppierung Kollegin Heinisch von E 12 nach E 13

3. Einstellung einer Reinigungskraft – Vorschlag der Dienststelle: Frau Müller
4. Eingruppierung der Reinigungskraft (Frau Müller) in E 2
5. fristgemäße ordentliche Kündigung des Kollegen Huber

Besonders bei der Ablehnung beantragter Maßnahmen oder bei einem Einigungsstellen- oder Verwaltungsgerichtsverfahren – auch beim Arbeitsgerichtsverfahren eines Beschäftigten – ist es von großer Bedeutung, dass sich der Personalrat bei der Tagesordnung an die Formvorschriften hält. Ist dies nicht der Fall, hat dies zur Konsequenz, dass kein rechtswirksamer Beschluss vorliegt. Damit hätte der Personalrat einem Antrag des Arbeitgebers durch Ablauf der Frist zugestimmt. Ein Verstoß gegen solche Vorschriften – mit der Gefahr der Unwirksamkeit von Beschlüssen – kann bedeuten, dass der Personalratsvorsitzende seine Pflichten grob verletzt und dies zum Ausschluss aus dem Personalrat führt.

Auch für die Personalratsmitglieder ist zur Vorbereitung auf die Sitzung eine genaue Tagesordnung von Bedeutung. Um sich vorbereiten und eventuell nachfragen oder recherchieren zu können, muss jedes Personalratsmitglied den Inhalt der Tagesordnung kennen. Soweit möglich, sollten der Tagesordnung bereits Unterlagen, Stellungnahmen, Anträge des Arbeitgebers usw. beigelegt werden. In der Praxis wird es nämlich die Regel sein, dass die Möglichkeit zur Einsicht in Unterlagen beim Vorsitzenden von den Personalratsmitgliedern nur wenig genutzt wird. Auch Personalratsmitgliedern muss Einiges »mundgerecht« serviert werden.

Die Tagesordnung ist den Personalratsmitgliedern vom Vorsitzenden rechtzeitig mitzuteilen. Rechtzeitig bedeutet, dass sich die Personalratsmitglieder auf die Inhalte der Sitzung ausreichend vorbereiten können.

Praxistipp:
Je länger die Tagesordnung und je komplizierter die zu behandelnden Sachverhalte, desto eher ist die Tagesordnung schriftlich abzufassen und rechtzeitig zu übersenden.

Der Personalrat kann in seiner **Geschäftsordnung** eine Regelung für die Einladungs- bzw. Übersendungsfristen der Tagesordnung treffen. Dabei kann es unterschiedliche Fristen für die Übersendung der Einladung und der Tagesordnung geben.

Aus der Pflicht des Vorsitzenden, die Tagesordnung rechtzeitig zu übersenden, ergibt sich auch, dass die Tagesordnung während der Sitzung grundsätzlich nicht ergänzt werden kann. Eine Ausnahme besteht für solche Tagesordnungspunkte, die keinen Beschluss des Personalrats erfordern. Weiterhin kann, wenn alle Personalratsmitglieder anwesend sind (Stellvertretung ist zulässig) und – einstimmig – für die Aufnahme eines neuen Tagesordnungspunktes stimmen, ein weiterer Tagesordnungspunkt für die Sitzung aufgenommen werden. Durch die komplette Anwesenheit und die Einstimmigkeit des Beschlusses hat das Gremium auf seinen Anspruch, sich durch die Tagesordnung auf die Sitzung vorbereiten zu können, verzichtet.

Die Personalratsmitglieder können nur eingeschränkt auf die Tagesordnung Einfluss nehmen.

§ 36 Abs. 3 BPersVG

Formal muss mindestens ein Viertel der Mitglieder beim Vorsitzenden einen Antrag stellen, um einen Gegenstand auf die Tagesordnung setzen zu lassen (§ 36 Abs. 3 BPersVG). Wird das Viertel nicht erreicht, liegt es im Ermessen des Vorsitzenden, den beantragten Gegenstand auf die Tagesordnung zu setzen. Ebenfalls kann die Mehrheit einer Gruppe und der Leiter der Dienststelle einzelne Tagesordnungspunkte auf die Tagesordnung setzen lassen. Gleiches gilt für die Schwerbehindertenvertretung und die Mehrheit der JAV, wenn Punkte beantragt werden, die überwiegend diesen Personenkreis betreffen.

Beispiel:

Bei einem Personalrat mit neun Mitgliedern müssen mindestens drei Personalratsmitglieder einen Tagesordnungspunkt beantragen (zwei Personalratsmitglieder sind weniger als ein Viertel von neun). Auch wenn im BPersVG nicht ausdrücklich davon die Rede ist, ist davon auszugehen, dass der beantragte Gegenstand auf die Tagesordnung der nächst möglichen Sitzung gesetzt wird, es sei denn, die Antragsteller haben einen späteren Termin beantragt.

Sitzungsleitung

§ 36 Abs. 2 BPersVG

Der Vorsitzende leitet die Personalratssitzung, eine Vertretung durch die stellvertretenden Personalratsvorsitzenden ist nur bei tatsächlicher oder rechtlicher Verhinderung des Vorsitzenden möglich (§ 36 Abs. 2 BPersVG). Die Leitung der Sitzung umfasst die Abhandlung der Tagesordnung, Durchführung der Abstimmungen, Erteilung und Entzug des Wortes für die Personalratsmitglieder und sonstige anwesende Personen sowie die Ausübung des Hausrechts. Hausrecht bedeutet aber nicht, dass der Personalratsvorsitzende ein Personalratsmitglied bei störendem Verhalten des Sitzungsraums verweisen könnte. Das ist auf der Grundlage des BPersVG nicht möglich.

Unterzeichnung des Sitzungsprotokolls

Über jede Sitzung des Personalrats ist ein Protokoll anzufertigen. Es muss mindestens die Namen der An- und Abwesenden, die Tagesordnung, die gefassten Beschlüsse, die Wahlergebnisse und die jeweiligen Stimmergebnisse enthalten. Ein Wortprotokoll ist nicht erforderlich.

Das Protokoll ist vom Personalratsvorsitzenden und einem weiteren Personalratsmitglied zu unterschreiben (§ 43 Abs. 1 BPersVG). Auch wenn es einen Schriftführer im Personalrat gibt, so reicht es aus, wenn neben dem Vorsitzenden ein weiteres Personalratsmitglied die Niederschrift unterschreibt. Das BPersVG legt ausdrücklich fest, dass die Niederschrift vom Vorsitzenden zu unterzeichnen ist. **§ 43 Abs. 1 BPersVG**

Wegen der Vertretungsregelung (§ 35 Abs. 1 BPersVG) kann auch die Stellvertretung bei Verhinderung des Personalratsvorsitzenden in der festgelegten Reihenfolge das Protokoll unterschreiben. **§ 35 Abs. 1 BPersVG**

Einberufung der Personalversammlung

Aufgabe des Personalratsvorsitzenden ist es auch, (im Namen des Personalrats) zusammen mit der Tagesordnung zur Personalversammlung einzuladen.

Nachdem Personalversammlungen keine bindenden Beschlüsse fassen können, die gegenüber der Dienststelle oder dem Personalrat rechtswirksam sind (Ausnahme: Wahl des Wahlvorstandes; § 22 Abs. 1 BPersVG), sind an die Tagesordnung nicht die gleichen hohen Anforderungen zu stellen wie an die Tagesordnung der Personalratssitzung. Die Beschäftigten sollen jedoch die Themen erkennen und sich auf die Versammlung vorbereiten können. Einladung und Tagesordnung sind rechtzeitig vor der Versammlung bekannt zu geben (je nach Einrichtung: persönliche schriftliche Einladung oder Aushang). Rechtzeitig bedeutet, dass alle Beschäftigten die Möglichkeit haben müssen, von der Versammlung Kenntnis zu nehmen und sich entsprechend darauf vorzubereiten. **§ 57 Abs. 1 BPersVG**

Die Personalversammlungen haben einmal pro Kalenderhalbjahr stattzufinden (§ 59 Abs. 1 BPersVG). Werden Personalversammlungen z. B. nur einmal im Jahr abgehalten, liegt ein Verstoß gegen die Pflichten des Personalrats vor, der mit einer Auflösung des Personalrats durch das Verwaltungsgericht geahndet werden kann. **§ 59 Abs. 1 BPersVG**

Leitung der Personalversammlung

Entsprechend den Regelungen bei der Sitzung des Personalrats hat der Personalratsvorsitzende bei der Personalversammlung das **Hausrecht** (§ 57 Abs. 1 BPersVG), auch gegenüber dem Arbeitgeber oder sonstigen geladenen Personen. Er erteilt und entzieht das Wort, führt Abstimmun- **§ 57 Abs. 1 BPersVG** gen durch und leitet die komplette Versammlung. Der Tätigkeitsbericht des Personalrats muss nicht durch den Vorsitzenden vorgetragen werden, dies kann auch durch ein anderes Mitglied oder mehrere andere Personalratsmitglieder erfolgen.

Unterzeichnung von Dienstvereinbarungen

§ 63 Abs. 2 BPersVG

Dienstvereinbarungen (§ 63 Abs. 1 BPersVG) sind schriftlich niederzulegen und von beiden Parteien zu unterzeichnen. Der Personalrat wird durch den Vorsitzenden vertreten. Um die Dienstvereinbarung in Kraft zu setzen, ist die Unterzeichnung – schriftlich oder elektronisch – notwendig. Der Personalratsvorsitzende hat die Dienstvereinbarung auch dann zu unterschreiben, wenn er selbst im Personalrat gegen die Vereinbarung gestimmt hat, jedoch unterlegen ist. Dienstvereinbarungen, die nur eine Gruppe betreffen, sind zusätzlich noch vom zuständigen Gruppenvertreter im Vorstand zu unterzeichnen.

Entgegennahme von Anträgen des Arbeitgebers in Mitbestimmungsangelegenheiten

Die wichtigen **Fristen** in allen Mitbestimmungsangelegenheiten beginnen erst zu laufen, wenn der Arbeitgeber dem Personalratsvorsitzenden den Antrag mit den entsprechenden Unterlagen zugänglich gemacht hat. Der Personalratsvorsitzende hat die entsprechende Frist zu prüfen und den Antrag des Arbeitgebers auf die Tagesordnung der Personalratssitzung zu setzen, die es ermöglicht, innerhalb der Frist eine Entscheidung des Personalrats zu treffen.

So weit die Aufgaben, die das BPersVG ausdrücklich dem Personalratsvorsitzenden (zum Teil im Zusammenspiel mit dem Vorstand) zuweist. Er ist jedoch nicht allein und er ist auch kein »Alleinherrscher«, er ist lediglich »Erster unter Gleichen«. Er arbeitet gemeinsam mit dem gesamten Gremium für die Interessen der Beschäftigten. Er ist auch nicht der »Vorarbeiter« und muss auch nicht die ganze Personalratsarbeit allein bewältigen. Daher ist eine sinnvolle Arbeitsteilung innerhalb des Personalrats eine wesentliche Voraussetzung für eine gute und effektive Arbeit (siehe dazu auch unter 4.3.4).

4.4.5 Die stellvertretenden Vorsitzenden

Besteht ein Personalrat aus Vertretern mehrerer Gruppen, so wählt die jeweilige Gruppe ihre Vertreter in den Vorstand des Personalrats (§ 34 Abs. 1 BPersVG). Aus den Gruppenvertretern sind dann der Vorsitzende und bis zu zwei stellvertretende Vorsitzende zu wählen (§ 35 Abs. 1

BPersVG). Gibt es zwei stellvertretende Vorsitzende, muss der Personalrat festlegen, in welcher Reihenfolge sie den Vorsitzenden vertreten.
Können durch die Größe des Personalrats noch zwei weitere Vertreter (§ 34 Abs. 2 BPersVG) in den Vorstand (erweiterter Vorstand) gewählt werden, haben die ordentlichen Gruppenvertreter bei der Wahl zu den stellvertretenden Vorsitzenden Vorrang vor den zugewählten Vorstandsmitgliedern. Ist jedoch niemand bereit, die Wahl zum stellvertretenden Vorsitzenden anzunehmen, kann jedes andere Personalratsmitglied zum Stellvertreter gewählt werden (BVerwG vom 27.8.1997 – 6 P 11.95).
Sobald die Vertretungen festgelegt sind, hat der Personalrat dem Arbeitgeber die Reihenfolge in der Vertretung mitzuteilen. Sinn dieser Regelung ist die Klarheit für den Arbeitgeber, im Fall der Verhinderung des Vorsitzenden einen legitimierten Ansprechpartner des Personalrats zu haben. Gleichzeitig ist der Personalrat – auch beim Ausfall des Vorsitzenden – immer handlungsfähig. Neben der Festlegung der Stellvertreter sollte auch die Vertretung der Vertreter geregelt und diese dem Arbeitgeber mitgeteilt werden. Es ist durchaus möglich, dass ein Vorsitzender und seine zwei Stellvertreter sich in Urlaub oder im Krankenstand befinden. Der Personalrat wäre somit handlungsunfähig, da niemand zur Entgegennahme von Anträgen des Arbeitgebers befugt wäre. Sinnvollerweise legt ein Personalratsgremium zu Beginn der Amtsperiode nach der Wahl des Vorsitzenden und der Stellvertreter die weitere Reihenfolge der Vertretungsbefugnis fest: Ein Personalratsgremium mit sieben Personen, einem Vorsitzendem und einem Stellvertreter bestimmt, wer im Verhinderungsfall des Vorsitzenden und seines Stellvertreters die Nr. 3, 4, 5, 6 und 7 als Ansprechpartner des Arbeitgebers ist.

4.4.6 Das Amt des Schriftführers

Das klassische Amt des »Schriftführers des Personalrats« kennt das BPersVG nicht. Durch Beschluss und mit Einverständnis des Betroffenen kann jedoch ein Personalratsmitglied mit der Erstellung der Sitzungsniederschrift beauftragt werden. Das Protokoll kann aber auch im »Rund-um-Verfahren« erstellt werden. Dabei schreibt jedes Personalratsmitglied abwechselnd das Protokoll.
Bürokräfte des Arbeitgebers können bei den Personalratssitzungen zur Protokollerstellung hinzugezogen werden (§ 43 BPersVG). **§ 43 BPersVG**

Praxistipp:
Im Zeitalter von PC und Laptop vereinfacht es die Arbeit, wenn die Tagesordnung bereits in einer Datei abgespeichert ist und während der Sitzung die entsprechenden Protokolltexte direkt eingegeben werden. Ein solches Verfahren spart Zeit und nach der Sitzung kann das Protokoll sofort ausgedruckt werden.

§ 43 Abs. 1 BPersVG

Das Protokoll führende Personalratsmitglied kann die Niederschrift nicht allein unterschreiben; zusätzlich ist auch die Unterschrift des Personalratsvorsitzenden – bzw. bei Verhinderung seiner Vertretung – erforderlich (§ 43 Abs. 1 BPersVG).
Die Wahl eines Schriftführers bedeutet übrigens nicht, dass dieser Kollege für den gesamten Schriftverkehr des Personalrats zuständig ist.

4.4.7 Sitzungen

Die Geschäftsordnung des Personalrats

§ 44 BPersVG

Der Personalrat kann Einzelheiten der Geschäftsführung in einer Geschäftsordnung (§ 44 BPersVG) regeln (siehe Muster-Geschäftsordnung im Anhang). Nachdem die Personalvertretungsgesetze viele Verfahrensabläufe und Fristen regeln, ist eine Geschäftsordnung nicht zwingend vorgeschrieben; dies liegt im Ermessen des Personalrats.

Praxistipp:
Eine Geschäftsordnung kann die in den Personalvertretungsgesetzen nicht eindeutigen Tatbestände für den Personalrat verbindlich festlegen. Geregelt werden könnten unter anderem:

- Zeitpunkt der regelmäßigen Personalratssitzungen,
- Einladungsfristen und -form für Personalratssitzungen,
- Einladungsfristen für Personalversammlungen,
- Antragsfristen und -form für Tagesordnungspunkte der Personalratssitzungen,
- Art der Abstimmungen,
- Sitzungsführung (Wortmeldung, Worterteilung, Redezeit, Schluss der Debatte),
- Fragen der Protokollführung,
- Abhaltung von Sprechstunden,
- Bildung von Ausschüssen,
- Arbeitsteilung und Zuständigkeiten im Personalrat.

Eine Geschäftsordnung kann nur interne Vorgänge des Personalrats festlegen. Durch die Geschäftsordnung können Rechte der Personalratsmitglieder weder eingeschränkt noch ausgeweitet werden.
Für die Verabschiedung einer Geschäftsordnung bedarf es eines ordnungsgemäßen Beschlusses des Personalrats. Sie kann jederzeit mit der Mehrheit der Stimmen des Personalrats wieder abgeschafft oder verändert werden. Nachdem die Geschäftsordnung keine Außenwirkung entfaltet, sind Beschlüsse des Personalrats, die unter Missachtung der Geschäftsordnung – aber unter Einhaltung der gesetzlichen Bestimmungen getroffen wurden – rechtswirksam.

Durchführung von Sitzungen

Die Durchführung von Sitzungen obliegt in der Regel dem Personalratsvorsitzenden. Seine Aufgaben während der Sitzungen wurden oben bereits ausführlich behandelt. Um fatale Folgen falscher Tagesordnungspunkte zu vermeiden, weisen wir noch einmal ausdrücklich darauf hin, dass die Tagesordnungspunkte so konkret abgefasst sein müssen, dass sich jedes Personalratsmitglied ein genaues Bild über jeden einzelnen Gegenstand auf der Tagesordnung machen kann. Sammel-Tagesordnungspunkte wie »Personelles«, oder »Beschlüsse« darf es nicht geben. Unter einem solchen Tagesordnungspunkt gefasste Beschlüsse sind unwirksam (einzige Ausnahme: alle Personalratsmitglieder sind anwesend und haben einstimmig für die Aufnahme des zu entscheidenden Punktes gestimmt; anwesende Ersatzmitglieder zählen wie ordentliche Mitglieder).
Sitzungen verlaufen zielorientierter, wenn sich der Personalrat auf eine gemeinsame Sitzungskultur einigt. Dies gilt vor allem vor dem Hintergrund, dass nicht freigestellte Personalratsmitglieder ihre beruflichen Tätigkeiten weiterhin erledigen bzw. sie von den Kollegen an ihrem Arbeitsplatz vertreten werden müssen (und deshalb auch immer wieder in Unkenntnis der wichtigen Personalratsarbeit kritisch beäugt werden).
Der Vorsitzende leitet die Sitzung, führt in die Tagesordnungspunkte ein (kann auch aufgeteilt werden), führt die Rednerliste, erteilt das Wort, fasst die Diskussionsergebnisse zusammen und stellt das Ergebnis zur Abstimmung. Idealerweise ist die Sitzung auch zeitlich strukturiert, so dass Endlosdebatten, Schaufensterreden und Wiederholungen vermieden werden. Personalräte müssen also nicht nach dem Motto verfahren: »Es ist bereits alles gesagt, aber noch nicht von jedem.«
Nicht nur die Sitzungsleitung muss vorbereitet sein, auch die Personalratsmitglieder tragen durch Disziplin und inhaltliche Vorbereitung zum Gelingen einer Sitzung bei. Dazu gehört, dass die übersandten Unterlagen nicht erst in der Sitzung gelesen werden, dass bei Unklarheiten über die

Tagesordnung frühzeitig beim Vorsitzenden nachgefragt wird bzw. vom Vorsitzenden ergänzende Unterlagen angefordert werden. Die Frage, inwieweit es zu einer Unart geworden ist, dass Personalratsmitglieder bei den Sitzungen nebenbei am Laptop, Smartphone, Blackberry arbeitet, muss jedes Gremium selbst beantworten.

§ 11 Abs. 1 BPersVG

Jedes einzelne Personalratsmitglied kann auch bei seiner Gewerkschaft – ohne dass dies eine Verletzung der Schweigepflicht (§ 11 Abs. 1 BPersVG) darstellt – zu einzelnen Tagesordnungspunkten eine Stellungnahme oder Rechtsauskunft einholen. Schutzwürdige Daten, etwa Namen bei Personalangelegenheiten, dürfen dabei gegenüber der Gewerkschaft nicht genannt werden.

Sitzungen können nach Bedarf – besser: nach einem festen Turnus – stattfinden. Über den Bedarf an Sitzungen bzw. den Sitzungsturnus entscheidet der Personalrat selbst, z. B. in der Geschäftsordnung. Sitzungstermine bzw. Sitzungsturnus bedürfen keiner Genehmigung durch die Dienststellenleitung.

Nachdem Sitzungen des Personalrats in der Regel in der Arbeitszeit stattfinden, tritt häufiger das Problem auf, dass direkte Vorgesetzte ungern auf die Arbeitskraft des Personalratsmitgliedes verzichten wollen und mit sanftem Druck auf den Verbleib am Arbeitsplatz drängen, vor allem dann, wenn es personell eng zugeht. Nachdem sich Personalratsmitglieder entschuldigen müssen, wenn sie nicht an einer Sitzung teilnehmen können, sollten der Personalratsvorsitzende und der Personalrat als Gremium in der Lage sein, entsprechend zu reagieren.

§ 2 Abs. 1 BPersVG

Personalrat und Arbeitgeber arbeiten vertrauensvoll und partnerschaftlich zusammen (§ 2 Abs. 1 BPersVG). Entsprechend diesem Grundsatz ist die Personalratstätigkeit gegenüber der beruflichen Tätigkeit des Personalratsmitgliedes nicht nachrangig.

§ 51 BPersVG

Im Gegenteil, der Arbeitgeber hat dafür zu sorgen, dass die Personalratstätigkeit während der Arbeitszeit (§ 51 BPersVG) ausgeübt werden kann. Er hat das Personalratsmitglied bei entsprechender Belastung durch die Personalratstätigkeit von seiner eigentlichen Arbeit zu entlasten (BAG vom 27.6.1990 – 7 ABR 43/89).

Es kommt auch öfter vor, dass die eigenen Kollegen die Anzahl und/oder die Dauer von Personalratssitzungen nicht akzeptieren. Äußerungen wie »Gehst Du schon wieder Kaffee trinken?« sollte man dann nicht mit rechtlichen Hinweisen begegnen, sondern eher humorvoll. Allerdings lassen solche Fragen darauf schließen, dass die Arbeit des Personalrats nicht ausreichend bekannt ist bzw. nicht auf genügend Akzeptanz stößt. Die Öffentlichkeitsarbeit allgemein und die Darstellung der Personalratstätigkeit in der Dienststelle, z. B. bei Personalversammlungen, sind dann selbstkritisch unter die Lupe zu nehmen.

Der ordnungsgemäße Personalratsbeschluss

Ordnungsgemäße Personalratsbeschlüsse bedürfen einer Reihe **formeller Voraussetzungen**. Folgende sind zu nennen:

- Der Gegenstand muss auf der Tagesordnung eindeutig aufgeführt sein.
- Der Personalrat muss rechtzeitig zur Sitzung mit der Tagesordnung eingeladen worden sein.
- Mindestens die Hälfte der Personalratsmitglieder muss anwesend sein.
- Der Beschluss muss mit der Mehrheit der Stimmen der anwesenden Personalratsmitglieder gefasst worden sein (bei Gruppenangelegenheiten mit der Mehrheit der Gruppenmitglieder).

Bei **elektronischen Abstimmungen** ist weiter zu beachten:

- Die Möglichkeit der elektronischen Abstimmung muss in der Geschäftsordnung geregelt sein.
- Der Datenschutz entsprechend § 38 Abs. 3 Satz 2 Nr. 1 und 3 BPersVG ist zu beachten.
- Der Personalratsvorsitzende hat eine Frist zu bestimmen, in der die Personalratsmitglieder mitteilen können, dass sie eine elektronische Abstimmung ablehnen.
- Eine elektronische Abstimmung findet nicht statt, wenn ein Personalratsmitglied widerspricht. Ist dies der Fall, muss umgehend eine Präsenzsitzung einberufen werden.
- Das Ergebnis eines in elektronischer Form gefassten Beschlusses ist dem Gremium in der kommenden Sitzung mitzuteilen.

Außerdem muss der Beschluss mit dem Abstimmungsergebnis im Sitzungsprotokoll aufgeführt sein. Der Beschluss ist dann durch den Vorsitzenden (fristgemäß), bei Gruppenangelegenheiten zusammen mit dem Gruppenvertreter, dem Arbeitgeber mitzuteilen. Beschlüsse des Personalrats bzw. der Gruppe sind für den Personalratsvorsitzenden verbindlich, auch wenn dieser bei der Abstimmung anderer Meinung war.

> **Praxistipp:**
> Um die Sitzungszeit effektiv zu nutzen, ist es sinnvoll, dass der Personalratsvorsitzende einen Beschlussvorschlag vorformuliert, wenn bei Tagesordnungspunkten ein Beschluss zu fassen ist.

Aussetzen von Beschlüssen?

Hält der Personalratsvorsitzende einen Beschluss des Personalrats für rechtswidrig, so hat er den Personalrat darauf hinzuweisen. Der Vorsitzende hat jedoch nicht das Recht, solche Beschlüsse auszusetzen oder sie nicht umzusetzen. Die Beschlüsse des Personalrats sind vielmehr durch den Vorsitzenden zu vertreten.

4.4.8 Dienstvereinbarungen[1]

§ 63 BPersVG

Dienstvereinbarungen (§ 63 BPersVG) sind ein zentrales Instrument zur **Gestaltung der Arbeitsbedingungen** in der Dienststelle. In einer Dienstvereinbarung werden Rechte und Pflichten der Beschäftigten bzw. des Personalrats festgelegt. Neben der Alltagsarbeit von Personalräten haben Dienstvereinbarungen eine besondere betriebspolitische Bedeutung und stellen ein wichtiges Instrument effektiver Personalratsarbeit dar. Es geht um den möglichst wirkungsvollen Einsatz der Gestaltungsmöglichkeiten des Personalrats anstatt des bloßen Reagierens auf Maßnahmen des Arbeitgebers.

Von der Wirkung her ist eine Dienstvereinbarung ein **»Tarifvertrag auf Dienststellenebene«**. Arbeitsentgelte und sonstige Arbeitsbedingungen, die üblicherweise durch Tarifvertrag geregelt sind, können aber nicht Gegenstand einer Dienstvereinbarung sein. Im BPersVG ist ausdrücklich geregelt, dass Dienstvereinbarungen nur dort zulässig sind, wo sie das Gesetz ausdrücklich vorsieht.

> **Praxistipp:**
> Ausgangspunkt zur Klärung des Bedarfs von Dienstvereinbarungen sollte eine Analyse der konkreten betrieblichen Situation sein, die Probleme auflistet. Ausgehend von dieser Bestandsaufnahme sind die Ziele des personalrätlichen Handelns zu definieren. Ergebnis kann dann der Abschluss einer Dienstvereinbarung sein.

Rechtlicher Rahmen von Dienstvereinbarungen

Rechtlich gesehen sind Dienstvereinbarungen nach dem Personalvertretungsrecht **Verträge zwischen Dienststellenleitung und Personalrat**.

1 Die Ausführungen zum Thema Dienstvereinbarung beruhen überwiegend auf einer sehr empfehlenswerten Broschüre: Manfred Peiseler/Martin Wolmerath: Die Dienstvereinbarung. Handlungshilfe für Personalräte, Bund-Verlag GmbH, Frankfurt/Main 2001.

Das Bundespersonalvertretungsgesetz (§ 63 Abs. 1 Satz 1 BPersVG) und einige Landespersonalvertretungsgesetze (Baden-Württemberg, Bayern, Hessen, Saarland, Sachsen, Sachsen-Anhalt und Thüringen) stecken für den Abschluss von Dienstvereinbarungen einen engen Handlungsrahmen: Dort sind Dienstvereinbarungen nur zulässig, **soweit sie das Gesetz ausdrücklich vorsieht**. **§ 63 Abs. 1 Satz 1 BPersVG**

Dagegen sind nach den Landespersonalvertretungsgesetzen von Berlin, Brandenburg, Bremen, Hamburg, Mecklenburg-Vorpommern, Niedersachsen, Nordrhein-Westfalen, Rheinland-Pfalz und Schleswig-Holstein Dienstvereinbarungen stets zulässig, soweit Rechtsvorschriften nicht entgegenstehen. Auf dieser Grundlage können alle Angelegenheiten, die zum gesetzlichen Aufgabenkatalog des Personalrats gehören, zum Gegenstand von Dienstvereinbarungen werden. Hier ist der Gestaltungsfähigkeit von Personalräten ein deutlich weiterer Rahmen gesteckt.

Mögliche Gegenstände von Dienstvereinbarungen nach dem BPersVG

Das Bundespersonalvertretungsgesetz lässt Dienstvereinbarungen nur in den Fällen des § 78 Abs. 1 Nr. 12 bis 15, § 79 Abs. 1 Nr. 4 und 5 und des § 80 Abs. 1 zu. Daher können nur folgende Regelungsbereiche **Gegenstand von Dienstvereinbarungen** sein: **§§ 78, 79, 80 BPersVG**

- Absehen von Ausschreibungen für Dienstposten, die zu besetzen sind (§ 78 Abs. 1 Nr. 12 BPersVG),
- Auswahl der Teilnehmerinnen und Teilnehmer an Fortbildungsveranstaltungen mit Ausnahme der Nachbesetzung freier Plätze von Fortbildungsveranstaltungen, die in weniger als 3 Arbeitstagen beginnen (§ 78 Abs. 1 Nr. 13 BPersVG),
- Bestellung von Vertrauens- oder Betriebsärztinnen und -ärzten als Beschäftigte (§ 78 Abs. 1 Nr. 14 BPersVG),
- Geltendmachung von Ersatzansprüchen gegen eine Beschäftigte oder einen Beschäftigten (§ 78 Abs. 1 Nr. 18 BPersVG),
- Einrichtung, Verwaltung und Auflösung von Sozialeinrichtungen ohne Rücksicht auf ihre Rechtsform (§ 79 Abs. 1 Nr. 4 BPersVG),
- Aufstellung von Sozialplänen einschließlich Plänen für Umschulungen zum Ausgleich oder zur Milderung von wirtschaftlichen Nachteilen, die der oder dem Beschäftigten infolge von Rationalisierungsmaßnahmen entstehen (§ 79 Abs. 1 Nr. 5 BPersVG),
- Beginn und Ende der täglichen Arbeitszeit und der Pausen sowie die Verteilung der Arbeitszeit auf die einzelnen Wochentage (§ 80 Abs. 1 Nr. 1BPersVG),

- Anordnung von Dienstbereitschaft, Bereitschaftsdienst, Rufbereitschaft, Mehrarbeit und Überstunden (§ 80 Abs. 1 Nr. 2 BPersVG),
- Einführung, Änderung und Aufhebung von Arbeitszeitmodellen (§ 80 Abs. 1 Nr. 3 BPersVG)
- Gestaltung der Arbeitsplätze (§ 80 Abs. 1 Nr. 4 BPersVG),
- Einführung, Änderung und Aufhebung von Arbeitsformen außerhalb der Dienststelle (§ 80 Abs. 1 Nr. 5 BPersVG),
- Aufstellung allgemeiner Urlaubsgrundsätze und des Urlaubsplanes, Festsetzung der zeitlichen Lage des Erholungsurlaubs für einzelne Beschäftigte, wenn zwischen der Dienststelle und den beteiligten Beschäftigten kein Einverständnis erzielt wird (§ 80 Abs. 1 Nr. 6 BPersVG),
- Zeit, Ort und Art der Auszahlung der Dienstbezüge und Arbeitsentgelte (§ 80 Abs. 1 Nr. 7 BPersVG),
- Fragen der Lohngestaltung innerhalb der Dienststelle, insbesondere die Aufstellung von Entlohnungsgrundsätzen, die Einführung und Anwendung von neuen Entlohnungsmethoden und deren Änderung sowie die Festsetzung der Akkord- und Prämiensätze und vergleichbarer leistungsbezogener Entgelte, einschließlich der Geldfaktoren (§ 80 Abs. 1 Nr. 8 BPersVG),
- Durchführung der Berufsausbildung bei Arbeitnehmerinnen und Arbeitnehmern (§ 80 Abs. 1 Nr. 9 BPersVG),
- allgemeine Fragen der Fortbildung der Beschäftigten (§ 80 Abs. 1 Nr. 10 BPersVG),
- Beurteilungsrichtlinien (§ 80 Abs. 1 Nr. 11 BPersVG),
- Erlass von Richtlinien über die personelle Auswahl bei Einstellungen, Versetzungen, Umgruppierungen und Kündigungen (§ 80 Abs. 1 Nr. 12 BPersVG),
- Maßnahmen, die der Familienfreundlichkeit, der Vereinbarkeit von Familie, Pflege und Beruf, der Durchsetzung der tatsächlichen Gleichstellung von Frauen und Männern, der Vermeidung von Benachteiligungen von Menschen, die sich keinem dieser Geschlechter zuordnen, sowie der Vermeidung von Benachteiligungen von Menschen mit Behinderungen dienen, insbesondere bei der Einstellung, Beschäftigung, Aus-, Fort- und Weiterbildung und dem beruflichen Aufstieg (§ 80 Abs. 1 Nr. 13 BPersVG),
- Grundsätze über die Bewertung von anerkannten Vorschlägen im Rahmen des behördlichen oder betrieblichen Vorschlagswesens (§ 80 Abs. 1 Nr. 14 BPersVG),
- Inhalt von Personalfragebogen (§ 80 Abs. 1 Nr. 15 BPersVG),
- Maßnahmen zur Verhütung von Dienst- und Arbeitsunfällen und Berufskrankheiten sowie zum Gesundheitsschutz im Rahmen der ge-

setzlichen Vorschriften oder der Unfallverhütungsvorschriften (§ 80 Abs. 1 Nr. 16 BPersVG),
- Grundsätze des behördlichen oder betrieblichen Gesundheits- und Eingliederungsmanagements (§ 80 Abs. 1 Nr. 17 BPersVG),
- Regelung der Ordnung in der Dienststelle und des Verhaltens der Beschäftigten (§ 80 Abs. 1 Nr. 18 BPersVG),
- Maßnahmen zur Hebung der Arbeitsleistung oder zur Erleichterung des Arbeitsablaufs (§ 80 Abs. 1 Nr. 19 BPersVG),
- Einführung grundlegend neuer Arbeitsmethoden (§ 80 Abs. 1 Nr. 20 BPersVG),
- Einführung und Anwendung technischer Einrichtungen, die dazu bestimmt sind, das Verhalten oder die Leistung der Beschäftigten zu überwachen (§ 80 Abs. 1 Nr. 21 BPersVG).

Wichtige Voraussetzungen für Dienstvereinbarungen

§§ 39ff. BPersVG

Dienstvereinbarungen bedürfen zu ihrer Wirksamkeit eines ordentlichen **Beschlusses** des Personalrats (§§ 39, 40, 41 BPersVG). Betrifft die Angelegenheit alle Beschäftigten, beschließt der Personalrat mit Mehrheit (§§ 40 Abs. 1 BPersVG). Betrifft die abzustimmende Dienstvereinbarung nur einzelne Gruppen von Beschäftigten der Dienststelle (z.B. nur die Gruppe der Beamten), beschließt nur die von der Vereinbarung betroffene Gruppe im Personalrat (§ 40 Abs. 2 BPersVG).

§ 63 Abs. 1 Satz 2 BPersVG

Dienstvereinbarungen sind **schriftlich** oder in **elektronischer Form** abzufassen (§ 63 Abs. 2 BPersVG und entsprechende Vorschriften der Landespersonalvertretungsgesetze) und von beiden Seiten zu unterzeichnen (Personalratsvorsitzender bzw. Dienststellenleiter).

Dienstvereinbarungen sind den Beschäftigten in geeigneter Weise **bekannt zu machen**. Dies kann durch Aushang am »Schwarzen Brett«, im Intranet, auf der Homepage des Personalrats oder im PR-Info erfolgen. Zusätzlich hilfreich ist die Vorstellung der Vereinbarung auf einer Personalversammlung, da hier direkt Rückfragen beantwortet werden können.

Die Dienstvereinbarung hat die **Vertragspartner** zu nennen, den **Geltungsbereich** festzulegen und Aussagen über Inkrafttreten, Außer-Kraft-Treten und eventuelle **Kündigungsfristen** zu machen. Bei der Gestaltung der Laufzeit einer Dienstvereinbarung sind Personalrat und Dienststellenleitung an keine Vorgaben gebunden. Enthält die Dienstvereinbarung keine Kündigungsfrist, kann sie jederzeit und ohne Einhaltung einer Frist gekündigt werden. Die Beendigung einer Dienstvereinbarung kann auch einvernehmlich zwischen Personalrat und Dienststellenleitung (Aufhebung) oder durch Abschluss einer neuen Dienstvereinbarung (Ablösung) erfolgen.

Dienstvereinbarungen gelten unmittelbar für den erfassten Personenkreis. So lange eine Dienstvereinbarung in Kraft ist, stellt sie daher **zwingendes Recht** für alle Betroffenen dar.
Zum **Inhalt** von Dienstvereinbarungen siehe im Anhang »Katalog stets wiederkehrender Eckpunkte für Dienstvereinbarungen«.

> **Praxistipp:**
> Ist der Personalrat der Auffassung, eine »gute« Dienstvereinbarung abgeschlossen zu haben, empfiehlt es sich, eine Nachwirkungsklausel in die Dienstvereinbarung aufzunehmen. Diese Klausel könnte etwa lauten: »Die Regelungen dieser Dienstvereinbarung gelten weiter, bis sie durch eine neue Abmachung ersetzt worden sind.«

Erzwingbarkeit von Dienstvereinbarungen?

Die Frage, ob Dienstvereinbarungen erzwingbar sind, hängt von der jeweiligen gesetzlichen Grundlage ab, auf der ein Personalrat arbeitet:

§ 63 Abs. 1 Satz 1 BPersVG

- Sind Dienstvereinbarungen nach § 63 Abs. 1 Satz 1 BPersVG oder nach den entsprechenden Landespersonalvertretungsgesetzen in den ausdrücklich im Gesetz erwähnten Fällen zulässig, dann sind sie – gegebenenfalls auch im Wege des Verfahrens vor der Einigungsstelle – erzwingbar. Voraussetzung ist allerdings, dass dem Personalrat im zu regelnden Bereich ein volles Mitbestimmungsrecht zusteht.
- Auch nach den Landespersonalvertretungsgesetzen, die Dienstvereinbarungen generell zulassen, ist der Abschluss einer Dienstvereinbarung nur dann erzwingbar, wenn dem Personalrat ein volles Mitbestimmungsrecht mit Letztentscheid der Einigungsstelle zusteht.

4.4.9 Schulung für Personalratsmitglieder

Rechtliche Grundlagen

§ 54 Abs. 1 BPersVG

Jedes Personalratsmitglied hat das Recht, in der vierjährigen Amtszeit (Bayern: fünf Jahre) an Schulungen und Bildungsmaßnahmen teilzunehmen, die Kenntnisse vermitteln, die für die Tätigkeit im Personalrat erforderlich sind (§ 54 Abs. 1 BPersVG).
Was erforderlich ist, definiert der Personalrat zuerst selbst. Die Erforderlichkeit ergibt sich meist von selbst aus den täglichen Problemen und Fragestellungen, mit denen der Personalrat konfrontiert ist. Bezweifelt der Arbeitgeber die Erforderlichkeit, muss der Personalrat den entsprechenden Nachweis führen. Unerheblich für die Seminarteilnahme ist es, wer den entsprechenden Lehrgang anbietet, die Inhalte müssen passen.

Unzulässig ist also z. B. die Ablehnung allein mit der Begründung, dass der Veranstalter eine Gewerkschaft ist.
Fallen für die Teilnahme an Tagungen und Lehrgängen Kosten an, so sind dem Arbeitgeber vor der Teilnahme die Kosten mitzuteilen. Grundsätzlich hat der Personalrat beim Besuch von Seminaren auch Kostengesichtspunkte zu berücksichtigen, jedoch gehen Seminarinhalte und die Qualität von Seminaren vor.
Über alle Streitigkeiten hinsichtlich der Teilnahme von Personalratsmitgliedern an Schulungen entscheidet das Verwaltungsgericht (§ 108 Abs. 1 Nr. 3 BPersVG).

§ 108 Abs. 1 BPersVG

Während das einzelne Personalratsmitglied für die so genannten 54/1-Seminare einen Entsendungsbeschluss des Personalrats benötigt, kann es individuell noch für drei Wochen (in der ersten Amtsperiode für vier Wochen) Schulungen besuchen, die von der Bundeszentrale für politische Bildung anerkannt sind.
Für diese Schulungen muss der Arbeitgeber nur die Freistellung gewähren, die Kosten hierfür hat der Arbeitgeber jedoch nicht zu tragen (§ 54 Abs. 2 BPersVG).

§ 54 Abs. 2 BPersVG

> **Hinweis:**
> In den einzelnen Landespersonalvertretungsgesetzen gibt es zum Teil andere, deutlich schlechtere Regelungen für den Besuch von Schulungsveranstaltungen.

Planung der Schulungen

Zu Beginn einer Amtsperiode empfiehlt es sich, im Personalrat das Thema »Schulung der Personalratsmitglieder« auf die Tagesordnung zu setzen. Dabei soll diskutiert werden, welches Personalratsmitglied in welchen Bereichen Defizite hat, welches Personalratsmitglied im Personalrat besondere Aufgaben übernehmen soll, wo vielleicht besondere Neigungen bestehen und welche Aufgaben voraussichtlich auf den Personalrat zukommen. Aus diesen Parametern sollte dann der Personalrat eine Schulungsplanung für seine Mitglieder entwickeln.
Zur Schulungsplanung gehört auch, dass sich der Personalrat rechtzeitig die Bildungsprogramme verschiedener Bildungsträger beschafft. Seminare werden angeboten von den DGB- und ver.di-Bildungswerken, von ver.di Bildung und Beratung, von den Gewerkschaften, von Bildungseinrichtungen der Kirchen, von den Berufsgenossenschaften, von »arbeit und leben« (Zusammenschluss von DGB und Volkshochschulen) oder den Einrichtungen für schwerbehinderte Menschen (z. B. Integrationsfachdienste).

4.4.10 Ausschüsse des Personalrats

Zur Vereinfachung der Arbeit kann der Personalrat die Bildung von Ausschüssen beschließen. Dazu ist ein entsprechender Tagesordnungspunkt bei einer Personalratssitzung vorzusehen.
Den Ausschüssen können grundsätzlich alle Aufgaben übertragen werden, die der Personalrat zu erledigen hat. Ausschüsse können jedoch Aufgaben des Personalrats nur vorbereiten und zur Willensbildung des Personalrats beitragen, nicht jedoch selbstständig nach außen agieren. Ausschüsse können einen Vorsitzenden haben. Sie tagen zu den gleichen Bedingungen wie Personalräte (Freistellung von der Arbeit, Information des Arbeitgebers, An- und Abmelden vom Arbeitsplatz, …).

Hinweis:
In einigen Landespersonalvertretungsgesetzen ist es möglich (z. B. Bayern: Art. 32 Abs. 4 BayPVG), dass dem Personalratsvorsitzenden im Einvernehmen mit den übrigen Vorstandsmitgliedern Mitbestimmungsangelegenheiten zur Entscheidung übertragen werden. Nachdem hier der Personalrat als Gremium Kompetenzen abgibt, sollte eine solche Entscheidung sehr genau bedacht werden.

4.4.11 Freistellung von der Arbeit für Personalratstätigkeiten

§ 52 Abs. 1, 2 BPersVG

Beim Begriff »Freistellung« ist zu unterscheiden, ob es sich um eine Freistellung für die Personalratstätigkeit nach § 52 Abs. 1 oder nach § 52 Abs. 2 BPersVG handelt.

§ 46 Abs. 1 BPersVG

Durch § 52 Abs. 1 BPersVG ist geregelt, dass Personalratsmitglieder für ihre Tätigkeit als Personalrat ohne Minderung ihrer Bezüge (Art. 51 BPersVG) innerhalb der allgemeinen Arbeitszeit freizustellen sind (**allgemeine Freistellungsregelung**). Nachdem es je nach Einrichtung und Dienststelle unterschiedliche Anforderungen an die einzelnen Personalratsmitglieder gibt, hat der Gesetzgeber auf einen festen Zeitrahmen verzichtet. So entscheidet jedes Personalratsmitglied nach eigenem pflichtgemäßem Ermessen (Muss ich jetzt für den Personalrat tätig werden? Ist die Tätigkeit notwendig?), ob für die Tätigkeit im Rahmen des Personalrats Dienstbefreiung erforderlich ist oder nicht. Der Arbeitgeber kann allerdings verlangen, dass sich das Personalratsmitglied wegen der Befreiung vom Dienst für Personalratstätigkeiten beim Vorgesetzten ab- und wieder zurückmeldet. Bei der Abmeldung muss jedoch nur allgemein auf die Personalratstätigkeit hingewiesen werden. Sinn der Abmeldung ist es, Arbeitsabläufe möglichst störungsfrei organisieren zu können. Einen

Genehmigungsvorbehalt für die Freistellung durch den Arbeitgeber gibt es jedoch nicht. Im Konfliktfall – der Arbeitgeber verweigert die Abwesenheit am Arbeitsplatz für Personalratstätigkeit – muss durch den Personalrat das Verwaltungsgericht angerufen werden. Ein »Selbsthilferecht«, selbst bei einer ungerechtfertigten Verweigerung der Personalratstätigkeit, kennt das Personalvertretungsrecht nicht.

Die Freistellung nach § 52 Abs. 2 BPersVG regelt dagegen die teilweise oder volle Freistellung von der Arbeit nach einem bestimmten Beschäftigtenschlüssel (**besondere Freistellungsregelung**). Ab 300 Beschäftigten wird ein Personalratsmitglied mit der durchschnittlichen wöchentlichen Arbeitszeit eines Vollbeschäftigten freigestellt. Statt einer vollen Freistellung kann der Personalrat auch mehrere Teil-Freistellungen beschließen. Die Mindestteilfreistellung darf dabei einen Zeitanteil von 20 Prozent nicht unterschreiten (§ 52 Abs. 3 Satz 2 BPersVG). Weitere Freistellungen ergeben sich, wenn die Grenze 601, 1001, ... Beschäftigte erreicht ist. **§ 52 Abs. 2 BPersVG**

Auch in kleineren Dienststellen können Teil-Freistellungen vereinbart werden. Hier bedarf es allerdings des Nachweises, dass die Freistellung zur ordnungsgemäßen Erfüllung der Personalratsaufgaben erforderlich ist. Nimmt ein Personalratsmitglied eine Teil-Freistellung wahr, sind zwar die Aufgaben des Personalrats vorrangig in der Zeit der Freistellung zu erledigen. Dies bedeutet jedoch nicht, dass Arbeiten für den Personalrat nicht auch außerhalb der Freistellungszeit erledigt werden können, wenn diese anfallen.

Hier gilt dann wieder die Freistellungsregelung entsprechend § 52 Abs. 1 BPersVG. **§ 52 Abs. 1 BPersVG**

> **Hinweis:**
> In den Landespersonalvertretungsgesetzen sind zum Teil andere Freistellungsstaffeln vorgesehen.

4.5 Der Personalrat bestimmt mit

Der Personalrat ist in unterschiedlicher Form (fast) am gesamten Geschehen der Dienststelle beteiligt. Es würde den Rahmen dieses Buches sprengen, hier auf alle Mitbestimmungstatbestände und die verschiedenen Auslegungsmöglichkeiten einzugehen. Dazu gibt es ausführliche und gute Kommentare. Daher nur als Überblick die unterschiedlichen Beteiligungsmöglichkeiten des Personalrats (als Überblick für den Ablauf des Mitbestimmungsverfahrens siehe auch die Abbildung auf Seite 85).

4.5.1 Die uneingeschränkte Mitbestimmung

Bei diesem weitest gehenden Beteiligungsrecht bestimmt der Personalrat bei von der Dienststelle beantragten Maßnahmen uneingeschränkt mit. Das bedeutet, er kann gegenüber dem Arbeitgeber alle Gründe und Argumente für die Zustimmung oder Ablehnung einer Maßnahme anführen. Die angeführten Gründe müssen jedoch in einem Zusammenhang mit der beantragten Maßnahme stehen.
Mitbestimmung bedeutet immer, dass die vorherige Zustimmung des Personalrats zu einer beabsichtigten Maßnahme der Dienststellenleitung erforderlich ist.

4.5.2 Die eingeschränkte Mitbestimmung

§ 78 Abs. 5 BPersVG

Eingeschränkte Mitbestimmung bedeutet, dass der Personalrat Maßnahmen der Dienststelle nur ablehnen kann, wenn er sich im Rahmen eines vorgegebenen Verweigerungskatalogs bewegt. Der Verweigerungskatalog des BPersVG (§ 78 Abs. 5) umfasst drei Gruppen von Verweigerungsgründen:

1. Verstoß der beantragten Maßnahme gegen Gesetze, Verordnungen, Tarifverträge, Gleichstellungspläne, Verwaltungsanordnungen, Richtlinien im Sinne des § 80 Abs. 1 BPersVG oder gerichtliche Entscheidungen.
2. Es besteht die durch Tatsachen begründete Besorgnis, dass durch die vom Arbeitgeber beantragte Maßnahme der betroffene Beschäftigte oder andere Beschäftigte benachteiligt werden, ohne dass dienstliche oder persönliche Gründe es rechtfertigen.
3. Es besteht die durch Tatsachen begründete Besorgnis, dass der betroffene Beschäftigte oder Bewerber den Frieden in der Dienststelle durch unsoziales oder gesetzwidriges Verhalten stört.

4.5.3 Die Mitwirkung

Bei der Mitwirkung (§ 81 BPersVG) erörtern der Personalrat und die Dienststellenleitung die geplante Maßnahme. Der Personalrat kann eine Stellungnahme abgeben, die – wenn sie ablehnend ausfällt – dazu führt, dass die Dienststellenleitung ihre Entscheidung noch einmal gegenüber dem Personalrat schriftlich oder elektronisch begründen muss, wenn die Maßnahme weiterhin durchgeführt werden soll.

Das Prinzip der Mitbestimmung

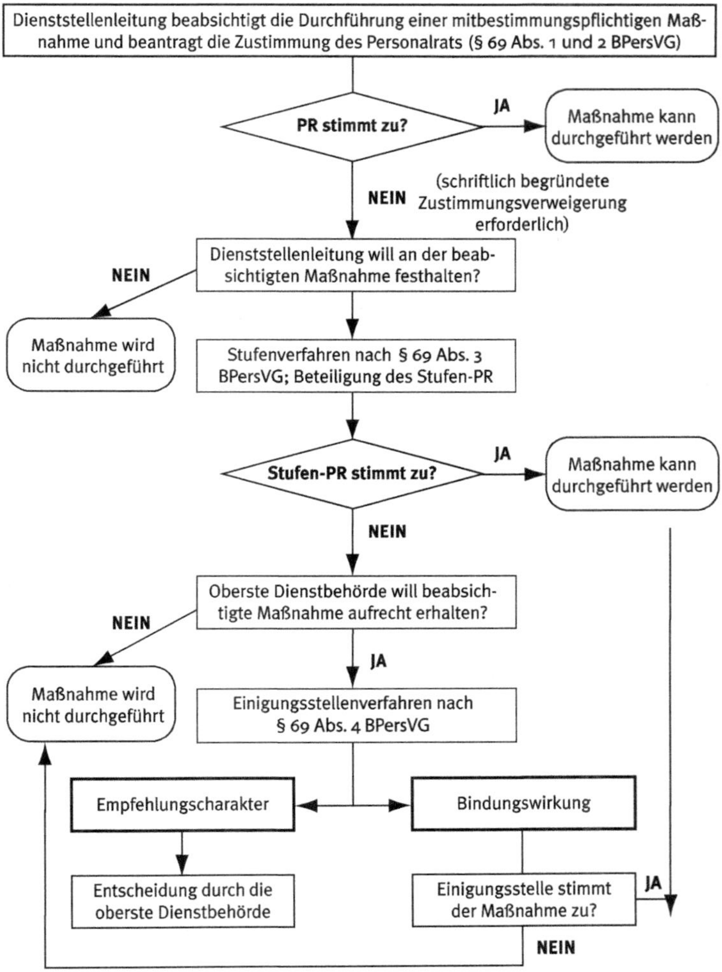

Grafik erstellt nach: v. Roetteken/Rothländer: HBR. Hessisches Bedienstetenrecht. Gesamtausgabe. 71 Erg.-Lfg. Teilausgabe I. 16. Erg.-Lfg. Februar 2000.

4.5.4 Die Anhörung

Die Dienststellenleitung muss den Personalrat von einer beabsichtigten Maßnahme unterrichten. Der Personalrat wird also nur angehört, d.h. er kann eine Stellungnahme abgeben. Der Arbeitgeber nimmt die Stellungnahme lediglich zur Kenntnis und hat das Letztentscheidungsrecht.

4.5.5 Beteiligung bei Kündigungen

Bei ordentlichen Kündigungen, seien es Beendigungs- oder Änderungskündigungen, kann der Personalrat nach einem gesetzlich festgelegten Katalog Einwendungen erheben. Der Arbeitgeber ist jedoch an diese Einwendungen nicht gebunden.
Bei fristlosen Kündigungen ist der Personalrat lediglich anzuhören. Bei seiner Stellungnahme ist er an keinen Katalog von Ablehnungsgründen gebunden.

§ 85 BPersVG

Wichtig: Jede Kündigung ohne ordnungsgemäße Personalratsbeteiligung ist unwirksam. Somit kann die gekündigte Person formal beim Arbeitsgericht gewinnen, ohne dass es zu einer inhaltlichen Prüfung kommt, wenn der Personalrat nicht vor dem Ausspruch der Kündigung ordnungsgemäß beteiligt worden ist (§ 85 Abs. 3 BPersVG).

> **Praxistipp:**
> Bei allen Kündigungen sollte der Personalrat den betroffenen Kollegen persönlich anhören bzw. befragen. Nachdem gegen Kündigungen in der Regel nur innerhalb von drei Wochen nach Zugang der Kündigung Klage vor dem Arbeitsgericht erhoben werden kann, sollte man den betroffenen Kollegen auch auf diese Frist aufmerksam machen.

4.5.6 Informationsrecht

Der Personalrat hat neben den Mitbestimmungsrechten auch allgemeine Aufgaben wahrzunehmen.

§ 62 Abs. 1 BPersVG

Dazu gehört u. a. die Überwachung der für die Beschäftigten geltenden Gesetze, Verordnungen und Tarifverträge, die Förderung der Eingliederung schwerbehinderter Menschen, die Durchsetzung der tatsächlichen Gleichberechtigung usw. (siehe § 68 Abs. 1 Nr. 1–9 BPersVG). Bei der Durchführung dieser so genannten allgemeinen Aufgaben hat der Arbeitgeber den Personalrat rechtzeitig und umfassend zu unterrichten. Diese Unterrichtungspflicht bedeutet, dass der Arbeitgeber dem Personalrat die Informationen von sich aus und ohne Aufforderung zur Verfügung stellen muss. Dabei stehen die Dienststelle und der Personalrat auf einer Stufe. Dem Personalrat sind also alle für den entsprechenden Vorgang erforderlichen Unterlagen zu überlassen, die die Dienststelle zur Verfügung hat.

4.5.7 Initiativrecht

Der Personalrat ist keineswegs darauf beschränkt, auf Anträge des Arbeitgebers lediglich zu reagieren. Durch das so genannte »Initiativrecht« (§ 77 Abs. 1 BPersVG) kann er selbst aktiv in das Geschehen der Dienststelle eingreifen. Zwar besteht ein abschließender Katalog, der festlegt, in welchen Punkten sich der Personalrat aktiv einbringen kann. Doch das Initiativrecht besteht in allen Fällen der Mitbestimmung in personellen, sozialen und organisatorischen Angelegenheiten (§§ 78, 79, 80 BPersVG). Auf dieser Grundlage lässt sich in der Dienststelle mit Ideenreichtum einiges bewegen.

4.6 Das Personalratsbüro: Ausstattung und Rechtsgrundlagen

4.6.1 Sachmittel für die Personalratsarbeit

Nach § 47 BPersVG hat der Arbeitgeber dem Personalrat für die laufende Geschäftsführung im erforderlichen Umfang Räume, den Geschäftsbedarf, Büropersonal und die in der Dienststelle üblicherweise genutzte Informations- und Kommunikationstechnik zur Verfügung zu stellen. Es gilt der Grundsatz, dass die durch die Tätigkeit des Personalrats entstehenden »**erforderlichen Kosten**« von der Dienststelle zu tragen sind. Was in der Praxis unter »erforderlichen Kosten« konkret zu verstehen ist, kann im Einzelfall strittig sein. Für den Bereich der Betriebs- und Personalräte liegt hier eine umfangreiche Rechtsprechung vor. Um dem Personalrat die Durchsetzung seiner Ansprüche im Streitfall zu erleichtern, zitieren wir die einschlägigen Arbeitsgerichtsurteile. Viele der Urteile gelten zwar für den Bereich des Betriebsverfassungsgesetzes, sind aber entsprechend für Personalräte anzuwenden. Einige Grundsätze und Beispiele: **§ 47 BPersVG**

Kleinere Personalratsgremien (bis zu fünf Mitglieder) haben nicht unbedingt Anspruch auf ein eigenes **Personalratsbüro**, ihnen muss aber auf jeden Fall ein bestimmter Raum stunden- oder tageweise zur (Mit-)Benutzung zur Verfügung gestellt werden. Vertrauliche Gespräche mit Beschäftigten müssen auch vertraulich geführt werden können. Die Größe oder auch die Zahl der zur Verfügung zu stellenden Räume bestimmt sich nach den anfallenden Aufgaben des Personalrats, die wiederum abhängen von Größe, Art und Besonderheiten der Dienststelle. Das Personalratsbüro (PR-Büro) sollte sinnvollerweise so groß sein, dass dort Sitzungen stattfinden können. Reicht der Platz dafür nicht aus, hat der Arbeitgeber ein geeignetes Sitzungszimmer bereit zu stellen.

ArbStättV Bei den allgemeinen Anforderungen an ein PR-Büro sollte sich der Personalrat an den Standards der Dienststelle orientieren. Mindestanforderungen an die Raumabmessungen und das Mobiliar sind in der Arbeitsstättenverordnung und den ergänzenden Bestimmungen festgelegt. Im Büroraum muss der Personalrat ungestört und unkontrolliert Gespräche mit Mitarbeitern führen können.

Anhaltspunkte geben auch folgende Urteile: Einem Betriebsrat mit sieben Mitgliedern ist ein abschließbares Büro, ausgestattet mit Tisch, Stühlen, abschließbarem Schrank, Telefon und den notwendigen Sachmitteln und einem eigenen PC zu überlassen (AG Bremerhaven vom 11.12.1985 – 2 BV 10/85).

Einem aus neun Mitgliedern bestehenden Betriebsrat ist ein mindestens 20 qm großes Büro zur Verfügung zu stellen (AG Halberstadt vom 17.6.1998 – 3 BV 3/98). Führt der Arbeitgeber an, im Betrieb sei kein geeigneter Raum vorhanden, muss er einen Raum in Betriebsnähe anmieten oder einen Bürocontainer auf dem Betriebsgelände aufstellen (AG Würzburg vom 23.6.1998 – 2 BV 1/97, und OVG Berlin vom 12.11.1981 – OVG PV Bln 9.81).

Das PR-Büro sollte für die Beschäftigten gut zugänglich sein. Teilweise haben Mitarbeiter eine Hemmschwelle, den Personalrat aufzusuchen oder es besteht wenig Zeit, sich vom Arbeitsplatz zu entfernen. Das PR-Büro liegt deshalb am besten zentral und nicht in unmittelbarer Nachbarschaft zu Personalabteilung oder Verwaltung.

Zum **notwendigen Sachbedarf** gehören ein abschließbarer Schrank, ein Schreibtisch, Schreibbedarf, ein PC und die Möglichkeit des ungestörten Telefonierens. Entweder muss dem Personalrat die Mitbenutzung eines betrieblichen Fotokopierers (Achtung: Datenschutz!) gestattet sein oder ein eigener Kopierer überlassen werden.

Auch ein **einköpfiger Personalrat** braucht einen Arbeitsplatz, um seine Aufgaben zu erledigen. Gestattet es die berufliche Tätigkeit, können die Aufgaben vom eigenen Arbeitsplatz aus erledigt werden. Auf jeden Fall muss aber ein eigener abschließbarer Schrank für die Personalratsunterlagen vorhanden sein.

Nach der Einrichtung eines PR-Büros hat der Personalrat dort das alleinige **Hausrecht**. Er kann im Rahmen seiner Aufgaben entscheiden, wann und von wem das PR-Büro benutzt wird. Betriebsfremde Personen haben Zutritt, wenn sie »sachkundige Personen« sind und dies im Rahmen der PR-Aufgaben erfolgt (Urteil des BAG vom 18.9.1991, AP Nr. 41 zu § 40 BetrVG 1972). Der Personalrat kann in seinem Büro einen Rechtsanwalt zur Besprechung eines Streitfalls empfangen, der den Personalrat in einem Rechtsstreit vertritt (BAG vom 20.10.1999 – 7 ABR 37/98).

Der Arbeitgeber darf das PR-Büro nicht ohne Wissen des Personalrats betreten oder dort eigenmächtig handeln oder handeln lassen.

Der Personalrat ist berechtigt, für seinen Schriftverkehr einen **Briefkopf** mit dem Kopf des Unternehmens und dem Zusatz »Personalrat« zu verwenden (LAG Frankfurt vom 28.8.1973 – 5 TaBV 66/73). **Briefe**, die in der Adresse erkennen lassen, dass sie an den Personalrat gerichtet sind, dürfen vom Arbeitgeber nicht geöffnet werden (AG Stuttgart vom 22.12.1987 – 4 BVG a 3/87).

Zur notwendigen Ausstattung des Personalratsbüros gehört auch ein **Telefon**. Dem Personalrat steht eine eigene Amtsleitung oder mindestens ein eigener Nebenanschluss zu (LAG Baden-Württemberg vom 13.8.1981 – 11 TaBV 8/81). Die Aufzeichnung der Zielnummern ist nicht zulässig. Die Aufzeichnung der Gebühreneinheiten und des Zeitpunkts des Gesprächs ist dann zulässig, wenn dies im Betrieb allgemein üblich ist und damit keine Störung oder Behinderung des Personalrats vorliegt. Kleinere Personalratsgremien ohne eigenes Büro müssen ebenfalls die Möglichkeit haben, ungestört und unkontrolliert telefonieren zu können.

Ein **heimliches Mithören** von Telefongesprächen verstößt sowohl gegen das Behinderungsverbot (§ 8 BPersVG) als auch gegen das im Grundgesetz verankerte persönliche Freiheitsrecht (Art. 2 Abs. 1 GG). Das Bundesverfassungsgericht hat festgestellt, dass auch dienstliche Gespräche dem verfassungsrechtlichen Schutz des allgemeinen Persönlichkeitsrechts unterliegen (BVerfG vom 19.12.1991 – BvR 382/85 – AP Nr. 24 zu § 611 BGB).

Der Personalrat hat, wie jede Stelle mit Außenkontakten, nach dem gegenwärtigen Stand der Bürotechnik einen Anspruch auf ein eigenes Fax-Gerät. Dabei kommt es nicht darauf an, ob die Verwendung jeweils im Einzelfall sinnvoll und geboten ist. Die Übermittlung von Informationen entspricht der Üblichkeit in öffentlichen und privaten Verwaltungen. Für einen Betriebsrat mit sieben Mitgliedern wird die Ausstattung mit einem eigenen Fax-Gerät als notwendig angesehen, wenn in einem Betrieb sechs Fax-Geräte vorhanden sind und die Kommunikation über Telefax zum betrieblichen Standard gehört. Der Betriebsrat kann aus Gründen der Vertraulichkeit nicht auf die Möglichkeit der Mitbenutzung des Fax-Geräts des Arbeitgebers verwiesen werden (LAG Niedersachsen vom 17.5.2003).

Neue Informations- und Kommunikationstechniken für Betriebs- bzw. Personalräte

§ 47 BPersVG

Mit der Neufassung des BPersVG vom 15.6.2021 sind klarstellende Ergänzungen für die Nutzung von Informations- und Kommunikationstechnik durch den Personalrat aufgenommen worden: *»Für die Sitzungen, die Sprechstunden und die laufende Geschäftsführung hat die Dienststelle dem Personalrat Räume, Geschäftsbedarf, in der Dienststelle üblicherweise genutzte und Informations- und Kommunikationstechnik sowie Büropersonal in dem zur sachgerechten Wahrnehmung seiner Aufgaben erforderlichen Umfang zu Verfügung zu stellen.«* (§ 47 BPersVG) Im Wesentlichen folgt die Ergänzung im neuen BPersVG der in den letzten Jahren ergangenen Rechtsprechung der Arbeitsgerichte. Die aufgeführten Urteile (meist für Betriebsräte getroffen) gelten für Personalräte entsprechend und haben bereits vor der Novellierung des BPersVG für rechtliche Klarstellung gesorgt.

Nach der Rechtsprechung der Landesarbeitsgerichte haben Betriebsräte Anspruch auf einen **PC mit üblicher Software, Bildschirm und Drucker.** Die Ausrüstung mit moderner Informations- und Kommunikationstechnik gehört heute zur normalen Büroausstattung. Eine nähere Darlegung der Erforderlichkeit, wie sie in der früheren Rechtsprechung teilweise verlangt wurde (so BAG vom 11.3.1998), ist nicht mehr erforderlich. Mittlerweile geht die Rechtsprechung der Landesarbeitsgerichte davon aus, dass es zur Begründung des Anspruchs eines PC keiner Darlegung konkreter, aktuell anstehender Aufgaben des Betriebsrates bedarf. Z.B. ist für einen siebenköpfigen Betriebsrat einer Drogeriemarktkette die Anschaffung eines PC nebst Zubehör nach § 40 Abs. 2 BetrVG erforderlich, ohne dass im Einzelnen überprüft werden muss, ob ohne den Einsatz eines PC die Wahrnehmung anderer Rechte und Pflichten des Betriebsrats vernachlässigt werden müsste (LAG Hamm vom 14.5.2010, im Anschluss an LAG Bremen vom 4.6.2009 – 3 TaBV 4/09 – NZA-RR 2009, 485; LAG Schleswig-Holstein vom 27.1.2010 – 3 TaBV 31/09; LAG Hamm vom 5.2.2010 – 13 TaBV 40/09) Wird dem Betriebsrat ein PC zur Verfügung gestellt, so ist auch eine entsprechende **Schulung** von Mitgliedern des Betriebsrats erforderlich (BAG vom 19.7.2005, EzA BetrVG § 37 Nr. 126). Eine Schulung für Betriebsratsmitglieder als (Wieder-)Einsteiger mit Schwerpunkt Word und Outlook kann auch dann erforderlich sein, wenn ein Betriebsratsmitglied in der Lage ist, im Programm Word Texte zu schreiben bzw. E-Mails im Programm Outlook. Wenn das BR-Mitglied in eben dieser Eigenschaft mit den angeführten Programmen arbeiten muss, ist die Teilnahme erforderlich (ArbG Hamburg vom 5.8.2008 – BV 3/08).

Das **Internet** stellt nach der Rechtsprechung des BAG (Urteil vom 20.1.2010 – 7 ABR 79/08) für den Betriebsrat eine allgemein genutzte, umfassende Informationsquelle dar, die er zur sachgerechten Wahrnehmung seiner Aufgaben regelmäßig benötigt. *»Durch das Internet können Sachinformationen zu jedem nur denkbaren Themenbereich eingeholt werden. So wird* *der Stand der arbeits- und betriebsverfassungsrechtlichen Gesetzgebung und Rechtsprechung in unzähligen Quellen des Internet fast tagesaktuell wiedergegeben. Homepages der Gesetzgebungsorgane und verschiedener Gerichte geben wichtige Gesetzesvorhaben und Entscheidungen wieder. Der Betriebsrat kann sich mit Hilfe der im Internet zur Verfügung stehenden Suchmaschinen zu einzelnen betrieblichen Problemstellungen umfassend informieren, ohne auf Zufallsfunde in Zeitschriften oder Zeitungen, veralteten Kommentierungen oder Gerichtsentscheidungen angewiesen zu sein. Auch Informationen von privaten oder staatlichen – für die Wahrnehmung von Betriebsratsaufgaben relevanten – Institutionen, die in aller Regel über einen Internetauftritt verfügen, können eingeholt und genutzt werden. Des Weiteren sind z. B. Formulierungshilfen zu Betriebsvereinbarungen oder notwendige Adressen von Behörden zugänglich. Die aufgabenbezogenen Bereiche, in denen sich der Betriebsrat im Internet Informationen beschaffen kann, sind nahezu allumfassend.«*

Der Betriebsrat darf einen Zugang zum Internet zur sachgerechten Wahrnehmung der ihm obliegenden betriebsverfassungsrechtlichen Aufgaben regelmäßig nach § 40 Abs. 2 BetrVG für erforderlich halten, sofern dem keine berechtigten Interessen des Arbeitgebers entgegenstehen. Zur Begründung des Anspruchs bedarf es nicht der Darlegung konkreter, aktuell anstehender betriebsverfassungsrechtlicher Aufgaben, zu deren Erledigung Informationen aus dem Internet benötigt werden (BAG vom 20.1.2010 – 7 ABR 79/08).

Der Betriebsrat kann, sofern berechtigte Belange des Arbeitgebers nicht entgegenstehen, von diesem die Eröffnung eines Internetzugangs und die Einrichtung **eigener E-Mail-Adressen** auch für die **einzelnen Betriebsratsmitglieder** verlangen. Eine verantwortliche Betriebsratsarbeit setzt u. a. voraus, dass sich jedes Betriebsratsmitglied – insbesondere bei der Vorbereitung auf Betriebsratssitzungen – eigenständig und eigenverantwortlich über anstehende Betriebsratsaufgaben informieren und hierzu recherchieren kann. Es obliegt der Entscheidung des Betriebsrats, auf welche Weise und mittels welcher Informationsquellen er den einzelnen seiner Mitglieder den zur Erfüllung der Gremiumsaufgaben notwendigen Informationszugang eröffnen will. Durch das Internet können Sachinformationen zu nahezu allen betriebsratsrelevanten Themenbereichen eingeholt werden. Es ist demnach nicht zu beanstanden, dass sich der Betriebsrat im Rahmen des ihm beim Sachmittelverschaffungsanspruch grundsätzlich zustehenden Ermessens vorliegend für das Verlangen eines Internetzugangs für jedes einzelne Betriebsratsmitglied an dessen PC-Arbeitsplatz entschieden hat (BAG vom 14.7.2010 – 7 ABR 80/08).

Haben in einer Dienststelle die Mitarbeiter Zugriff auf ein **Intranet**, so ist auch dem Personalrat zu ermöglichen, Texte und Dokumente einzustellen. Nach der Rechtsprechung des BAG steht den Betriebsräten das Recht zu, die Mitarbeiter in gleicher Weise zu unterrichten wie der Arbeitgeber. Die eigene Homepage des Betriebsrats dient als Mittel zur Erfüllung seiner ge-

setzlichen Informationsverpflichtung gegenüber der von ihm vertretenen Belegschaft. Dem Verlangen des Betriebsrats stehen berechtigte Interessen der Arbeitgeberin nicht entgegen, insbesondere sind keine unzumutbaren finanziellen Aufwendungen zu erwarten. Der Arbeitgeber kann auch nicht darauf verweisen, es reiche aus, wenn der Betriebsrat weiterhin seine Informationen durch Aushang am Schwarzen Brett oder Rundbriefe an die Arbeitnehmer verbreite. Der Arbeitgeber kann dem Betriebsrat die Art seiner innerbetrieblichen Kommunikation nicht vorschreiben. Die Einrichtung einer Homepage ist auch dann zu gewähren, wenn der Arbeitgeber das Intranet betriebsübergreifend ausgestaltet hat. Durch technische Beschränkungen kann verhindert werden, dass auch Arbeitnehmer auf die Homepage Zugriff haben, die von dem Betriebsrat nicht vertreten werden (BAG vom 1.12.2004 – 7 ABR 18/2004). Die Einstellung der Texte durch den Personalrat bedarf keiner vorherigen Genehmigung durch den Arbeitgeber. Es gelten dieselben Grundsätze wie bei den Aushängen an Schwarzen Brettern (s. 4.6.3).
Richtet der Arbeitgeber eine **Facebook**-Seite ein und ermöglicht anderen Facebook-Nutzern die Veröffentlichung von sog. Besucher-Beiträgen (Postings), die sich nach ihrem Inhalt auf das Verhalten oder die Leistung einzelner Beschäftigter beziehen, unterliegt die Ausgestaltung dieser Funktion der Mitbestimmung des Betriebsrats (BAG vom 13.12.2016 – 1 ABR 7/15).
Die Überlassung eines **Laptops** richtet sich neben dem betrieblichen Standard insbesondere nach den konkreten Arbeitsstrukturen und Arbeitsbedingungen des Personalrats. Bekannt sind bisher hierzu nur erstinstanzliche Urteile. Das Arbeitsgericht Köln sprach einem Betriebsrat das Anrecht auf einen eigenen Laptop zu mit einer wegweisenden Begründung: »*Der Betriebsratsvorsitzende ist Hauptansprechpartner für die Belange der Mitarbeiter. Eine verantwortliche Betriebsratsarbeit setzt voraus, dass er zeitnah auf Anfragen der Arbeitnehmer in geeigneter Art und Weise reagieren kann. Dies bedeutet, dass die Möglichkeit bestehen muss, computergestützt antworten zu können, zumal ein Intranet vorhanden ist und die betriebsinterne Kommunikation wesentlich via E-Mail stattfindet. Die Vorgabe des Betriebsrats, E-Mails aus dem Kreise der Belegschaft nicht länger als einen Tag unbeantwortet zu lassen, ist nicht zu beanstanden. Da der Betriebsratsvorsitzende nicht freigestellt ist und zudem aus arbeitsvertraglichen Gründen auch auswärtige Termine wahrzunehmen hat, drängt sich der Einsatz eines mobilen Laptops auf. Wollte man von ihm verlangen, stets das Betriebsratsbüro zwecks Nutzung des stationären PC aufzusuchen, würde dies zu erheblichem Zeitverlust führen. Zudem erleichtert der Laptop auch die Betriebsratsarbeit der anderen, nicht freigestellten Mitglieder des Betriebsrats. Auch diese können rationeller unter Reduzierung des Zeitaufwands ihre Betriebsratstätigkeit erledigen, sofern der Einsatz eines PC erforderlich sein sollte (…). Gegenläufige finanzielle Interessen des Arbeitgebers hat er hinreichend berücksichtigt.*« (Arbeitsgericht Köln (vom 9.6.2011 – 15 BV 273/10)

Bei der Entscheidung des Betriebsrats über die Anschaffung eines **mobilen Telefons** ist nicht nur die Erforderlichkeit auf Grund der konkreten betriebliche Situation bei der Erledigung der gesetzlichen Aufgaben des Betriebsrats zu berücksichtigen, sondern auch die berechtigten Belange des Arbeitgebers. Die entstehenden Kosten müssen dem Arbeitgeber zumutbar sein (LAG Frankfurt vom 28.11.2011 – 16 TaBV 129/11).
Dem Betriebsrat ist vom Arbeitgeber die erforderliche technische Ausstattung zur Verfügung zu stellen, um seine Sitzungen und Beratungen in Form einer **Videokonferenz** abzuhalten. Zur Begründung hat das Landesarbeitsgericht ausgeführt, es handele sich um erforderliche Informationstechnik, die der Arbeitgeber zur Verfügung stellen müsse (LAG Berlin-Brandenburg vom 14.4.2021 – 15 TaBVGa 401/21).
Der Einsatz **neuer sozialer Medien** wie Facebook, Twitter, WhatsApp oder Ähnliches ist nicht unproblematisch. So kann es z. B. wegen des intransparenten Adressatenkreises nicht ausgeschlossen werden, dass bestimmte Informationen die betriebliche Öffentlichkeit verlassen. Die Vorschriften des Datenschutzes einzuhalten, wird für den Personalrat daher nur mit großem Zeitaufwand und Sachverstand zu schaffen sein.
Neu aufgenommen in das BPersVG ist § 69 **Datenschutz.** Danach hat der Personalrat bei der Verarbeitung personenbezogener Daten die Vorschriften über den Datenschutz einzuhalten. Zunächst widersprüchlich erscheint der in § 69 enthaltene Satz: »*Soweit der Personalrat zur Erfüllung der in seiner Zuständigkeit liegenden Aufgaben personenbezogene Daten verarbeitet, ist die Dienststelle der für die Verarbeitung Verantwortliche im Sinne der datenschutzrechtlichen Vorschriften.*« Es geht also um die datenschutzrechtliche Verantwortung nach außen, die bei der Dienststelle verbleibt. Nachdem die Dienststelle dem Personalrat nicht vorschreiben kann, wie er seine Geschäfte führt, bedarf es einer Regelung zur Abstimmung und gegenseitigen Information zwischen Personalrat und Dienststelle, damit die Dienststelle dieser Verantwortung überhaupt gerecht werden kann. Von daher sind die Vorgaben im neuen § 69 BPersVG durchaus widersprüchlich und es bleibt abzuwarten, wie die betriebliche Praxis auf der schwammigen und unklaren Grundlage funktionieren kann.

§ 69 BPersVG

Die Rechtsprechung war im Vergleich zu dieser Neuregelung im BPersVG eher entgegengesetzt und es gab dazu auch anderslautende Stellungnahmen einiger Landesbeauftragten für den Datenschutz. Im Ergebnis besteht jetzt im BPersVG eine eindeutige Regelung, die aber vielen einschlägigen Bestimmungen in den Länderpersonalvertretungsgesetzen widerspricht.[2]

2 Ein bisschen Licht in dieses widersprüchliche Dunkel bringt die Gesetzesbegründung zu § 69 BPersVG n. F.: »*Als Akteur der Verarbeitung einer Vielzahl personenbezogener, teils sensibler, Beschäftigtendaten hat der Personalrat die datenschutzrechtlichen Vorschriften einzuhalten. Diese ergeben sich insbesondere aus der Datenschutz-Grundverordnung und dem Bundesdatenschutzgesetz … Kern der Regelung ist die Festlegung der seit dem Inkrafttreten der Datenschutz-Grundverordnung um-*

Es bleibt abzuwarten, wie sich die widersprüchliche Rechtslage weiterentwickelt.
Der Personalrat ist für die **ordnungsgemäße Vernichtung von Datenträgern** verantwortlich. Er verwaltet seine Unterlagen eigenverantwortlich. Der Arbeitgeber darf zu keinem Zeitpunkt Zugriff auf die Daten der Interessenvertretung haben (LAG Düsseldorf vom 7.2.2012 – TaBV 87/11). Betriebsräte/Personalräte unterliegen nicht der Kontrolle durch den betrieblichen Datenschutzbeauftragten (BAG vom 11.11.1997 – 1 ABR 21/97 –, DB 98, 627).
Der Anspruch auf die Bereitstellung von **Büropersonal** für die Aufgaben des Personalrats ist ausdrücklich im neuen § 47 BPersVG enthalten. Abhängig von der Größe der Dienststelle und den anfallenden Aufgaben ist dem Personalrat eine Schreibkraft dauerhaft oder von Fall zu Fall zur Verfügung zu stellen (BVerwG vom 21.3.1984 – 6P 3.82). In welchem Umfang der Personalrat Anspruch auf Büropersonal hat, richtet sich nach den konkret anfallenden Aufgaben. In der Rechtsprechung wird von einem Anhaltswert ausgegangen, wonach einem Betriebsrat mit drei Freigestellten eine vollzeitbeschäftigte Schreibkraft (LAG Stuttgart vom 25.11.1987 – 2 Tab 3/87) und einem Personalrat mit neun Mitgliedern eine Bürokraft mit 20 Wochenstunden zusteht (OVG Sachsen-Anhalt vom 20.7.2003). Auch wenn ein freigestelltes Personalratsmitglied als Schreibkraft ausgebildet ist, kann nicht erwartet werden, dass dieses Personalratsmitglied die Schreibarbeiten zusätzlich zu seinen notwendigen Personalratsarbeiten erledigt. Bei der Auswahl des Büropersonals für den Personalrat hat dieser zwar kein Auswahlrecht, er kann jedoch verlangen, dass ihm kein Personal zugewiesen wird, zu dem er kein Vertrauen hat.

4.6.2 Fachliteratur

Zum Geschäftsbedarf des Personalrats gehört eine Sammlung der **arbeits- und sozialrechtlichen Gesetze**, die er für seine Arbeit benötigt. Dazu gehören auch einschlägige Tarifverträge bzw. dienststelleneigene Regelungen und die Unfallverhütungsvorschriften. Jedem Personalratsgremium ist im Hinblick auf Bedeutung und Schwierigkeit der personalvertretungsrechtlichen Materie ein **Kommentar** zum BPersVG – bzw. zum jeweiligen Landespersonalvertretungsgesetz – zur Verfügung zu

---

strittenen rechtlichen Verantwortlichkeit für die Verarbeitung personenbezogener Daten durch den Personalrat. § 69 Satz 2 BPersVG n. F. weist diese der Dienststelle zu. Dies ist sachgerecht, da der Personalrat lediglich eine organisationsinterne Einrichtung, jedoch keine nach außen rechtlich verselbständigte Institution ist. Bei der Verarbeitung personenbezogener Daten agiert der Personalrat daher als institutionell unselbständiger Teil der für die Einhaltung des Datenschutzes verantwortlichen Dienststelle.«

stellen (BVerwG vom 25.7.1989 – 6 P 29.78, und BAG vom 26.10.1994, AP Nr. 43 zu § 40 BetrVG). Dies gilt auch für einen einköpfigen Personalrat. Über die Auswahl des Kommentars entscheidet der Personalrat. Für mittlere und größere Personalräte sind auch kommentierte Ausgaben der wichtigsten arbeitsrechtlichen Gesetze zur Verfügung zu stellen. Eine Arbeitnehmervertretung mit über 300 Beschäftigten hat bereits Anspruch auf zwei Standardkommentare zum Vertretungsrecht und auf eine zweite Fachzeitschrift (AG Halberstadt vom 17.6.1998 – 3 BV 3/98).

Für den Bereich des Betriebsverfassungsgesetzes haben die Arbeitsgerichte festgestellt, dass jedem Betriebsratsmitglied ein Exemplar der Gesetzessammlung »Arbeits- und Sozialordnung« von Michael Kittner (LAG Schleswig-Holstein vom 11.4.1995, AiB 1997, S. 57, bestätigt durch BAG-Urteil vom 24.1.1996, veröffentlicht im BR-Info 1996, S. 173) und darüber hinaus ein Kurz- oder Basiskommentar zum Betriebsverfassungsgesetz zusteht (BAG vom 26.10.1994, AiB 1995, S. 465). Diese Rechtsprechung kann auch auf den Bereich der Personalvertretungsgesetze übertragen werden.

Auch eine arbeitsrechtliche **Fachzeitschrift** gehört zur notwendigen Ausstattung eines Personalrats. Nur durch regelmäßige aktuelle und erläuternde Informationen zu arbeits- und sozialrechtlichen Entwicklungen ist der Personalrat in der Lage, seine Aufgaben ordnungsgemäß zu erfüllen. Die Erstattung der Kosten für eine Fachzeitschrift hängt nicht von der Größe eines Personalrats ab (BVerwG vom 29.6.1988 – 6 P 18.86). Kann bei mehreren kleineren (Teil-)Dienststellen an einem Ort bzw. kleineren Einrichtungen bei einer Dienststelle ein Umlaufverfahren organisiert werden, sind davon Abweichungen möglich. Eine zeitnahe Information und ein späterer Zugriff auf ältere Exemplare der Fachzeitschrift müssen aber gesichert sein. Dieses Verfahren ist bei Dienststellen mit über 300 Beschäftigten nicht mehr zulässig (BVerwG vom 12.9.1989 – 6 P 14.87 und Niedersächsisches OVG vom 9.9.1994 – 17 L 5825/92).

Die Entscheidung darüber, welche Fachzeitschrift abonniert wird, liegt beim Personalrat. Der Arbeitgeber kann der Auswahl einer Fachzeitschrift nicht mit dem Argument widersprechen, die Zeitschrift betone zu einseitig die Arbeitnehmerinteressen (BVerwG vom 12.9.1989 – 6 P 14.87).

Auch wenn allen Betriebsratsmitgliedern vom Arbeitgeber ein Internetzugang ohne Zeit- und Datenmengenbeschränkung eingeräumt wird, kann für den Betriebsrat daneben der Bezug einer **Fachzeitschrift** erforderlich sein (BAG vom 19.3.2014 – 7 ABN 91/13).

4.6.3 Schwarzes Brett und Bekanntmachungen

§ 48 BPersVG

Die Einrichtung eines Schwarzen Bretts für **Bekanntmachungen des Personalrats** ist für dessen Arbeit absolut notwendig. Dazu werden ihm »in den Dienststellen geeignete Plätze für Bekanntmachungen und Aushänge zur Verfügung gestellt« (§ 48 BPersVG). Auch im Zeitalter neuer Informationstechniken ist das Schwarze Brett in vielen Einrichtungen immer noch eine »Visitenkarte« des Personalrats, an dem die Beschäftigten stehen bleiben und sich mit anderen austauschen. Schwarze Bretter sind an geeigneten Stellen in der Dienststelle anzubringen, die für alle Mitarbeiter gut zugänglich sind, z. B. am Eingang einer Cafeteria (BAG vom 24. 11. 1978, AP Nr. 15 zu § 40 BetrVG 1972). In größeren und verzweigten Dienststellen kommt das Anbringen mehrerer Schwarzer Bretter in Betracht. Auf die Gestaltung des Schwarzen Bretts muss der Personalrat großen Wert legen: Es muss Blickfänge haben wie Fotos, Karikaturen, Zeitungsausschnitte. Ferner muss es aktuell sein und darf nicht überladen werden.

Mit der Novellierung des BPersVG 2021 ist in § 48 aufgenommen worden, dass der Personalrat für seine Informationen »die in der Dienststelle üblicherweise genutzten Informations- und Kommunikationssysteme nutzen« kann. Der Personalrat hat damit auch das Recht auf **Zugang zu dienststelleninternen Kommunikationssystemen.**

Durch die verstärkte Nutzung digitaler Kommunikationswege werden **virtuelle Schwarze Bretter** immer mehr eine Option für die Personalratsarbeit. Darauf können z. B. wichtige Informationen für die Beschäftigten hinterlegt werden oder virtuelle Sprechstunden angeboten werden. Dies ist besonders wichtig für Beschäftigte, die im **Homeoffice** arbeiten oder häufig auf Dienstreisen sind. Es stärkt die Verbundenheit mit den anderen Beschäftigten und fördert die soziale Teilhabe am Geschehen in der Dienststelle.

Der Personalrat entscheidet in eigener Verantwortung, also ohne vorherige Genehmigung durch die Dienststellenleitung, was, in welcher Form und wie lange etwas am Schwarzen Brett bekannt gemacht wird. Aushänge am Schwarzen Brett müssen sich allerdings im Rahmen der Aufgaben und der Zuständigkeit des Personalrats bewegen. Auch kritische Äußerungen in sachlicher Form über die Dienststelle oder auch die Leitung sind zulässige Meinungsäußerungen des Personalrats. Der Arbeitgeber ist nicht befugt, nach seiner Meinung sachlich unzutreffende oder außerhalb des Aufgabenbereichs des Personalrats liegende Veröffentlichungen eigenmächtig zu entfernen bzw. entfernen zu lassen (VG Berlin vom 9. 11. 1994 – VG FK-B-8.94). Unzulässig sind jedoch öffentliche Belei-

digungen und Ehrenkränkungen. Aber auch bei unzulässigen Veröffentlichungen muss der Arbeitgeber den Rechtsweg einhalten.
Der Personalrat kann an seinem Schwarzen Brett auch Veröffentlichungen und Plakate der Gewerkschaft aushängen, wenn sie einen Bezug zu den Aufgaben und Inhalten der Personalratsarbeit haben. Besser ist allerdings, wenn die zuständige Gewerkschaft ein eigenes Schwarzes Brett in der Dienststelle aufhängt und mit ihren Informationen bestückt.
Einzelnen Personalratsmitgliedern steht nicht das Recht zu, auf dem PR-Brett eigene Mitteilungen ohne vorherige Zustimmung des Personalrats zu veröffentlichen (BayVGH vom 29.7.1987, ZBR 1988, 134).

4.6.4 Publikationen des Personalrats

Es gehört zu den Aufgaben des Personalrats, die Beschäftigten regelmäßig über seine Tätigkeit und auch über wichtige gesetzliche Änderungen zu unterrichten. Neben dem Schwarzen Brett können dies Informationen in Form von **Flugblättern,** als **eigene Zeitung** (»PR-Info«) oder über **dienststelleninterne Kommunikationssysteme** sein. Je nach Größe der Dienststelle und inhaltlichem Umfang können für die Erstellung von Flugblättern und Zeitungen entweder der hauseigene Kopierer oder auswärtige Kopierläden oder Druckereien genutzt werden.
Bei der Herausgabe von Publikationen hat der Personalrat grundsätzlich die Kosten für die Dienststelle zu berücksichtigen und nach »pflichtgemäßem Ermessen« zu entscheiden. In Anbetracht stark gesunkener Herstellungskosten durch leistungsstarke Kopierer tritt dieser Aspekt aber immer mehr in den Hintergrund.
Für die Nutzung neuer Informationstechniken hat der Arbeitgeber die in der Dienststelle übliche Technik zur Verfügung zu stellen.

4.7 Stufenvertretungen

Im Geschäftsbereich mehrstufiger Verwaltungen werden neben den örtlichen Personalräten noch Bezirks- und Hauptpersonalräte gebildet.
Verselbständigen sich Dienststellenteile (§ 7 BPersVG), werden zusätzlich noch Gesamtpersonalräte gewählt.
Stufenpersonalvertretungen halten keine Sprechstunden ab und berufen keine Personalversammlungen ein. Jedoch führen die Stufenvertretungen auch das so genannte Monatsgespräch (§ 65 BPersVG).

Der neugewählte Personalrat beginnt seine Arbeit

Weil in diesen besonderen Personalratsgremien überwiegend so genannte alte Hasen sitzen, verzichten wir im Rahmen dieses Buches auf die Erläuterung der verschiedenen Wahlverfahren und die einzelnen Aufgaben dieser Gremien. Die folgende Grafik soll lediglich einen Überblick geben, welche Gremien neben den örtlichen Personalräten zu wählen sind.

Verschiedene Stufenvertretungen der Personalräte

Kommunale Verwaltungen, landesweite Krankenkassen, Sparkassen, …

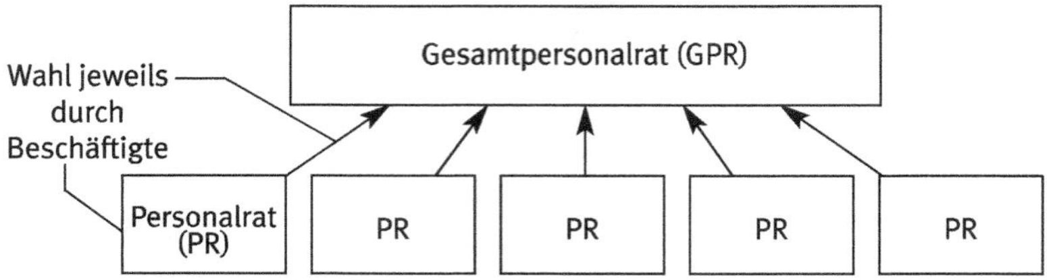

Staatliche Verwaltungen, Arbeitsverwaltung

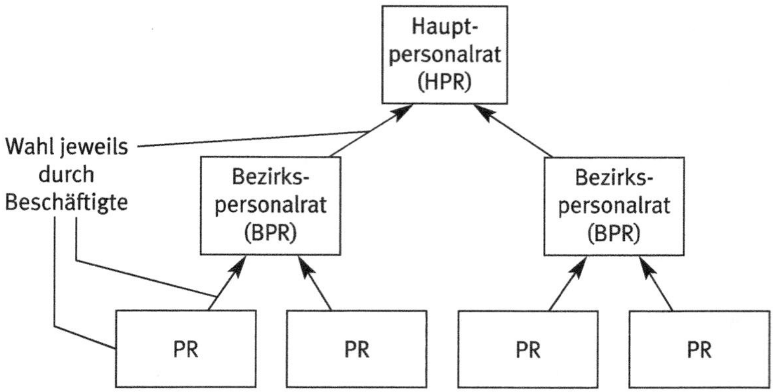

Wichtig ist dabei Folgendes: Bezirks-, Haupt- und Gesamtpersonalräte sind keine »vorgesetzten« Personalratsgremien. Jedes Gremium hat seine eigenständigen, von den übrigen Gremien klar abgegrenzten Aufgaben. Alle Personalräte arbeiten jedoch im Interesse der Beschäftigten.

> **Hinweis:**
> Durch entsprechende Organisationsänderungen können die Bezirkspersonalräte wegfallen.

4.8 Zusammenarbeit mit anderen Personen, Gremien und Institutionen

Personalräte haben mit einer Vielzahl von Personen, Gremien und Institutionen zusammenzuarbeiten. Dies ist zum Teil in den Personalvertretungsgesetzen selbst, zum Teil in weiteren Gesetzen und Verordnungen geregelt.

4.8.1 Schwerbehindertenvertretung

In Dienststellen mit mindestens fünf schwerbehinderten Beschäftigten sind eine Vertrauensperson der schwerbehinderten Menschen und mindestens ein Stellvertreter zu wählen. Die Vertrauensperson ist von der Dienststellenleitung in allen Angelegenheiten der schwerbehinderten Menschen einzubeziehen und vor Entscheidungen zu hören.
Die besondere Form der Zusammenarbeit zwischen Personalrat und der Vertrauensperson der schwerbehinderten Menschen besteht darin, dass sie das Recht hat, an allen Sitzungen des Personalrats beratend teilzunehmen.
Sie kann sogar einen Beschluss des Personalrats für fünf Arbeitstage aussetzen, wenn sie den Beschluss als erhebliche Beeinträchtigung wichtiger Interessen der schwerbehinderten Menschen betrachtet (§ 42 Abs. 3 BPersVG).

§ 42 Abs. 3 BPersVG

Zusammenarbeit ist auch gefragt bei der gemeinsamen Nutzung der Räume und des Geschäftsbedarfs.

Praxistipp:
Der Personalrat benennt ein Mitglied, das ständigen Kontakt zur Schwerbehindertenvertretung hält. Die Vertrauensperson der schwerbehinderten Menschen wird regelmäßig zu allen Sitzungen eingeladen. Mindestens einmal im Jahr wird auf die Tagesordnung einer Sitzung das Thema »Situation der schwerbehinderten Arbeitnehmer im Betrieb« gesetzt. Man sollte sich ausreichend Zeit nehmen für die Analyse der Situation und entsprechende Schlussfolgerungen ziehen, die dann in konkrete Aktivitäten münden können. Hier könnte es insbesondere um die Überlegung gehen, wie im Betrieb zusätzliche Arbeitsplätze für schwerbehinderte Menschen geschaffen werden können. Oder wie die besondere Situation schwerbehinderter Menschen im Betrieb verstärkt berücksichtigt werden kann. Beides sollte gemeinsames Anliegen von Personalrat und Schwerbehindertenvertretung sein.

§ 166 SGB IX

Bereits seit dem Jahr 2000 hat der Gesetzgeber im SGB IX für alle Betriebe in Deutschland die Erstellung einer so genannten **Inklusionsvereinbarung** zur Pflicht gemacht. Es sind Regelungen zu treffen über die Eingliederung schwerbehinderter Menschen, insbesondere zur Personalplanung, Arbeitsplatzgestaltung, Gestaltung des Arbeitsumfelds, zu Arbeitsorganisation und Arbeitszeit. Die Integrationsvereinbarung ist an die örtlich zuständige Agentur für Arbeit zu übermitteln.

Da die Inklusionsvereinbarung nur eine Dienstvereinbarung zwischen Personalrat und Dienststellenleitung sein kann, ist in diesem Bereich eine besonders enge Zusammenarbeit zwischen Personalrat und Schwerbehindertenvertretung gefragt.

Seit dem Inkrafttreten des Bundesteilhabegesetzes (BTHG) im Jahr 2017 geht es im SGB IX nicht mehr um die Integration von schwerbehinderten Menschen in den Betrieb, sondern um deren »Inklusion«. Seitdem heißt die Integrationsvereinbarung auch **»Inklusionsvereinbarung«**. Den Begriff der Inklusion erläutert die *Aktion Mensch* so: *»Inklusion bedeutet, dass jeder Mensch ganz natürlich dazu gehört. Egal wie du aussiehst, welche Sprache du sprichst oder ob du eine Behinderung hast. Jeder kann mitmachen. Zum Beispiel: Kinder mit und ohne Behinderung lernen zusammen in der Schule. Wenn jeder Mensch überall dabei sein kann, am Arbeitsplatz, beim Wohnen oder in der Freizeit: Das ist Inklusion.«* (*https://www.aktion-mensch.de/dafuer-stehen-wir/was-ist-inklusion;* aufgerufen am 17.11.2021)

Folgendes Schaubild verdeutlicht noch einmal den Unterschied zwischen »Integration« und »Inklusion«:

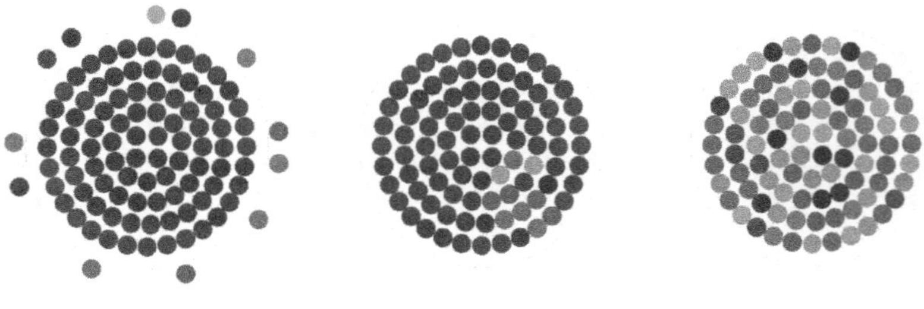

(*https://www.aktion-mensch.de/dafuer-stehen-wir/was-ist-inklusion;* aufgerufen am 17.11.2021)

§ 167 Abs. 2 SGB IX

Berührungspunkte zwischen Personalrat und Schwerbehindertenvertretung gibt es auch beim sog. **Betrieblichen Eingliederungsmanagement** (BEM). Nach § 167 Abs. 2 SGB IX müssen nämlich alle Arbeitgeber denjenigen Beschäftigten, die länger als sechs Wochen krank sind, ein Angebot machen, wie »die Arbeitsunfähigkeit möglichst überwunden werden und mit welchen Leistungen oder Hilfen erneuter Arbeitsunfähigkeit vorgebeugt und der Arbeitsplatz erhalten werden kann (betriebliches Eingliederungsmanagement).« Die konkreten Regelungen in der Dienststelle, wie also das BEM tatsächlich aussehen soll, sind zwischen Dienststellenleitung, Personalrat und Schwerbehindertenvertretung abzusprechen – am besten in einer Dienstvereinbarung.

Übrigens: Im Unterschied zur Personalvertretung hat die Schwerbehindertenvertretung das Recht, an allen Vorstellungsgesprächen teilzunehmen, wenn bei einem Besetzungsverfahren mindestens ein Schwerbehinderter beteiligt ist. Mittlerweile hat der Gesetzgeber auch klargestellt, dass die Kündigung eines schwerbehinderten Menschen ohne Beteiligung der Schwerbehindertenvertretung unwirksam ist (§ 178 Abs. 2 SGB IX). **§ 178 Abs. 2 SGB IX**

4.8.2 Jugend- und Auszubildendenvertretung (JAV)

Nach § 99 BPersVG ist in Dienststellen mit mindestens fünf Jugendlichen (bis 18 Jahre) oder Auszubildenden eine Jugend- und Auszubildendenvertretung (JAV) zu wählen. **§ 99 BPersVG**

Als Jugend- und Auszubildendenvertreter kann man nur gewählt werden, wenn man am Wahltag das 26. Lebensjahr noch nicht vollendet hat oder wenn man sich in einer Ausbildung befindet. Die gleichzeitige Mitgliedschaft im Personalrat und in der JAV ist zulässig. **§ 100 Abs. 2 BPersVG**

Die Rechte der JAV sind nach dem BPersVG zwar weniger umfangreich und eigenständig als die der Schwerbehindertenvertretung. Doch der Personalrat hat auch die JAV bei allen Fragen einzubeziehen, die Jugendliche oder Auszubildende in der Dienststelle betreffen. Die Zusammenarbeit zwischen Personalrat hat und JAV ist in § 104 BPersVG geregelt. Das Teilnahmerecht eines JAV-Vertreters bei den Personalratssitzungen steht in § 37 Abs. 1 BPersVG. **§ 104 BPersVG**

> **Praxistipp:**
> Ein von der JAV benannter Vertreter ist zu allen Personalratssitzungen einzuladen. Mindestens einmal im Jahr wird auf die Tagesordnung einer PR-Sitzung das Thema »Situation der Jugendlichen und Auszubildenden im Betrieb« gesetzt. Man sollte sich ausreichend Zeit nehmen für die Analyse der Situation und entsprechende Schlussfolgerungen ziehen, die dann in konkrete Aktivitäten münden können. Außerdem sollte ein Personalratsmitglied benannt werden, das ständigen Kontakt zur JAV hält und bei Bedarf auch an deren Sitzungen teilnimmt.

Jugendvertretungen dürfen und sollen immer wieder »etwas Pfeffer« in die Personalratsarbeit einbringen. So ist JAV-Arbeit ein demokratisches Engagement statt »Null-Bock-Mentalität« in den öffentlichen Betrieben und Dienststellen. Jugendvertreter sind vielfach auch künftige Personalräte und sollten deshalb vom Personalrat als »Goldfischteich« gesehen werden. Diese Sicht bedeutet dann konsequenterweise, die JAV in die Personalratsarbeit umfassend mit einzubeziehen, der JAV Entfaltungsmöglichkeiten zu geben, sie zu fördern und sich schützend vor sie zu stellen, wenn es zu Angriffen oder Problemen mit der Dienststellenleitung oder Vorgesetzten kommen sollte.

4.8.3 Gleichstellungsbeauftragte

Die Notwendigkeit zur engen und kontinuierlichen Zusammenarbeit mit der **Gleichstellungsbeauftragten** in der Dienststelle ergibt sich schon aus der Tatsache, dass in vielen Dienststellen des Öffentlichen Dienstes überwiegend Frauen arbeiten (zumindest auf der unteren und mittleren Ebene). Ein Frauenanteil von bis zu 75 % ist keine Seltenheit (z. B. bei Krankenkassen, Krankenhäusern oder Altenheimen). Gleichzeitig fällt auf, dass Leitungsfunktionen in den Dienststellen dagegen überwiegend mit Männern besetzt sind. Das bedeutet im Umkehrschluss, dass Frauen sich häufig auf den schlechter bezahlten Arbeitsplätzen finden.

§§ 67 Abs. 1, 68 Abs. 1 Nr. 5a BPersVG

Zu den allgemeinen Aufgaben des Personalrats gehört es, für die **Gleichstellung** und die Gemeinschaft von Frauen und Männern in der Dienststelle einzutreten. Konkret hat der Personalrat nach der seit 2021 gültigen Formulierung »die Durchsetzung der tatsächlichen Gleichstellung von Frauen und Männern zu fördern sowie Benachteiligungen von Menschen, die sich keinem dieser Geschlechter zuordnen, entgegenzuwirken«. Dazu gehört auch die Förderung der Vereinbarkeit von Familie, Pflege und Beruf (§ 68 Abs. 1 Nr. 5 und 6 BPersVG). Aus dieser Aufgabenstellung ergibt sich dann die Pflicht des Personalrats zur Kooperation mit Personen, die die Belange der Gleichstellung der Geschlechter in der Dienststelle vertreten. Initiativen des Personalrats zur Förderung der Gleichstellung in der Dienststelle sollten keinesfalls an der Gleichstellungsbeauftragten vorbei erfolgen.

Praxistipp:
Mit der betrieblichen Gleichstellungsbeauftragten sollte der Personalrat unbedingt engen Kontakt halten und sich regelmäßig abstimmen. Mit der Dienststellenleitung könnte über den Abschluss einer Dienstvereinbarung zur Gleichstellung der Geschlechter in der Dienststelle verhandelt werden.

Für praktisch alle Bundesländer und für alle Bereiche des Öffentlichen Dienstes gibt es mittlerweile **Gleichstellungsgesetze**. Sie sehen unterschiedlich weit reichende Ansprüche auf betriebliche Fördermaßnahmen für das jeweils benachteiligte Geschlecht vor, in der Regel sind dies Frauen. Die Gesetze regeln auch die Ernennung von Gleichstellungsbeauftragten in den Dienststellen. Weil der Personalrat über die Einhaltung von Gesetzen zu wachen hat, wird er seinen Arbeitgeber an solche Bestimmungen erinnern müssen, wenn er noch keine Gleichstellungsbeauftragte ernannt hat.

Neben der Gleichstellungsperspektive sind auch die Konzepte der Geschlechtergerechtigkeit und des »Gender Mainstreaming« immer bedeutsamer geworden. Die novellierte Fassung des BPersVG von 2021 bemüht sich erstmals durchgängig, sich diesen Konzepten auf der sprachlichen Ebene zu nähern, indem entweder geschlechtsneutrale Begriffe oder die Doppelung von weiblichen und männlichen Bezeichnungen verwendet werden.

Laut Bundesministerium für Familie, Senioren, Frauen und Jugend der Bundesrepublik Deutschland (2016) bezeichnet Gender Mainstreaming die Verpflichtung, bei allen Entscheidungen die unterschiedlichen Auswirkungen auf Männer und Frauen in den Blick zu nehmen. Der Begriff lässt sich am besten mit »Leitbild der Geschlechtergerechtigkeit« übersetzen und bedeutet, bei allen gesellschaftlichen und politischen Vorhaben die unterschiedlichen Auswirkungen auf die Lebenssituationen und Interessen von Frauen und Männern grundsätzlich und systematisch zu berücksichtigen, da es keine geschlechtsneutrale Wirklichkeit gibt. (*https://www.bmfsfj.de/bmfsfj/themen/gleichstellung/gleichstellung-und-teilhabe/strategie-gender-mainstreaming/strategie-gender-mainstreaming--80436;* aufgerufen am 17.11.2021)

Ein selbstbewusster und emanzipierter Personalrat wird sich diesen Zielsetzungen nicht verschließen können. Die tatsächliche Verwirklichung des Gender Mainstreaming-Konzepts in einer öffentlichen Dienststelle dürfte ein sehr interessantes Projekt sein, das sich nicht nur an der Schaffung neuer betrieblicher Regeln ausrichtet, sondern auch Veränderungen des Bewusstseins bei Kollegen und Vorgesetzten initiieren muss. Das könnte aber ein Beispiel sein für eine wirklich gelungene Kooperation zwischen Personalrat und Gleichstellungsbeauftragten.

4.8.4 Beschwerdestelle nach § 13 AGG

Seit dem Jahr 2006 gibt es in Deutschland das **Allgemeine Gleichbehandlungsgesetz (AGG)**. Ziel des Gesetzes ist die Verhinderung oder

Beseitigung von Benachteiligungen aus Gründen der Rasse, wegen der ethnischen Herkunft, des Geschlechts, der Religion oder Weltanschauung, einer Behinderung, des Alters oder der sexuellen Identität. Die Zielsetzung des AGG wird in § 2 BPersVG nahezu wortgleich wiederholt. Daraus ergibt sich die besondere Bedeutung, dass Personalräte jedwede Diskriminierung oder Benachteiligung von Beschäftigten verhindern müssen.

§ 13 AGG Im Zusammenhang mit möglichen Benachteiligungen hat der Gesetzgeber ausdrücklich ein **Beschwerderecht von Beschäftigten** festgeschrieben, wenn sie sich benachteiligt fühlen (§ 13 AGG). Das Gesetz sieht dabei keine bestimmte Form dieser Beschwerdestelle vor, sondern spricht lediglich von den »zuständigen Stellen des Betriebs, des Unternehmens oder der Dienststelle«. Das Verfahren ist jedoch Bestandteil des Gesetzes: »Die Beschwerde ist zu prüfen und das Ergebnis der oder dem beschwerdeführenden Beschäftigten mitzuteilen.«

> **Praxistipp:**
> Gibt es im Betrieb eine förmliche Beschwerdestelle nach § 13 AGG, ist es für den Personalrat natürlich interessant, sich hier einen – unbedingt anonymen! – Überblick über die eingereichten Beschwerden zu verschaffen. Daraus ließe sich ein evtl. Bedarf für Maßnahmen gegen diskriminierende Sachverhalte ableiten. Von daher empfiehlt es sich für den Personalrat, mit der Beschwerdestelle zusammenzuarbeiten. Das Informationsrecht des Personalrats über eingegangene Beschwerden ergibt sich aus seinem allgemeinen Informationsrecht über Angelegenheiten in der Dienststelle.

Das Allgemeine Gleichbehandlungsgesetz ist grundlegend in Sachen Diskriminierung und Schutz vor sexueller Belästigung. Es unterstützt den Personalrat in seiner Aufgabe, darauf zu achten, dass alle Beschäftigten nach Recht und Billigkeit behandelt werden (§ 2 Abs. 1 BPersVG). Vor diesem Hintergrund empfiehlt es sich auch, im Personalrat einen (oder mehrere) Experten in Sachen AGG zu benennen.

4.8.5 Datenschutzbeauftragte

Für alle öffentlichen Dienststellen des Bundes und der Länder gilt das Bundesdatenschutzgesetz bzw. das entsprechende Datenschutzgesetz des Bundeslandes. Die **Datenschutzbeauftragten** öffentlicher Stellen (§§ 5 bis 7 BDSG 2018) müssen daher in allen Dienststellen vorhanden sein. Sie werden vom Arbeitgeber bestellt. Mit ihm hat der Personalrat einen (örtlichen) Ansprechpartner, der die Situation in der Dienststelle kennt

und mit dem der Personalrat eng und kontinuierlich zusammenarbeitet. Bei allen Fragen zur Speicherung von Daten, Inhalten von Personalakten, EDV und Informationstechnologie, Telekommunikationsanlagen, Inter- und Intranet gibt es mehr oder weniger enge Berührungspunkte der Aufgaben von Personalrat und dem Beauftragten für Datenschutz.
Zum Thema Einhaltung des Datenschutzes im Personalratsbüro siehe die Ausführungen in Abschnitt 4.6.

Praxistipp:
Insbesondere bei der Erstellung und Diskussion von Dienstvereinbarungen zu den genannten Themen sollte der Datenschutzbeauftragte der Dienststelle zu Rate gezogen werden. Daneben empfiehlt es sich, dass Personalrat und Datenschutzbeauftragter regelmäßig (z.B. halbjährlich) eine gemeinsame Einschätzung zur Situation des Datenschutzes in der Dienststelle abgeben.

Im Jahr 2018 hat es auf der Basis der Datenschutz-Grundverordnung der EU (DSGVO) weitreichende Veränderungen im Datenschutzrecht gegeben. Die wichtigsten sollen im Folgenden kurz vorgestellt werden. Die Änderungen durch die DSGVO wurden im BDSG nachvollzogen.

Was ist seit 25. Mai 2018 neu im Datenschutz?
- Eindeutigere Definition personenbezogener Daten, also sämtlicher Daten, die der Identifizierung einer Person dienen
- Es gibt mehr Rechte für natürliche Personen, die DSGVO stärkt insgesamt den Verbraucherschutz:
  - es ist die ausdrückliche Zustimmung bzw. Einwilligung erforderlich
  - die Einwilligung kann auch zurückgezogen werden
  - es gibt ein »Recht auf Vergessen«
  - strengere Datenschutzeinstellungen bei Soft- und Hardware sind vorgeschrieben (Datenschutz durch Technikeinstellung und Datenschutz durch datenschutzfreundliche Voreinstellungen)
  - deutlich größere Transparenz und viel umfassendere Information als bisher, welche Daten wo und seit wann gespeichert werden und wie die Daten verwendet werden
  - es besteht umfassende Auskunftspflicht über die gespeicherten Daten: zu welchem Zweck (klar, unmissverständlich, leicht verständliche Sprache) und von wem werden die Daten verarbeitet

- Höhere Bußgelder bei Verstößen: bis zu 4 % des Jahresumsatzes können als Bußgeld verhängt werden (gilt nicht für öffentliche Dienststellen!)
- Risikobasierte Rechenschaftspflicht: die für den Datenschutz verantwortliche Person hat dafür Sorge zu tragen, dass alle wirksamen Maßnahmen ergriffen werden; es gibt verschärfte Dokumentations- und Rechenschaftspflichten
- Mitteilungspflicht bei Verletzungen des Datenschutzes: dann muss die verantwortliche Person innerhalb von 72 Stunden die zuständige Aufsichtsbehörde und die von der Verletzung Betroffenen informieren.

4.8.6 Arbeitsschutzausschuss, Betriebsarzt, Fachkraft für Arbeitssicherheit, Sicherheitsbeauftragte

Das weite Feld von **Arbeitsschutz, Arbeitssicherheit und Ergonomie** in der Dienststelle ist abgesteckt durch

1. staatliche Gesetze, insbesondere Arbeitsschutzgesetz, Arbeitssicherheitsgesetz, Arbeitszeitgesetz und Arbeitsstättenverordnung,
2. berufsgenossenschaftliche Vorschriften (BGV; DGUV-Vorschriften) und
3. die Beteiligung des Personalrats bei allen Maßnahmen des Arbeitsschutzes (§ 68 BPersVG). Der Personalrat ist z. B. hinzuzuziehen:
   - bei der Bekämpfung von Unfall- und Gesundheitsgefahren,
   - bei entsprechenden Besichtigungen und Unfalluntersuchungen,
   - Abgabe von Unfallanzeigen.

§ 68 BPersVG

§ 80 BPersVG

Darüber hinaus hat der Personalrat ein Mitbestimmungsrecht bei vielen organisatorischen Maßnahmen, die bedeutsam für den Arbeitsschutz sind (§ 80 BPersVG). So hat der Personalrat mitzubestimmen:

- bei Beginn und Ende der täglichen Arbeitszeit und der Pausen sowie die Verteilung der Arbeitszeit auf die einzelnen Wochentage,
- Anordnung von Dienstbereitschaft, Bereitschaftsdienst, Rufbereitschaft, Mehrarbeit und Überstunden,
- Einführung, Änderung und Aufhebung von Arbeitszeitmodellen,
- Gestaltung der Arbeitsplätze,
- Einführung, Änderung und Aufhebung von Arbeitsformen außerhalb der Dienststelle,
- Maßnahmen zur Verhütung von Dienst- und Arbeitsunfällen und Berufskrankheiten sowie zum Gesundheitsschutz,
- Grundsätze des Gesundheits- und Eingliederungsmanagements,

- Einführung grundlegend neuer Arbeitsmethoden,
- Maßnahmen zur Hebung der Arbeitsleistung und zur Erleichterung des Arbeitsablaufs,
- Einführung grundlegend neuer Arbeitsmethoden,
- Bestellung von Vertrauens- und Betriebsärzten als Beschäftigte (§ 78 Abs. 1 Nr. 14 BPersVG).

Die **staatlichen Gesetze** regeln die Ernennung von Personen bzw. die Bildung des Arbeitsschutzausschusses, denen gemeinsam mit der betrieblichen Interessenvertretung die Gewährleistung eines guten Arbeits- und Gesundheitsschutzes in der Dienststelle obliegt. Die hohe Bedeutung, die dem Personalrat beim Arbeitsschutz eingeräumt wird, ist schon daran abzulesen, dass er zwei Sitze im Arbeitsschutzausschuss einnimmt.

> **Praxistipp:**
> Daher sollte der Personalrat neben der kontinuierlichen Arbeit (mindestens vierteljährliche Sitzungen!) im Arbeitsschutzausschuss auch ständig Kontakt halten zum Betriebsarzt und zur Fachkraft für Arbeitssicherheit in der Dienststelle. Dies lässt sich am einfachsten realisieren durch die Teilnahme an den regelmäßigen Begehungen der Arbeitsstätten und -plätze in der Dienststelle.

Das zentrale (Schalt- und Entscheidungs-)Gremium für Arbeitsschutz und Arbeitssicherheit im Betrieb ist der **Arbeitsschutzausschuss** (ASA). Ihm gehören neben dem Leiter der Dienststelle der Betriebsarzt, die Fachkraft für Arbeitssicherheit, zwei Vertreter des Personalrats sowie alle Sicherheitsbeauftragten im Betrieb an (§ 11 ASiG). Die beiden Vertreter des Personalrats sollten ihre Teilnahme an den Sitzungen des ASA unbedingt gewährleisten. Denn im Rahmen von ASA-Sitzungen können vielfältige Anregungen in Sachen Arbeitsschutz und Arbeitssicherheit eingebracht werden.

Die **Berufsgenossenschaftlichen Vorschriften** (BGV, DGUV-Vorschriften) sind geltende rechtliche Bestimmungen für alle Betriebe und Dienststellen. Es gehört zu den Aufgaben von Personalräten, sich über die einschlägigen Bestimmungen zu informieren und deren Einhaltung zu überwachen. Für die öffentlichen Dienststellen sind allerdings nicht die gewerblichen Berufsgenossenschaften zuständig, sondern die sog. Unfallkassen, die es jeweils für die Bundesländer gibt.

Die Mitbestimmungsregelungen der Personalvertretungsgesetze zum **Arbeits- und Gesundheitsschutz** gehören zu den weitestgehenden Rechten eines Personalrats. Durch ihre gewissenhafte und verantwortungsvolle

Wahrnehmung kann die Situation der Beschäftigten am Arbeitsplatz verbessert und können (gesundheitliche) Beeinträchtigungen vermieden werden. Die Berufsgenossenschaften bzw. Unfallkassen für den Öffentlichen Dienst bieten entsprechende Seminare für Mitglieder von Personalräten an (s. Internetadressen im Anhang).
Wichtigstes Instrument des Personalrats, für einen guten Arbeitsschutz im Betrieb zu sorgen, ist die Begleitung der **Gefährdungsbeurteilungen**, die nach § 5 ArbSchG für alle Arbeitsplätze zu erstellen sind. Diese Gefährdungsbeurteilungen sind nach § 6 ArbSchG auch zu dokumentieren. Die Dokumentation umfasst das Ergebnis der Gefährdungsbeurteilung, die vom Arbeitgeber festgelegten Maßnahmen des Arbeitsschutzes zur Minimierung der Gefährdungen und das Ergebnis der Überprüfung ihrer Wirksamkeit.

§ 80 Abs. 1 Nr. 16 BPersVG

Die Gefährdungsbeurteilung unterliegt der Mitbestimmung des Personalrats nach § 80 Abs. 1 Nr. 16 BPersVG. Das Mitbestimmungsrecht bezieht sich hier auf »Maßnahmen zur Verhütung von Dienst- und Arbeitsunfällen und Berufskrankheiten sowie zum Gesundheitsschutz«. Genau darum geht es bei der Gefährdungsbeurteilung. Das Mitbestimmungsrecht des Personalrats besteht hier nicht nur bei der Festlegung, auf welche Weise (mit welchen Methoden) die Gefährdungsbeurteilung zu erstellen ist, sondern auch bei der Frage, wer mit der Erstellung der Gefährdungsbeurteilung beauftragt wird.
Spätestens seit der Ergänzung in § 5 ArbSchG (2013) müssen die Gefährdungsbeurteilungen auch psychische Belastungen und Gefährdungen umfassen. Dies muss in vielen Betrieben und Dienststellen noch umgesetzt werden.

Praxistipp:
Der Arbeits- und Gesundheitsschutz der Beschäftigten sollte für Personalräte einen hohen Stellenwert haben. Daher sollten Personalratsmitglieder an einschlägigen Schulungen (z. B. der Berufsgenossenschaften, Unfallkassen oder der Gewerkschaft) teilnehmen, Literatur zur Systematik und den verschiedenen Themen des Arbeits- und Gesundheitsschutzes anschaffen, eventuell mehrere Experten des Personalrats in Sachen Arbeits- und Gesundheitsschutz »ausbilden«, beim Abschluss von Dienstvereinbarungen zu Arbeitszeit, Urlaubsgestaltung usw. verstärkt auf die Einhaltung der Arbeitsschutzgesetze achten. Nur durch eine stärkere Sensibilisierung von Dienststellenleitung und Beschäftigten für den Arbeitsschutz kann der Personalrat in diesem Bereich Fortschritte erzielen. Empfehlenswert ist auch eine Standortbestimmung des Personalrats, wie wichtig er den Arbeitsschutz in der Dienststelle nehmen will. Das ist ein wichtiger Bestandteil seines Selbstverständnisses.

Noch eine Bemerkung: Viele Arbeitgeber im Öffentlichen Dienst nehmen den Arbeitsschutz in der Regel nicht besonders ernst. Man geht davon aus, dass die Gefährdungen in Behörden und Verwaltungen, im Gesundheits- und Sozialbereich nicht in der Weise vorhanden seien wie etwa in Industrie und Gewerbe. Dabei liegen die gesundheitsgefährdenden Momente lediglich in anderen Bereichen, wie Stress, fehlende Psychohygiene, zunehmende (psychische) Belastungen, Burn-Out-Syndrom oder unqualifizierte Führungspersonen. Die beschriebene Sicht der Arbeitgeber färbt leider oft genug auch auf Personalvertretungen ab. Sie nehmen den Arbeits- und Gesundheitsschutz der Beschäftigten weniger wichtig, weil die Gefährdungen weniger offensichtlich sind. Wir empfehlen jedoch, dass Personalräte den Arbeits- und Gesundheitsschutz auf Platz eins ihrer Agenda setzen. Nicht umsonst sind die Themen rund um **psychische Belastungen** in aller Munde; die Steigerungsraten bei psychischen Erkrankungen sind nach wie vor die höchsten. So hat sich die Zahl der Krankheitstage auf Grund von psychischen und Verhaltensstörungen zwischen 2007 und 2017 von knapp 48 auf 107 Millionen mehr als verdoppelt (Antwort der Bundesregierung auf eine Kleine Anfrage der Fraktion DIE LINKE im Deutschen Bundestag, Bundestags-Drucksache 19/8159). Lediglich 52 % aller Betriebe in Deutschland haben eine Gefährdungsbeurteilung erstellt (BMAS: Sicherheit und Gesundheit bei der Arbeit. Berichtsjahr 2016, S. 25; es gibt leider keine neueren Zahlen). Diese geringe Zahl gilt noch mehr für die Ergänzung der Gefährdungsbeurteilung durch eine Erhebung der psychischen Belastungen. Für den Bereich psychischer Belastungen gibt es sogar nur in 22 % aller Betriebe eine Gefährdungsbeurteilung. Psychische Belastungen haben großen Einfluss auf die psychische Gesundheit, das Wohlbefinden und das Betriebsklima in den Dienststellen.

Auch das Thema »**Gewalt gegen Beschäftigte**« gewinnt immer mehr an Bedeutung. Zu einer vollständigen Gefährdungsbeurteilung gehört daher auch das Eingehen auf das Thema »Gewaltereignisse«. Die Berufsgenossenschaften und Unfallkassen stellen eine Fülle von Informationen und Broschüren zu dieser Thematik zur Verfügung.[3]

3 Beispielhaft für viele Broschüren und sehr empfehlenswert: Prävention von Gewalt und Aggression gegen Beschäftigte. Handlungshilfe für Arbeitgeber und Arbeitgeberinnen (DGUV Information 207–225). Erstveröffentlichung 11/2018 © 2018 Berufsgenossenschaft für Gesundheitsdienst und Wohlfahrtspflege (BGW).

4.8.7 Gewerbeaufsichtsamt, Berufsgenossenschaft, Unfallkasse

Die Kontrolle der staatlichen Arbeitsschutzregelungen erfolgt durch die Gewerbeaufsicht. Sie ist die zuständige Behörde für die Einhaltung von Vorschriften des Arbeits-, Umwelt- und Verbraucherschutzes. In einzelnen Bundesländern wird die **Gewerbeaufsicht** auch als Amt für Arbeitsschutz und Sicherheitstechnik bezeichnet. Die Kontrolle findet insbesondere statt durch Besichtigungen und Begehungen der Arbeitsstätten – in der Regel nur bei Beschwerden. Die Gewerbeaufsicht ist auch befugt, vom Arbeitgeber die zur Durchführung ihrer Überwachungsaufgaben erforderlichen Auskünfte und die Überlassung von entsprechenden Unterlagen zu verlangen. Maßnahmen der Gewerbeaufsicht bei Verstößen gegen die geltenden Arbeitsschutzbestimmungen können sein: Beratung, verbindliche Anordnungen, Erlass von Bußgeldern und in einem extremen Fall auch die Stilllegung eines Betriebs oder die Verhängung von Freiheitsstrafen bis zu einem Jahr.
Personalratsgremien sollten mit der staatlichen Kontrollbehörde für den betrieblichen Arbeitsschutz, mit der Gewerbeaufsicht kooperieren. Allerdings berichten viele Personalräte auch von der hohen Bereitschaft der Aufsichtsbeamten, immer wieder ein Auge zuzudrücken, wenn sie Mängel in der praktischen Umsetzung der Arbeitsschutzgesetze feststellen. Dann geht es für Personalräte auch darum, »den Finger in die Wunde zu legen«.
Den **Berufsgenossenschaften und Unfallkassen** obliegt nicht nur die Kontrolle der von ihnen erlassenen Berufsgenossenschaftlichen Vorschriften (BGV; DGUV-Vorschriften) und Verordnungen. Bei ihrer Aufsichtstätigkeit geht es im Rahmen des Dualen Systems des deutschen Arbeitsschutzes auch um die Kontrolle staatlicher Arbeitsschutzvorschriften. Die Aufgabe der Berufsgenossenschaften und Unfallkassen besteht zunächst in der Beratung der Arbeitgeber. Bei beharrlichen Verstößen können die Aufsichtspersonen der Berufsgenossenschaften auch verbindliche – mit Bußgeldern bewehrte – Anordnungen erlassen. Daneben haben die Berufsgenossenschaften und Unfallkassen als weitere wesentliche Aufgabe die Prävention von Unfall- und Gesundheitsgefahren, und zwar »mit allen geeigneten Mitteln«, so § 1 SGB VII. Prävention macht allein schon Sinn, um die Zahl der Arbeitsunfälle und Berufskrankheiten als Kostenfaktoren in Grenzen zu halten.
Für die meisten Dienststellen im Bereich des Öffentlichen Dienstes sind die die auf Länderebene gebildeten Unfallkassen zuständig. Daneben gibt es aber auch noch die Verwaltungs-Berufsgenossenschaft (VBG: *www.vbg.de*) und die Berufsgenossenschaft für Gesundheitsdienst und Wohl-

fahrtspflege (BGW: *www.bgw-online.de*) als zuständige Unfallversicherungen. Beschäftigte auf Friedhöfen betreut die Gartenbau-Berufsgenossenschaft (jetzt: Sozialversicherung für Landwirtschaft, Forsten und Gartenbau (SVLFG). Alle Berufsgenossenschaften und Unfallkassen bieten ein umfangreiches Sortiment von Broschüren und Hilfen zur Information von Personalräten und Beschäftigten an. Bei den Berufsgenossenschaften und Unfallkassen wird immer mehr gesehen, dass die Verbesserung des Arbeits- und Gesundheitsschutzes nur gemeinsam mit den jeweils zuständigen Interessenvertretungen gelingen kann.
Nach den Satzungen der Berufsgenossenschaften – z. B. § 40 Abs. 2 BGW-Satzung – ist der Arbeitnehmervertretung Gelegenheit zu geben, an der Besichtigung des Unternehmens und an der Beratung von Fragen der Unfallverhütung und Ersten Hilfe teilzunehmen. Nach dem BPersVG 2021 gibt es außerdem die Verpflichtung, den Personalrat bei Arbeitsschutzbegehungen und -besichtigungen hinzuzuziehen. Die Aufsichtspersonen der Berufsgenossenschaft bzw. Unfallkasse übersenden dem Personalrat Abschriften von Besichtigungsschreiben, anderen Niederschriften und sonstigen Schreiben an die Dienststelle, die Maßnahmen der Unfallverhütung betreffen.
Ein wesentliches Instrument für Personalräte, mit dem sie sich immer einen aktuellen Überblick über die Qualität des Arbeitsschutzes und über das Unfallgeschehen in der Dienststelle verschaffen können, sind die **Unfallanzeigen** des Arbeitgebers, die er bei allen meldepflichtigen Unfällen (mehr als drei Tage unfallbedingte Krankheit oder Tod) an die zuständige Berufsgenossenschaft oder Unfallkasse schicken muss. Die Unfallanzeigen sind dem Personalrat vorzulegen und von ihm zu unterzeichnen. Mit den Inhalten der Unfallanzeigen ist der Personalrat in der Lage, über das Kalenderjahr eine Statistik des Unfallgeschehens in der Dienststelle zu erstellen und dabei auch Unfallschwerpunkte zu identifizieren. Die Ergebnisse können anschließend mit den für Arbeitsschutz zuständigen Personen – im Arbeitsschutzausschuss – besprochen und bearbeitet werden. Entsprechende Schlussfolgerungen sind ebenfalls Thema im Arbeitsschutzausschuss.

Praxistipp:
Der Personalrat sollte von Zeit zu Zeit die zuständige Aufsichtsperson der Berufsgenossenschaft bzw. der Unfallkasse und einen Vertreter des Gewerbeaufsichtsamts einladen, um gemeinsam über Maßnahmen zur Verbesserung des Arbeits- und Gesundheitsschutzes in der Dienststelle zu beraten. Dies könnte auch im Rahmen einer Sitzung des Arbeitsschutzausschusses erfolgen.

4.9 Sachkundige Personen

Auf den Personalrat kommen im Lauf der Amtszeit **vielfältige Aufgaben** zu. Von den einzelnen Personalratsmitgliedern kann nicht erwartet werden, dass sie in allen Disziplinen des Arbeits- und Personalvertretungsrechts, des Arbeits- und Datenschutzes oder des Sozialrechts gleich gut bewandert sind. Die Arbeitgeberseite verfügt häufig über eine eigene Personalabteilung, über Juristen und Experten der Arbeitgeber- und Dachverbände, die sie bei ihrer Arbeit im Personalbereich unterstützen. Um diesen strukturellen Mangel ansatzweise auszugleichen, kann der Personalrat durch Beschluss sachkundige Personen zu einzelnen Tagesordnungspunkten in Personalratssitzungen und -versammlungen einladen. Sachkundige Personen können u. a. sein:

- Vertreter der Gewerbeaufsicht, der Berufsgenossenschaft und der Unfallkasse,
- Vertreter der Gewerkschaft,
- Mitglieder der Stufenvertretungen
- je nach Thema auch Stadt- und Gemeinderäte, Vorstandsmitglieder, Abgeordnete,
- Rechtsanwälte, Mobbing-Experten oder auch Beschäftigte der eigenen Dienststelle.

Auch einen EDV-Experten könnte man als sachkundige Person einladen, wenn im Personalrat kein geeignetes Mitglied vorhanden ist. Auch Beschäftigte können in eigener Sache sachkundige Personen sein, wenn dem Personalrat z. B. ein Antrag auf Zustimmung zu einer Kündigung nach der Probezeit zur Entscheidung vorliegt. Hier kann der Personalrat den betroffenen Kollegen anhören und seine Sicht der Dinge erfragen.

Der Personalrat darf ruhig den Mut haben, bei Fragestellungen, in denen er unsicher ist, Hilfe von außen anzufordern und anzunehmen.

Um eine sachkundige Person einzuladen, bedarf es eines **ordnungsgemäßen Beschlusses** im Personalrat. Der Personalratsvorsitzende – oder ein beauftragtes Personalratsmitglied – lädt dann die sachkundige Person ein. Die Einladung kann sich auf einzelne Tagesordnungspunkte beschränken, kann sich aber auch auf alle Tagesordnungspunkte erstrecken, wenn die sachkundige Person in verschiedenen Themen bewandert ist.

Entstehen für die sachkundige Person keine Kosten, muss der Arbeitgeber über die Einladung nicht informiert werden. Das Hausrecht bei Personalversammlungen und Personalratssitzungen liegt in Händen des Personalrats. Somit ist die Information in diesem Fall entbehrlich.

Entstehen **Kosten**, die zur Sicherheit immer vorher von der sachkundigen Person erfragt werden sollten, muss der Personalrat den Arbeitgeber informieren und die Kostenübernahme beantragen. Der Arbeitgeber muss die Kosten nur dann übernehmen, wenn die Kosten notwendig und erforderlich sind – was ein breites Feld für Meinungsverschiedenheiten eröffnet. Will der Arbeitgeber die Kosten nicht übernehmen, bleibt dem Personalrat nur der Weg zum Verwaltungsgericht, um zu einer Klärung zu kommen (siehe 6.1).

Praxistipp:
Gewerkschaftlich organisierte Personalräte sollten sich vor einem Klageverfahren Rechtsschutz bei ihrer Gewerkschaft holen, um später nicht eventuell auf den Kosten sitzen zu bleiben.

5. Die laufende Arbeit des Personalrats

5.1 Der Personalrat als Gremium

»Einigkeit macht stark« ist nicht nur eine alte Weisheit aus der Arbeiterbewegung, sondern eine allgemeine Voraussetzung für die erfolgreiche Durchsetzung von Interessen. Was der Parole aber für Arbeitnehmer und ihre Interessenvertretungen eine besondere Bedeutung verleiht, ist die Tatsache, dass einzelne Arbeitnehmer gegenüber dem Arbeitgeber nur wenig durchsetzen können. Eine zerstrittene oder in sich gespaltene Belegschaft bzw. ein Personalrat hat im Konfliktfall gegenüber der Dienststellenleitung keine Chance.

> **Praxistipp:**
> Auch hier gilt: Vorbeugen ist besser als entstandenen Schaden zu heilen. Ein Personalrat sollte bereits in »guten Zeiten«, d. h. wenn er als Gremium gut zusammenarbeitet, neugewählt oder neu zusammengesetzt ist, über mögliche Konflikte und Konstellationen reden, die zu einer Zerreißprobe oder einer Lähmung der Personalratsarbeit führen können. In diesen guten Zeiten sollte man sich bereits auf Verfahrensweisen und Verabredungen verständigen, um solche Situationen entweder gar nicht erst entstehen zu lassen oder geeignete Konfliktlösungsmechanismen zu entwickeln.

Als »**Prophylaxe**« bieten sich folgende Maßnahmen an:

- Der Personalrat macht eine Bestandsaufnahme der Situation in der Dienststelle, schätzt die zukünftige Entwicklung ein und bestimmt die Interessenkonflikte zwischen Mitarbeitern, Personalrat und Leitung (siehe auch unten: Vom Reagieren zum Agieren).
- Von dieser Einschätzung ausgehend ist eine grundsätzliche Verständigung über Aufgaben und Selbstverständnis des Personalrats zu entwickeln.
- Der Personalrat verständigt sich auf Regeln, wie er mit internen Konflikten umgeht.

- Der Personalrat gibt sich eine Geschäftsordnung (siehe auch 4.4.4, 4.4.7 und 5.1.3), die möglichst konkret und verbindlich die Arbeitsweise des Personalrats, die interne Arbeitsteilung im Personalrat und die Aufgaben des Vorsitzenden festlegt.
- Der Personalrat führt mindestens einmal im Jahr eine Klausurtagung durch, in der er sich Zeit nimmt, die genannten grundsätzlichen Fragen und die Schwerpunkte der künftigen Arbeit zu erörtern.
- In einem »internen Controlling« werden die getroffenen Vereinbarungen überprüft: Werden sie eingehalten? Sind sie unrealistisch? Müssen sie verändert werden?

5.1.1 Aufgaben und Selbstverständnis des Personalrats

Ausgehend von der Diskussion über die Situation der Dienststelle muss der Personalrat seine Aufgaben und sein Selbstverständnis formulieren.

Praxistipp:
Zur Strukturierung können folgende **Fragen** dienen:

- Welche notwendigen Informationen muss sich der Personalrat beschaffen?
- Ist die Leitung bereit, den Personalrat im Rahmen der »vertrauensvollen Zusammenarbeit« frühzeitig und umfassend über die wichtigen Entwicklungen und Vorhaben zu informieren und die Beteiligungsrechte des Personalrats uneingeschränkt zu beachten?
- Wie werden oder wie müssen die Beschäftigten bei der zukünftigen Entwicklung der Dienststelle einbezogen werden – welche Rolle kommt dem Personalrat dabei zu?
- Welche Position nimmt der Personalrat bei absehbaren Interessenkonflikten ein und wie unterstützt er die Mitarbeiter?
- Muss sich der Personalrat auf Konflikte mit der Leitung einstellen?
- Welche Gangart bzw. welcher Stil der Auseinandersetzung der Leitung ist zu erwarten und in welchem Umfang muss der Personalrat die Beschäftigten dabei einbeziehen?
- Welche Schulungen oder auch externen Sachverstand benötigt der Personalrat, um sich fachkompetent zu machen?
- Welchen Stand hat der Personalrat bei den Beschäftigten?
- Sind die Mitarbeiter bereit, für ihre Interessen einzutreten (differenziert nach Arbeitsbereichen und Berufsfeldern und unter Berücksichtigung möglicher sich entwickelnder Interessenkonflikte)?
- Was muss der Personalrat tun oder was wird vom Personalrat erwartet, damit die Interessen der Beschäftigten effektiv vertreten werden?

- Wann und unter welchen Bedingungen ist die Gewerkschaft zur Unterstützung des Personalrats und der Mitarbeiter miteinzubeziehen?
- Wie ist das Verhältnis von örtlichem Personalrat zur Stufenvertretung? Müssen Kontakte und Zusammenarbeit intensiviert werden?
- Wie sehen wir Ablauf und Inhalt unserer Personalversammlungen im Kontext unserer Personalratsarbeit?

5.1.2 Regeln für den Umgang mit internen Konflikten

Die Beschwörung eines »gemeinsamen Selbstverständnisses« des Personalrats oder der abstrakte Anspruch auf Einheit ohne vorherige Einschätzung der Situation in der Dienststelle sind nutzlos und tragen nichts zu einer nachhaltigen Politik des Personalrats bei. Widersprüche werden so nur überdeckt und können später bei konkreten Auseinandersetzungen umso heftiger auftreten.

Ein Personalrat setzt sich aus unterschiedlichen Persönlichkeiten zusammen, mit verschiedenen Kenntnissen, Erfahrungen, Fähigkeiten und auch Eigenarten. Das muss akzeptiert und vor allem vom Vorsitzenden bzw. vom Vorstand moderiert werden.

Grundlage für eine Verständigung im Personalrat ist die Diskussion und Erörterung der **Situation der Dienststelle** und der daraus folgenden **Aufgaben für den Personalrat**. Selbstverständlich ist hier keine ausufernde »Grundlagendiskussion« erforderlich oder eine Bestandsaufnahme, die alle Bereiche und Problematiken des Betriebs vollständig und umfassend erfasst. Aber die Grundproblematik des Betriebs und der Personalratsarbeit muss im Gremium als Team präsent sein. Eine durchgängig einheitliche Meinung zu allen wichtigen Fragen ist dabei überhaupt nicht erforderlich, eine »Vereinheitlichung« schadet sogar der notwendigen Auseinandersetzung und Lebendigkeit im Personalrat.

Auseinandersetzungen und Diskussionen im Personalrat sind wie das »Salz in der Suppe«. Es können und müssen hier auch unterschiedliche Auffassungen bestehen, wie bestimmte Probleme gewichtet werden, in welcher Art und Weise und in welchem Stil der Personalrat darauf reagieren soll. Wie Situationen und Menschen sich ständig ändern, so muss auch der Personalrat ständig seine Position überprüfen.

Sollten die unterschiedlichen Positionen im Personalrat unüberbrückbar sein und hat dies die Stimmung im Personalrat auch schon so weit beeinträchtigt, dass eine offene und unvoreingenommene Diskussion nur noch schwer möglich ist, besteht für den Personalrat die Möglichkeit, sich **Hilfe von außen** zu suchen. Dies kann in Form der Hinzuziehung eines externen Moderators geschehen, entweder ein »Fachmann in Sozialtechniken« oder ein erfahrener und von allen Seiten akzeptierter Vertreter der Gewerkschaften. Auch der Besuch von einschlägigen Schulungen zum Thema Gesprächsführung bzw. Umgang mit Konflikten kann sehr nützlich sein.

Wichtig ist: Der Personalrat als Gremium und jedes einzelne Personalratsmitglied müssen von der grundsätzlichen Überzeugung ausgehen, dass sie ein gemeinsames Interesse und Anliegen vertreten, und die Einigkeit die Voraussetzung für eine erfolgreiche Interessenpolitik für die Arbeitnehmer ist. Vor allem Trennenden ist erst einmal zu sehen, ob nicht die Menge an Gemeinsamkeiten überwiegt.

Praxistipp:
Auch – oder besser gerade – bei hitzigen Auseinandersetzungen sind bestimmte Grundregeln in der Haltung zu anderen Personalratsmitgliedern zu beachten:

- Toleranz bei unterschiedlichen Sichtweisen in Einzelfragen,
- Genaues Hinhören und Zu-Ende-reden-lassen des »Kontrahenten« und versuchen, dessen Standpunkt nachzuvollziehen,
- Den Wert auf Argumente und das Überzeugen legen und nicht auf Überreden und Recht-haben-wollen,
- Den eigenen Standpunkt und die eigene Sichtweise selbst kritisch hinterfragen und hinterfragen lassen,
- Jede Diskussion und Auseinandersetzung als eigenen Lernprozess begreifen,
- Akzeptieren, auch mal selbst nicht Recht zu bekommen.

Praxistipp:
Das **richtige Vorbringen von Kritik** fällt vielen Menschen schwer, und selbst erfahrene Personalräte fallen oft in alte Schemata zurück. Folgende Grundsätze helfen, mit Kritik umzugehen:

- Die Kritik in der Sache vorbringen und nicht den vermeintlichen Kontrahenten persönlich angreifen oder durch Äußerungen herabsetzen.
- Auch nonverbales Verhalten kann das Gegenüber verletzen; das geschieht z. B. durch Augenrollen, Lachen bei Äußerungen, Schnauben, Stöhnen oder auch durch übertriebene oder offensichtlich aufgesetzte und unechte Freundlichkeit oder wenn das Gesagte und die Körpersprache nicht übereinstimmen.
- Unbeherrschtes und lautes Sprechen verhindert von vornherein ein sachliches Diskussionsklima; man sollte schon versuchen, sich zu »beherrschen« oder zusammenzureißen – oder, wenn das nicht geht, verständlich zu machen, weshalb und worüber man sich ärgert.

- Weniger die Kritik an Vergangenem ausrichten, mehr in die Zukunft und auf konstruktive Vorschläge hinzielen.

Praxistipp:
Kleine Kniffe können festgefahrene Situationen entschärfen oder gar nicht erst entstehen lassen:

- Offene Fragen stellen – die W-Fragen: warum, wieso, wie, welche, was …?
- Nachfragen: habe ich dich richtig verstanden, dass …?
- Klären: von welcher gemeinsamen Position gehen wir aus? Und erst dann fragen: Wo haben wir Unterschiede?
- Das Verhältnis von Gemeinsamkeiten und Trennendem erkennen und ansprechen.
- Von Gemeinsamkeiten ausgehen: wir wollen gemeinsam Folgendes erreichen …
- Feststellen, was wichtig für die Zukunft ist.
- Klare und eindeutige Vereinbarungen für das weitere Vorgehen treffen.
- Feststellen und festhalten, wie künftig Missverständnisse, unnötige Auseinandersetzungen und persönliche Verletzungen vermieden werden können.

5.1.3 Personalratsvorsitz und Arbeitsteilung im Personalrat

Zu Beginn der Amtszeit wählt der neue Personalrat einen **Vorstand** mit Vertretern der im Personalrat vertretenen Gruppen und in geheimer Wahl seinen **Vorsitzenden.**

§ 35 Abs. 2 BPersVG

Die Aufgaben des Vorsitzenden sind in § 35 Abs. 2 BPersVG definiert (siehe oben 4.4.4). Er führt zusammen mit dem Vorstand die laufenden Geschäfte des Personalrats und vertritt den Personalrat im Rahmen der gefassten Beschlüsse. Nur in Angelegenheiten, die ausschließlich eine Gruppe betreffen, vertritt der Vorsitzende, wenn er nicht selbst dieser Gruppe angehört, zusammen mit dem betreffenden Vorstandsmitglied dieser Gruppe den Personalrat.
Auch wenn das sehr formal klingt, sind folgende beiden Prinzipien für verantwortliche und transparente Strukturen im Personalrat unbedingte Voraussetzung:

- Der Vorsitzende (im Verhinderungsfall seine Stellvertreter in der festgelegten Reihenfolge) ist in allen Beteiligungsverfahren nach den Personalvertretungsgesetzen der **Ansprechpartner** für den Arbeitgeber. Alle Fristen rechnen ab dem Zugang der Mitteilung an den Vorsitzenden. Für die Dienststellenleitung ist damit genau vorgegeben, an wen sie sich in welcher Form zu wenden hat. Unverbindliche oder zufällige

Informationen an einzelne oder gar von der Leitung »ausgesuchte« Personalratsmitglieder sollen damit vermieden werden.

- Der Vorsitzende ist nicht ungebunden in seinem Handeln, er **vertritt den Personalrat im Rahmen der gefassten Beschlüsse**. Wichtige Entscheidungen, etwa die Änderung von Arbeitszeiten oder die Ablehnung oder Zustimmung zu einer Kündigung, bedürfen eines Personalratsbeschlusses. Dies bedeutet gleichzeitig auch einen Schutz für den Vorsitzenden des Personalrats, der nicht als Einzelperson der Leitung gegenübertritt und mit ihr verhandelt, sondern als gewählter Vertreter eines Gremiums.

Dass der Vorsitzende den Personalrat im Rahmen der gefassten Beschlüsse nach außen vertritt, heißt aber keinesfalls, dass er auch die ganze Personalratsarbeit zu bewältigen hat. Im Gegenteil. Voraussetzung für eine gute und effektive Personalratsarbeit ist eine sinnvolle **Arbeitsteilung**. Die jeweiligen Personalratsmitglieder sollten mindestens für den **Arbeitsbereich – oder die Gruppe bzw. Berufsgruppe** – verantwortlich sein, aus dem bzw. aus der sie kommen. Es liegt auf der Hand, dass eine Krankenschwester die Probleme ihrer Abteilung und Berufsgruppe in den Personalrat einbringt, genauso wie eine Reinigungskraft das für ihren Bereich tut. Mit diesen Personalratsmitgliedern muss sich der Personalratsvorsitzende immer eng rückkoppeln, wenn es um spezifische Personalprobleme oder fachliche Fragen aus diesen Bereichen geht. Führt der Personalratsvorsitzende Gespräche mit Vertretern der Leitung über Probleme und Fragen von Arbeitsbereichen, aus denen Personalratsmitglieder vertreten sind, sollten diese nach Möglichkeit zu den Gesprächen hinzugezogen werden. Werden spezielle Fragen einer Gruppe angesprochen, der der Personalratsvorsitzende nicht angehört, sollte er auf jeden Fall einen betroffenen Gruppenvertreter hinzuziehen.

Auch die **Aufteilung von Spezialgebieten** im Personalrat ist notwendig: Bestimmte Personalratsmitglieder sollten sich für einen oder mehrere Bereiche verantwortlich erklären und z. B. für Schwerbehindertenrecht, EDV-Fragen, Datenschutz, Arbeitsschutz usw. entsprechende Informationen sammeln und neue gesetzliche Entwicklungen verfolgen. In bestimmten Zeitabständen oder bei aktuellen Fällen zu diesen Themen im Betrieb sollte das verantwortliche Personalratsmitglied während der Personalratssitzung zu seinem Thema mindestens kurz referieren. Selbstverständlich ist auf Personalratssitzungen auch zeitnah über wichtige Gesetzesänderungen zu informieren.

Eine Arbeitsteilung ist besonders für die **Personalräte** wichtig, in denen es **keine Freistellungen oder Teil-Freistellungen** gibt. Für den Vorsitzenden des Personalrats ist es nicht zumutbar, sich über alle wichtigen

Änderungen allein auf dem Laufenden zu halten. Außerdem bestärkt eine Arbeitsteilung den Personalrat als Team.

Auch **Personalräte mit freigestellten Personalratsmitgliedern** müssen auf eine klare Arbeitsteilung achten. Zu schnell entsteht nämlich die Konstellation, dass der freigestellte Personalrat alle wichtigen Themenbereiche abdeckt, sie alleine auf Personalratssitzungen referiert; die anderen Personalratsmitglieder hören nur zu und lehnen sich zurück, denn der freigestellte Personalrat kann es ja sowieso besser und hat ja schließlich auch mehr Zeit dafür. Nicht selten kommt es in Personalräten mit freigestellten Personalräten zur Konfliktsituation, dass der Freigestellte sich auf der einen Seite über das mangelnde Engagement der übrigen Personalratsmitglieder beschwert, und auf der anderen Seite diese Personalratsmitglieder dem Freigestellten vorwerfen, er reiße alles an sich. Um aus dieser Falle herauszukommen, helfen nur klare Absprachen zur Arbeitsteilung und eine ständige Überprüfung der Vereinbarungen.

Sehr hilfreich ist hier die Erstellung einer **Geschäftsordnung** (siehe oben 4.4.7 und die Muster-Geschäftsordnung im Anhang) zur Organisation der laufenden Arbeit des Personalrats. Neben den formalen Festlegungen zur Einladung, Festsetzung der Tagesordnung, Form des Protokolls usw., können in der Geschäftsordnung die hier aufgeworfenen Fragen der Arbeitsteilung geregelt werden. Geschäftsordnungen müssen für jede Amtsperiode des Personalrats (neu) beschlossen werden und bedürfen, wenn sie ihren eigentlichen Sinn der Optimierung der Arbeitsorganisation im Personalrat erfüllen sollen, einer ständigen Überprüfung. Wenn Festlegungen nicht eingehalten worden sind, ist nach dem Grund zu fragen. Erweisen sich andere Festlegungen als nicht sinnvoll oder praktikabel, sind sie zu ändern oder anzupassen.

Eine Muster-Geschäftsordnung ist im Anhang abgedruckt. Der Text ist nur ein Vorschlag, der auf die besonderen Verhältnisse vor Ort abgestimmt werden muss.

Mindestens einmal im Jahr sollte sich der Personalrat an einen Ort außerhalb der Dienststelle zu einer **Klausurtagung** zurückziehen. Hier kann sich der Personalrat ohne Störungen Zeit nehmen zur Diskussion grundsätzlicher und wichtiger Fragen aus der Dienststelle und auch zur Einschätzung der internen Situation im Personalrat. Dabei kann auf die Fragen eingegangen werden, für die sonst im Rahmen der normalen Sitzungen »immer zu wenig Zeit« zur Verfügung steht. Eine jährliche Überprüfung der Geschäftsordnung und der Einhaltung der darin festgelegten und verteilten Aufgaben kann für eine anspruchsvolle Personalratsarbeit nur förderlich sein.

5.2 Der bewusste Umgang mit Zeit und mit den eigenen Kräften

Viele Personalräte und insbesondere die Vorsitzenden beklagen sich oft darüber, dass sie ständig zu wenig Zeit haben und dass sie viele Sachen überhaupt nicht oder nur irgendwann später erledigen können. Sie sind unzufrieden mit ihrer Arbeit und ihren Arbeitsergebnissen und erzählen genervt, »was man eigentlich alles machen müsste«. Oft verbirgt sich dahinter eine Konstellation, bei der sich das Personalratsmitglied immer nur als der Getriebene oder der Reagierende sieht, aber nie in eine solche Situation kommt, in der er bewusst und planmäßig agiert.
Für diesen Konflikt gibt es einfache Grundsätze und Grundregeln, deren praktische Einhaltung aber immer wieder schwerfällt. Das betrifft den bewussten Umgang mit der Zeit und das Setzen von Schwerpunkten.

5.2.1 Zeitkontingent für die Personalratsarbeit

Jedes Personalratsmitglied, jeder teilweise und ganz freigestellte Personalrat muss für sich festhalten, wie viele Stunden er für die Personalratsarbeit zur Verfügung hat.
Jeder Arbeitstag ist endlich, Freizeit, Erholung und Urlaub sind absolut wichtig und müssen auch von vornherein eingeplant werden. Folgende Aspekte sind bei der zeitlichen Planung der Personalratsarbeit zu berücksichtigen:

- Welche **Schwankungen** gibt es in der Belastung durch die Personalratsarbeit, an welchen Wochentagen ist eine vermehrte Belastung zu erwarten (Zeitpunkte der Personalratssitzung und routinemäßige Termine) und in welchen Wochen des Jahres ist eine Ballung der Arbeit absehbar? Letzteres kann sehr unterschiedlich sein; bei Freigestellten liegt die arbeitsintensive Zeit erfahrungsgemäß im Frühjahr und im Herbst, bei Schichtdienstleistenden in der Regel während der Urlaubszeit wegen der ausgedünnten Personaldecke und im Monat Dezember.
- Welche Möglichkeiten gibt es, diese Schwankungen vorher bei den **nicht freigestellten Personalratsmitgliedern** in einem **Dienstplan** bzw. beim **Arbeitsablauf** zu berücksichtigen? Nicht freigestellte Personalratsmitglieder können Personalratssitzungen (die sowieso in einem regelmäßigen Turnus an einem bestimmten Wochentag stattfinden sollten) in ihrem Dienstplan bzw. in ihren Arbeitsablauf einplanen, genauso wie anfallende »Überstunden«. Beispiel: In Schichtbetrieben sind die Personalratssitzungen meist auf den frühen Nachmit-

tag gelegt, damit die Personalräte im Anschluss an den Frühdienst an der Personalratssitzung teilnehmen können; ist der Sitzungsrhythmus und die ungefähre Dauer der Personalratssitzungen bekannt, kann beispielsweise bei zweiwöchigen Sitzungen zu je 2½ Stunden alle sechs Wochen ein freier Tag fest eingeplant werden. Genauso kann für lange vorher feststehende Termine im Vorhinein Freizeitausgleich festgelegt werden. Die Möglichkeit, ganze Tage frei zu nehmen, muss der Personalrat unbedingt mit der betroffenen Leitung abklären. Diese Form der Regelung ermöglicht auch mehr Planungssicherheit in den Abteilungen, aus denen die Personalräte kommen.

§ 52 Abs. 1 BPersVG

- Das BPersVG sieht in § 52 Abs. 1 vor, dass Mitglieder des Personalrats von ihrer dienstlichen Tätigkeit freizustellen sind, »wenn und soweit es nach Umfang und Art der Dienststelle zur ordnungsgemäßen Durchführung ihrer Aufgaben erforderlich ist. Die Freistellung darf nicht zur Beeinträchtigung des beruflichen Werdegangs führen«. Diese Formulierung ist zwar sehr allgemein gehalten, doch existiert dazu eine umfangreiche Kommentierung und Rechtsprechung. Nicht freigestellte Personalratsmitglieder, die in ihrem Beruf einer sehr anstrengenden Arbeit nachgehen und die z. B. wegen Schichtdienst oft Schwierigkeiten haben, an den Personalratssitzungen teilzunehmen und die anderen notwendigen Personalratsaufgaben wahrzunehmen, brauchen die Unterstützung des gesamten Gremiums. Mit dem Arbeitgeber und den jeweiligen Vorgesetzten ist für eine geregelte Abstellung zur Erledigung ihrer Aufgaben im Personalrat und für eine entsprechende Entlastung am Arbeitsplatz zu sorgen.
- Für die Freigestellten empfiehlt sich eine Art **Arbeitsplan** mit Schwerpunktsetzung über das Jahr hinweg. Ist im Jahreskalender für bestimmte Wochen bereits eine Häufung von Arbeit abzusehen, z. B. durch betriebliche Veranstaltungen, Wahlen, Schulungs- und Seminartermine, sind diese Wochen von allen verschiebbaren Terminen oder Tätigkeiten freizuhalten. Wichtige, aber nicht dringende Aufgaben wie Überarbeitung des Akten- und Ablagesystems, »Ausmisten« des Büros sind fest für die nicht so arbeitsintensive Zeit einzuplanen. Auch die Zeit, sich in wichtige, in nächster Zeit anstehende Sachfragen einzuarbeiten, z. B. die Problematik der Privatisierung oder die Diskussion über ein Leitbild, muss von vornherein eindeutig festgelegt werden.
- Jedes Personalratsmitglied muss für sich **persönlich** die Entscheidung treffen, zu **welchen Bedingungen** und Arbeitszeiten es bereit ist, die Personalratsarbeit zu erledigen: Legt es Wert darauf oder ist es gezwungen (z. B. als alleinerziehender Elternteil), einen Arbeitstag mit regelmäßig festen Zeiten einzuhalten, oder ist es bereit, seine Arbeits-

zeit flexibler zu gestalten unter der Voraussetzung, dass es als Freizeitausgleich ganze freie Tage nehmen kann (ähnlich einem Arbeitszeitkonto)? Hier kann es keine einheitliche Regelung für den gesamten Personalrat geben, unterschiedliche persönliche und familiäre Verhältnisse müssen berücksichtigt werden.

Besonders wichtig ist für den Personalrat, auf die Arbeitssituation der Teilzeitbeschäftigten Rücksicht zu nehmen. In der Neufassung des BPersVG heißt es ausdrücklich, dass der Personalrat bei der Anberaumung seiner Sitzungen »auf die Arbeitszeiten seiner Mitglieder Rücksicht zu nehmen« hat (§ 38 Abs. 1 BPersVG). Die teilzeitbeschäftigten Kollegen haben einen Dienstvertrag vereinbart, der ausdrücklich eine geringere Arbeitszeit festlegt und sind daher aus unterschiedlichen Gründen in der Dienststelle nicht voll einsetzbar. Trotzdem sind ihre Arbeitsbedingungen so zu gestalten, dass ihre demokratischen Rechte als Personalratsmitglieder nicht eingeschränkt werden. Zuerst sollte der Personalrat als Gremium mit den teilzeitbeschäftigten Mitgliedern erörtern, wie deren Einsatz arbeitszeitlich geregelt werden kann, ohne dass sie in der Wahrnehmung ihrer Aufgaben eingeschränkt werden. Als nächster Schritt sind Gespräche mit dem Arbeitgeber notwendig, um eine entsprechende Arbeitsweise der teilzeitbeschäftigten Personalratsmitglieder abzusichern.

5.2.2 Vom Reagieren zum Agieren

Viele Personalräte erleben ihre Arbeitssituation nur als ein ständiges Reagieren auf die Vorgaben des Arbeitgebers. Der Arbeitgeber gibt die Themen vor, Konfliktfelder werden dem Personalrat aufgezwungen oder der Personalrat wird vor vollendete Tatsachen gestellt und muss Entwicklungen quasi nachholen. Kurz, der Personalrat kommt sich immer nur als der Getriebene vor, der oft keine Luft oder keinen Blick mehr hat für andere Themen, außer denen, die der Arbeitgeber ständig vorgibt.

In solchen Situationen braucht der Personalrat eine »Auszeit« zur **Bestandsaufnahme der Situation der Dienststelle**, für eine Art »**Betriebsanalyse**«. Am besten eignet sich dafür eine Klausurtagung oder, falls das nicht geht, hat der Personalrat für die Diskussion des Themas in einer seiner nächsten Sitzungen mindestens einige Stunden einzuplanen.

Zur Bestandsaufnahme muss sich der Personalrat einen Überblick verschaffen über die Situation seiner Dienststelle, die Privatisierungsabsichten, die Situation auf dem »Markt« (auch bei sozialen Einrichtungen!), die Entwicklungstendenzen, Situation und Stimmung der Beschäftigten, die Stellung des Personalrats in diesem Kräfteverhältnis und seine Aufgaben.

Praxistipp:
Folgende Fragestellungen können bei der Strukturierung der Bestandsaufnahme der Situation in der Dienststelle helfen:

- Wie sieht die finanzielle Situation der Kommune bzw. der Dienststelle aus und liegen dem Personalrat die erforderlichen Zahlen vor?
- Welche Überlegungen stellt der Arbeitgeber hinsichtlich (weiterer) Privatisierung, Outsourcing oder Rechtsformänderungen an?
- Welche Organisationsmaßnahmen, welche Reorganisationsmaßnahmen stehen an?
- Wie sieht die Personalplanung aus bzw. gibt es einen Personalentwicklungsplan?
- Wie sind die (kommunal-)politischen Rahmenbedingungen, welche »Arbeitgeberideologien« werden vertreten, welche politischen Strömungen und Differenzen wirken sich auf die Arbeit in der Dienststelle aus?
- Wie wirken sich die bereits privatisierten Teile der Einrichtung/Verwaltung insgesamt auf die Situation der Beschäftigten und des Personalrats aus?
- Sind alle Stellen besetzt?
- In sozialen Bereichen: Wie ist der Auslastungsgrad der Einrichtung/Dienststelle und die Akzeptanz bzw. das Ansehen beim Klientel?
- Welche absehbaren gesetzlichen Änderungen wirken sich auf die Arbeit der Dienststelle aus?
- Ist der Bestand der Einrichtung/Verwaltungsteile auf absehbare Zeit gesichert?
- Welche organisatorischen Änderungen oder welche Umstellungen im Betriebs-/Verwaltungsablauf plant der Arbeitgeber in der nächsten Zeit?
- In welchen Bereichen ist mit Interessenkonflikten zwischen Mitarbeitern und Leitung zu rechnen, z. B. in Bezug auf Arbeitsverdichtung, Änderung der Arbeitszeit, Verschlechterung der Qualität der Arbeit, Ausbau autoritärer Strukturen?
- Auf welche weiteren Themen muss sich der Personalrat in nächster Zeit vorbereiten, wo besteht Schulungsbedarf, wo braucht er Unterstützung von außen, z. B. von der Gewerkschaft?
- Auf welche Gangart, Strategien und Informationspolitik der Leitung müssen wir uns einstellen?
- In welchen Fällen ist es voraussehbar, dass die Stufenvertretung eingeschaltet wird und wie muss der Personalrat sich darauf vorbereiten?
- Wie sind die Stimmung und die Motivation unter den Beschäftigten?
- Wie empfinden die Beschäftigten die Arbeitssituation?
- Welchen Stand und welche Unterstützung hat der Personalrat bei den Beschäftigten?

5.2.3 Agieren des Personalrats

Der Personalrat als Gremium muss sich einen Überblick über seine Arbeit verschaffen. Ausgehend von der Bestandsaufnahme der Dienststelle hat der Personalrat eine Gewichtung der anstehenden Probleme vorzunehmen und seine Aufgaben zu formulieren. Das Aufstellen eines **Prioritätenkatalogs** ist ein sehr gutes Mittel, um die Arbeit zu strukturieren und die für das Selbstverständnis des Personalrats wichtigen Fragen in der notwendigen und sinnvollen Reihenfolge anzugehen. Die Aufgaben, die in den **Kernbereich** der Personalratsarbeit fallen, sind zusammen mit den verantwortlichen Personen eindeutig festzulegen und es ist eine Art Zeitplan oder Zeitrahmen aufzustellen.

Praxistipp:
Zur Entwicklung eines Prioritätenkatalogs können zuerst alle wichtigen Aufgaben des Personalrats auf einem Flipchart-Bogen aufgelistet werden. In gemeinsamer Diskussion ist zu klären, **welche Aufgaben sind wichtig und welche sind dringend**, um eine Rangliste, unterschieden nach Wichtigkeit und Dringlichkeit zu erstellen. Wichtige Aufgaben, wie das Anlegen eines Aktenplans oder die Vorbereitung auf eine schwerwiegende organisatorische Änderung, die für das nächste Jahr angekündigt ist, müssen nicht sofort bearbeitet werden, sondern sollten bewusst in weniger arbeitsintensiven Phasen angegangen werden. Wichtige, aber nicht dringende Angelegenheiten können durchaus später bearbeitet werden. Steht aber zum Beispiel die Privatisierung eines Bereichs oder die Arbeitszeitänderung für einen größeren Teil der Dienststelle an, sind diese Maßnahmen sofort zu behandeln. Es gilt der Grundsatz: **Dringende Sachen sofort angehen, die Zeit zur Behandlung wichtiger Fragen fest einplanen.**

Bei der Festlegung der Reihenfolge der Themen im Prioritätenkatalog muss sich der Personalrat immer auf die **Interessen und das Bewusstsein der Mitarbeiter** beziehen. Dabei kann es vorkommen, dass auf den ersten Blick weniger wichtige Themen für die Mitarbeiter einen hohen Stellenwert haben und vielleicht auch ohne großen Aufwand aufgegriffen und umgesetzt werden können. Diese Themen sollten auf der Prioritätenliste nach oben gesetzt werden, und der Personalrat sollte sich nicht scheuen, bewusst bei den Mitarbeitern zu »punkten«. Dies stärkt seine Position im Betrieb und verbessert damit auch die Ausgangsbedingungen beim Angehen schwierigerer Fragen.
Umgekehrt kann es aber auch sein, dass der Personalrat ein Thema ganz oben anstellen muss, das bei den Beschäftigten kaum eine Rolle spielt, wenn nämlich dieses **Thema wichtig für die weitere Arbeit und das**

Selbstverständnis des Personalrats ist. Informiert z. B. die Leitung den Personalrat regelmäßig zu spät oder erst nachträglich bei organisatorischen Änderungen, so ist das im Binnenverhältnis zwischen Personalrat und Leitung ein deutlicher Ausdruck dafür, dass die Leitung den Personalrat nicht ernst nimmt. Diese Problematik muss der Personalrat dringend angehen, denn die Haltung der Leitung ist prägend für den Umgang miteinander, für die Atmosphäre und die Situation in der Dienststelle. Der Personalrat muss eine Gegenstrategie entwickeln, die Mitarbeiter aufklären und einbeziehen und der Leitung sinnvollerweise ankündigen, dass sie bei der nächsten organisatorischen Änderung, die die Mitbestimmungsrechte des Personalrats berührt und verletzt, Widerspruch gegen die beabsichtigte Maßnahme einlegen wird, um den Vollzug zu verhindern.

Praxistipp:
Der Personalrat sollte sich zur Klärung dieser Themen Zeit für eine – je nach Größe des Personalrats – ein- oder mehrtägige Klausurtagung nehmen. Ohne den sonstigen Zeitdruck kann man sich mit abwechslungsreichen und auflockernden Methoden und Fragestellungen an diese ernsten Themen heranmachen. Zum Beispiel mit »**paradoxen Fragestellungen**«:

- Wie bekommen die Beschäftigten möglichst wenig mit von der Personalratsarbeit?
- Welchen Personalrat wünscht sich die Leitung, um möglichst ungestört ihre Absichten und Ziele durchsetzen zu können?
- Wie verhindere ich eine effektive Arbeitsteilung im Personalrat?

Andersherum gefragt, entwickeln die Mitglieder des Personalrats meist eine blühende Fantasie.

In der Regel sollte der Personalrat bei klaren und besonders bei vorsätzlichen Verletzungen seiner Mitbestimmungsrechte und bei einem absehbaren Erfolg vor der Einigungsstelle oder dem Verwaltungsgericht bzw. Arbeitsgericht gegenüber der Leitung einen harten und eindeutigen Kurs fahren. Damit verschafft sich der Personalrat Respekt beim Arbeitgeber und auch bei den Beschäftigten, und ein Obsiegen im Konfliktfall hat gegenüber dem Arbeitgeber den Charakter einer »**pädagogischen Maßnahme**«.

Manchmal kann es wichtig sein, eine eher unwichtige Auseinandersetzung mit dem Arbeitgeber konsequent zu Ende zu führen, wenn das Ergebnis eine **Signalwirkung** hat und sich auf andere folgende Auseinandersetzungen zwangsläufig auswirken wird. Verletzt z. B. eine Leitung vorsätzlich und wiederholt ein Mitbestimmungsrecht des Personalrats

und hat der Personalrat gute Chancen, seine Position auch vor der Einigungsstelle bzw. dem Verwaltungsgericht durchzusetzen, muss er diese Auseinandersetzung konsequent zu Ende führen – ansonsten nimmt der Personalrat sich selbst nicht ernst und wird erst recht nicht vom Arbeitgeber ernst genommen.
Mit kühlem Kopf und am besten mit einem Stück Weisheit muss der Personalrat auch mal die so genannten nervenden und ätzenden Auseinandersetzungen mit dem Arbeitgeber durchstehen, um sich künftig ähnlich gelagerte Auseinandersetzungen zu ersparen. So geartete Auseinandersetzungen müssen ständig im Personalrat diskutiert werden, in Bezug auf ihren Sinn und die drohende Tendenz zur Verselbstständigung (siehe unten Checkliste zum internen Controlling des Personalrats, 5.2.7).
Bei **schwierigen Arbeitgebern** besteht für Personalräte oft die Gefahr, in eine **Falle** zu tappen. Bei Leitungen, die Personalräte regelmäßig nicht oder nur sehr unvollständig einbeziehen und auch die Mitbestimmungsrechte verletzen, fördert das ein bestimmtes Reaktionsmuster des Personalrats, sich nämlich wegen der Verletzung von Mitbestimmungsrechten am nächstbesten, vom Arbeitgeber vorgegebenen thematischen Randbereich festzubeißen. Die Auseinandersetzung eskaliert, und der Personalrat muss viel Zeit aufwenden, weil er meint, diese Auseinandersetzung zu Ende führen zu müssen. Hier hat der Personalrat mit kühlem Kopf zu entscheiden, ob und wie er diese Auseinandersetzung in einem vielleicht thematischen Randbereich weiterführt, um letztendlich festzulegen, ob er weitere Zeit in die Angelegenheit investiert, die ihm wieder bei anderen, wirklich wichtigen Themenbereichen fehlt. Sollte die Rechtslage außerdem unklar und der Erfolg des Personalrats im Konfliktfall fragwürdig sein, sollte der Personalrat sich im Rahmen der Arbeitsökonomie nicht scheuen, einen solchen Konflikt auslaufen zu lassen.

5.2.4 Der Faktor Kontinuität

Von nicht zu unterschätzender Bedeutung ist der Faktor **Kontinuität in der Personalratsarbeit**. Wenn der Personalrat über einen längeren Zeitraum als Ansprechpartner für die Mitarbeiter präsent ist, sich zeitnah der Probleme der Mitarbeiter annimmt und in arbeitsrechtlichen Fragen kompetent Auskünfte gibt, wird er in der Dienststelle zur »Institution«. Dazu gehört auch die regelmäßige und zeitnahe Information der Beschäftigten über wichtige arbeitsrechtliche Änderungen. Auch die Arbeitgeberseite ist gezwungen, den Personalrat ernst zu nehmen, wenn der Personalrat ständig über laufende Fragen, anstehende Änderungen und Konflikte in der Dienststelle informiert ist und seine Kompetenz in

Gespräche und Verhandlungen einbringt. Hier ist es gerade die Summe der kleinen Erfolge und Auseinandersetzungen, die bewirkt, dass sich ein bestimmter Ruf des Personalrats entwickelt: Der Personalrat kennt und nutzt seine Rechte und setzt sich kompetent und effektiv für die Beschäftigten ein.

Pflegt der Personalrat während jahrelanger Arbeit die Kontakte zu den Beschäftigten, ist er vor Ort präsent und legt auch Wert auf die Rückkopplung seiner Arbeit, dann entstehen viele persönliche Beziehungen und informelle Netze. Ein Personalrat, der so »am Puls« der Mitarbeiterschaft ist, kann frühzeitig neue Entwicklungen feststellen, z. B. in Bezug auf Änderungen der Arbeitsatmosphäre, der Arbeitsbelastung und -intensität oder des Führungsstils. Er kann dann auch eher einschätzen, welche Fragen in der Dienststelle in Zukunft wichtig werden, wo es lohnt, sich (frühzeitig) zu engagieren oder wo man es besser sein lässt. Bei enger Zusammenarbeit mit der Gewerkschaft und mit den betrieblichen Vertrauensleuten kann der Personalrat eine gewisse »Gegenmacht« darstellen. An solch einem Personalrat kommt auch die Leitung nicht mehr mit ihren Entscheidungen vorbei.

Stehen einmal wichtige und tiefgreifende Veränderungen an, die sich unter Umständen deutlich gegen die Interessen der Beschäftigten richten, wie z. B. die Schließung von Abteilungen, Privatisierung von Teilbereichen oder Änderung der Rechtsform, ist die frühere kontinuierliche Arbeit des Personalrats Gold wert. Er kann sich auf zahlreiche Kontakte und informelle Netze stützen. Vor allen Dingen entscheidend ist die enge Zusammenarbeit mit der Gewerkschaft, deren Unterstützung in solchen Situationen unverzichtbar ist. Aktivitäten der Mitarbeiter sind durch eine vorhergehende entsprechende »Basisarbeit« des Personalrats (und der betrieblichen gewerkschaftlichen Vertrauensleute) viel eher und wirksam zu entfalten.

Praxistipp:
Der Personalrat kann eine Eigenbewertung vornehmen, wie, in welcher Form und wie ausführlich er die Grundstandards seiner Arbeit und die Betreuung von Mitarbeitern wahrnimmt. Die Erfüllung folgender Aufgaben mag der Personalrat für sich selbst einschätzen:

- Einzelberatung in akuten Fällen,
- Rechtsberatung,
- Teilnahme an Team-/Abteilungssitzungen,
- Auftreten in Personalversammlungen,
- regelmäßige Bürosprechstunden,
- »Rundgänge« und Verteilen von Infos,

- formelle und informelle Kontakte zur Leitung,
- regelmäßige Veröffentlichungen des Personalrats (»PR-Info«),
- Stärkung und Förderung des Selbstbewusstseins der Beschäftigten,
- Einbeziehen von engagierten und kompetenten Mitarbeitern außerhalb des Personalrats.

5.2.5 »Ich habe Stress«

Personalräte sind viel beschäftigte Leute, sowohl die einfachen Mitglieder, die durch ihre zusätzliche Personalratstätigkeit eine Doppelbelastung in Kauf nehmen, aber auch die Freigestellten, die viele Termine, Anfragen und Beschwerden von Beschäftigten und andere vielseitige Aufgaben unter einen Hut bringen müssen. Viele Personalräte sagen, sie haben »Stress«.
Doch der Stress kann vielseitige Ursachen haben, je nach Persönlichkeit des Personalratsmitglieds, der Arbeitssituation oder der allgemeinen Situation in der Dienststelle. Zunächst soll jeder für sich klären: Was sind die **Stressfaktoren**, was löst in mir den Stress aus?

Praxistipp:
Um die individuellen Stressfaktoren festzustellen, empfiehlt sich eine **Checkliste**. Folgende Arbeitssituationen und Problemkreise können für das einzelne Personalratsmitglied besonders unangenehm sein oder sind häufig mit Stresserfahrungen verbunden:

- offizielle Termine und Gespräche mit der Leitung und Leitungsvertretern
- Personalversammlungen und andere große Treffen
- inhaltliche Erarbeitung von neuen Themengebieten für den Personalrat
- Gespräche mit Mitarbeitern, die in persönlich schwierigen Situationen sind
- Doppelbelastung von Berufs- und Personalratstätigkeit (bei nicht Freigestellten)
- Anforderung an den Personalrat, alles unter einen Hut zu bekommen und sie zufriedenstellend anzugehen (insbesondere bei Freigestellten)
- nie Zeit am Stück zu haben und von einem Vorgang zum anderen gerissen zu werden
- keine Aufgabe richtig zu Ende führen zu können
- ständig unerledigte Arbeiten vor sich herschieben
- Gefühl von Machtlosigkeit im Betrieb und der Übermächtigkeit der herrschenden Verhältnisse
- Personalratssitzungen und das Verhältnis zu anderen Personalräten.

Wie die Checkliste zeigt, gibt es persönliche, »hausgemachte« Gründe für Stresssituationen und objektive betriebliche Bedingungen, die die Entstehung von Stresssituationen fördern. Die **betrieblichen Faktoren** betreffen alle Personalräte und sollten Thema für das Gremium Personalrat sein. Die Diskussionsergebnisse sollten dann Teil des Arbeitsplans des Personalrats werden.
Für die **subjektiven Faktoren** ist jedes Personalratsmitglied erst mal selbst verantwortlich. Ausnahmen sind natürlich Mobbing-Situationen oder wenn sich ein Personalratsmitglied zu wenig von den vorgetragenen persönlichen Nöten der Mitarbeiter abgrenzen kann. Manchmal wird einem Personalratsmitglied im Rahmen einer unausgesprochenen Arbeitsteilung die »**Sozialarbeiterfunktion**« gegenüber Mitarbeitern in Nöten zugewiesen oder ein Mitglied fällt von seiner persönlichen Struktur her in diese Rolle hinein. Wenn ein Personalratsmitglied mit dieser eingenommenen Rolle nicht fertig wird, ist das natürlich auch Thema für den gesamten Personalrat.

5.2.6 Zeitmanagement

Um die eigenen subjektiven Probleme im bewussten Umgang mit der Zeit besser in den Griff zu bekommen oder um einen Teil der Stresssituationen zu mindern, gibt es ein paar Grundregeln. Vorneweg ist aber ein weit verbreitetes Missverständnis zu korrigieren: Zeitmanagement soll nicht heißen, dass man mit goldenen Regeln mehr Zeit am Tag bekommt oder den Arbeitstag bis zum Anschlag mit Tätigkeiten verplant. Ziel ist vielmehr, einerseits in der gleichen Zeitspanne mehr erledigen zu können, andererseits aber auch seine eigenen Grenzen zu sehen, die Aufgaben und die Zeit bewusst einzuteilen und vor allen Dingen, mit sich und seiner Arbeit zufriedener zu werden.

Wesentliche Grundsätze für das Zeitmanagement:

- Nur 60 % der Zeit fest einplanen, 40 % als Puffer berücksichtigen für Unvorhergesehenes und Aktuelles.
- Prioritäten in den zu erledigenden Aufgaben setzen.
- Die wichtigsten Aufgaben zuerst erledigen.
- Unangenehme Aufgaben, die einem nicht aus dem Kopf gehen und dauernd belasten, möglichst schnell angehen und nicht Tage vor sich herschieben.
- Die zeitliche Dauer von zu erledigenden Aufgaben oder von Arbeitsblöcken festlegen.

- Störungsfreie Zeit in den Arbeitstag einplanen für schwierige Aufgaben oder Tätigkeiten.
- Bei störenden Telefongesprächen Rückruf zu günstigeren Zeiten vereinbaren.
- Gleiche oder ähnliche Tätigkeiten zusammenfassen.
- Aufgaben, die eine hohe Konzentration erfordern, für die Tageszeiten einplanen, an denen man leistungsfähig ist.
- Möglichkeiten der Delegation und der Arbeitsteilung überprüfen.
- Vor wichtigen Entscheidungen Rücksprache mit Personalratskollegen halten.
- Private Termine berücksichtigen und fest einplanen.
- Das Letzte und Wichtigste: ein ordentlicher Terminkalender!

Praxistipp:
Personalräte brauchen für ihre Arbeit unbedingt Strukturen, die eine störungsfreie Zeit ermöglichen. Die Einrichtung von Sprechzeiten für den Personalrat ermöglicht beispielsweise, die »Störungen« auf einen Tagesabschnitt zu begrenzen, um in der restlichen Zeit konzentrierter arbeiten zu können. Die Anfragen von Mitarbeitern können in festgelegten Sprechstunden auch besser und mit der notwendigen Zeit behandelt werden. Für wichtige und umfangreiche Ausarbeitungen, wie z. B. den Tätigkeitsbericht, Erstellen von Informationsblättern oder Ausarbeitung von Stellungnahmen, muss störungsfreier Raum und Zeit gefunden werden.

Praxistipp:
Nach Untersuchungen werden in der Regel 80 % der Arbeitsergebnisse in 20 % der Zeit erreicht. Der Erfolg einer Arbeit entsteht damit in einer relativ geringen Arbeitszeit. Es kommt also darauf an, die anderen 80 % der Zeit zu optimieren. Ein Hilfsmittel ist die Einteilung der anstehenden Aufgaben in A-, B- und C-Aufgaben, die entsprechend der Reihenfolge angegangen werden müssen.

Vorschlag zur Einteilung:
A-Aufgaben sind dringend und wichtig, sie bringen am meisten für den Erfolg und müssen sofort angegangen werden.
B-Aufgaben sind entweder wichtig, aber nicht dringend und müssen nicht sofort angegangen werden. Für die Erledigung ist aber unbedingt für später eine feste Zeit einzuplanen. Oder sie sind nur halbwichtig und steigern den Erfolg etwas und können nach Erledigung der A-Aufgaben angegangen werden.

C-Aufgaben sind entweder die relativ unwichtigen Aufgaben, die wenig Erfolg bringen und die man auf ein Minimum reduzieren sollte. Oder es sind die Aufgaben (wie z. B. Anlegen eines neuen Aktenplans), die man in Zeiten geringer Arbeitsintensität abarbeiten kann. Alle C-Aufgaben müssen erst mal hintangestellt werden.

Das **Sortieren** der Aufgaben nach dringend und wichtig, die Sichtung und Wertung der anstehenden Fragen, welche von ihnen in der Behandlung nach hinten geschoben werden können, ist für eine optimale und auch persönlich zufriedenstellende Personalratsarbeit unumgänglich. Dazu gehört auch, bewusst mal Nein sagen zu können und offen dazu zu stehen, dass bestimmte Aufgaben als weniger wichtig und dringend angesehen werden und sie jetzt nicht erledigt werden.

Von großer Bedeutung ist auch die Frage der **Delegation**. Besonders in Zeiten starker Arbeitsbelastung muss sich jedes Personalratsmitglied fragen, ob es bestimmte Aufgaben nicht delegieren kann oder ob ein anderes Personalratsmitglied, oder in bestimmten Fragen sogar auch andere Mitarbeiter, nicht einzelne Sachen abnehmen können.

5.2.7 Internes »Controlling« des Personalrats

Das Wort »Controlling« kommt nicht von Kontrolle, sondern bedeutet vielmehr die Überprüfung aufgestellter Ziele und Pläne, und nicht nur, ob sie letztendlich eingehalten und erreicht worden sind, sondern bereits die Überprüfung und Steuerung in der Umsetzungs- bzw. Arbeitsphase. Die regelmäßige Auswertung von Verlauf und Ergebnissen der Personalratsaktivitäten ist ein hervorragendes Mittel, um die Personalratsarbeit zu verbessern, bewusster und reflektierter mit seiner Zeit und seiner Arbeitskraft umzugehen und letztlich auch selbst zufriedener mit der Arbeit zu sein.

Praxistipp:
Folgende Grundsätze für ein ständiges Controlling der eigenen Arbeit sollte der Personalrat beachten:

- Laufende Überprüfung des Input-/Output-Verhältnisses von Aktivitäten und anderen Arbeiten.
- Erstellen einer Prioritätenliste für Aufgaben und Aktivitäten des Personalrats und bewusste Entscheidung, welche Auseinandersetzungen hintenanstehen und welche notwendig geführt werden müssen.
- Bei Themen, wo der Misserfolg eines Engagements absehbar ist oder der Umfang der Aktivitäten in keinem Verhältnis zum zu erwartenden Erfolg steht, ist eine offene und ehrliche Diskussion notwendig, ob diese weiterverfolgt werden.

- Konzentration auf »ertragreiche« Auseinandersetzungen.
- Zu hoch gesteckte oder nicht realisierbare Ziele zurücknehmen und den Gegebenheiten und den eigenen Kräften neu anpassen.
- Die Bedeutung des Faktors Kontinuität erkennen für künftige Auseinandersetzungen und für den Rückhalt bei den Beschäftigten.
- Zurückdrängen von unproduktiven und so genannten ätzenden Auseinandersetzungen.
- Förderung angenehmer Arbeitsformen im Personalrat und der Bedingungen für besseres und effektiveres Engagement von Mitarbeitern.
- Erfolge nach außen darstellen, dabei Kompromisse als solche bezeichnen.
- Gezielte betriebliche Öffentlichkeitsarbeit im Sinne von Fassbarmachen und Multiplizieren von Erfolgen.
- Entwickeln einer fruchtbaren und zielorientierten Zusammenarbeit mit der Gewerkschaft mit dem Ziel, die Interessen der Beschäftigten im Betrieb gemeinsam besser vertreten zu können.

5.3 Effektives Arbeiten im Personalrat

5.3.1 Büroorganisation im Personalrat

»Ordnung ist das halbe Leben« oder »wer nicht sortiert, ist nur zu faul, um was zu suchen« sind die beiden Extrempositionen. Die Büroorganisation wie das Ablagesystem oder der Aktenplan sind nur ein Mittel zum Zweck, die Personalratsarbeit zu erleichtern und zu optimieren. **§ 47 BPersVG**

Im Personalratsbüro ist eine sinnvolle Büroorganisation aus zwei Gründen wichtig: Erstens für den, der darin arbeitet, um seine Arbeit zu optimieren, und zweitens für den gesamten Personalrat, um sich auch ohne den »Büroleiter« in den Unterlagen des Personalrats zurecht zu finden.

Die dem Personalrat zustehenden Sachmittel zur Büroausstattung haben wir im Abschnitt 4.6 ausgeführt.

Das A und das O für das Personalratsbüro ist ein übersichtlicher und nach sinnvollen Kriterien entwickelter **Aktenplan mit Ablagesystem**, egal ob in Papierform oder digital. Wichtige Unterlagen müssen sofort verfügbar sein, langes Suchen verschwendet Zeit und kann in zugespitzten Situationen auch ein unnötiger Stressfaktor sein.

Das Anlegen eines Aktenplans muss kein monströser bürokratischer Akt sein. Oft reicht auch nur das Anlegen von sinnvoll unterschiedenen, aber unterscheidbaren Akten mit z. B. farbigen Rücken. Am Anfang muss die Überlegung stehen, welche schriftlichen Unterlagen wo abgelegt und wie schnell wieder auffindbar sein müssen und wie lange sie aufgehoben werden sollen. Eine Unterscheidung zwischen Handakten, die täglich zugänglich sein müssen und einem Archiv, mit eher dokumentarischem Charakter und für abgearbeitete Probleme und Sachgebiete, erleichtert die Ordnung und schafft Platz für das Tagesgeschäft. Der Vorsitzende des Personalrats muss sich Zeit nehmen für die sinnvolle Gestaltung eines Ablagesystems und dies auch mindestens jährlich auf Praktikabilität und aktuelle Veränderungen hin überprüfen. Sinnvoll ist das Anlegen von Ordnern mit Einlagesystemen, in die beim laufenden Tagesgeschäft schnell und bequem abgelegt werden kann und vor allen Dingen, wo das Abgelegte schnell wiedergefunden werden kann. In der Regel rechnet sich die aufgewendete Zeit für die Anlage eines sinnvollen Ordnungssystems bereits mittelfristig. Nur nebenbei: Mit »Ordner« sind auch »Dateiordner« auf dem Rechner gemeint.

Praxistipp:
Für den Aktenplan und das Ablagesystem gibt es einfache Mittel und Systeme, um beim Ablegen und Wiederfinden Zeit zu sparen und die Arbeit ohne großen Aufwand nebenher regelmäßig im Tagesgeschäft verrichten zu können, ohne dass sich irgendwelche unübersichtlichen Stapel bilden:

- Thematisch zusammenhängende Vorgänge werden in einem Ordner erfasst, z.B. werden in einem Ordner alle Personalien, untergliedert durch Einlageblätter nach Einstellung, Kündigung, Höhergruppierung und sonstige Vertragsänderungen, aufgeteilt nach Bereichen oder Berufsgruppen, einsortiert.
- Neben einem Ordner »Personalien« sind unbedingt Ordner mit Einladungen und Protokollen der Personalratssitzungen, über Schriftverkehr mit der Leitung und zu mitbestimmungspflichtigen Maßnahmen, Dienstvereinbarungen, Dienstanweisungen und zum Arbeitsrecht anzulegen.
- Für bestimmte Bereiche und Berufsgruppen der Dienststelle bzw. Dienststellenteile können eigene Ordner angelegt werden und neu ankommende Unterlagen einfach chronologisch abgeheftet werden.
- Für bestimmte Themengebiete wie Arbeitsschutz, Mutterschutz, Fragen der Arbeitszeit, Urteile und Kommentierungen zu bestimmten Fragen aus dem BAT, schwerbehinderte Menschen, EDV, Datenschutz, Privatisierung, Leitbilddiskussion, Verwaltungsreform oder Unterlagen der Gewerkschaft können auch einzelne Ordner angelegt werden, die je nach Umfang oder Bedeutung chronologisch oder noch mal unterteilt abgeheftet werden.
- Weniger wichtige Sachen oder Briefe, die später nur vielleicht mal wieder gesichtet werden müssen, können einfach in einem laufenden Ordner Posteingang und -ausgang abgelegt werden.

- Ordner mit wichtigen Vorgängen wie Personalien oder Schriftverkehr mit der Leitung können nach einigen Jahren einfach nach hinten in den Aktenschrank gestellt werden; andere weniger wichtige Unterlagen, die in Ordnern chronologisch abgeheftet sind, sollten regelmäßig alle paar Jahre in den Ordnern von hinten nach vorne ausgemistet werden.
- Das Verwenden von farbigen Heftrücken für gleiche Themenbereiche bringt nicht nur mehr Übersicht, sondern auch mehr Farbe ins Büro.
- Thematisch zusammenhängende und insbesondere aktuelle Unterthemen können mit einem Heftrücken einsortiert werden; so sind sie schnell und sortiert herauszunehmen.
- Wichtig sind auch das richtige Wegwerfen und die zeitige Trennung von Unterlagen, die man mit großer Sicherheit nie mehr brauchen wird.

Auch im **Zeitalter der EDV** sind wir vom papierlosen Büro noch weit entfernt. In den meisten Dienststellen dominiert noch eine Arbeitsweise, bei der offizielle Vorgänge über papierne Schriftstücke geregelt werden. Eine Ablage nach Papierakten ist auf absehbare Zeit noch nicht obsolet. In den Personalratsbüros ist der PC heute ein unverzichtbares Arbeitsmittel. Auch hier gilt dasselbe Prinzip wie bei der Papierablage: Verzeichnisse, Ordner und Dateien müssen entsprechend übersichtlich angelegt und wichtige Vordrucke und Unterlagen schnell auffindbar sein. Die Anlage der Dateien muss so übersichtlich sein, dass sich im Vertretungs- oder Krankheitsfall auch andere Personalratsmitglieder darin zurechtfinden.

Praxistipp:

- Z.B. können Dateiordner angelegt werden unter dem Titel »Briefe«, »Schriftverkehr mit …«, »Unterlagen zum Arbeitsrecht«, »Unterlagen zum Arbeitsschutz«, »Infos von ver.di«.
- Die Dateien können zur besseren Übersicht nach Jahren unterteilt werden, z.B. »Briefe 2021«, »Briefe 2022«. Nehmen die Dateien überhand und stellt sich schon das Problem der Archivierung, können Dateien prinzipiell nach Jahrgängen zusammengefasst werden. Das hat den Vorteil, dass die aktuellen Unterlagen übersichtlich zusammengestellt sind und ältere Unterlagen unter den entsprechenden Jahrgängen gespeichert werden und im Bedarfsfall auch wieder gut auffindbar sind.
- Der Zugang zum Internet ist für die Arbeit der Personalräte unverzichtbar. Auf den Internet-Seiten z.B. von ver.di finden sich wichtige Rechtsgrundlagen und Arbeitshilfen für die Personalräte. Auch Gesetzestexte und wichtige Urteile sind im Internet schnell aufzufinden (s. im Anhang »Wichtige Internetadressen«).

- Auch auf seinem PC sollte man sich von vornherein angewöhnen, nicht zu viel und Unnötiges abzuspeichern und in regelmäßigen Abständen die Dateien zu durchforsten und »Datenmüll« zu entsorgen.
  - Sicherungskopien sind regelmäßig zu erstellen, um einen Datenverlust auszuschließen.
  - Arbeiten die Personalratsmitglieder mit USB-Sticks, sind klare Absprachen unter den Benutzern notwendig.
  - Und nicht zuletzt: Die Regeln des Datenschutzes sind einzuhalten: Das beginnt bei der kontrollierten Zugangsberechtigung (z.B. mit einem Password) zu dem PC des Personalrats und betrifft auch die Speicherung und Verarbeitung von persönlichen Daten von Mitarbeitern. Im Zweifelsfall sollte der betriebliche Datenschutzbeauftragte oder sollten auch außerbetriebliche kompetente Stellen angesprochen werden.

Die **E-Mail-Kommunikation** nimmt in vielen Bereichen sehr große Ausmaße an. Auch sie muss beherrscht werden.

Praxistipp:
- Zeit einplanen, um die Mails zu sichten und anschließend zu sortieren, etwa nach Wichtigkeit, Dringlichkeit und nach Bereichen.
- Zeit einplanen zur Beantwortung der Mails – dabei auf zeitnahes Antworten achten.
- Bearbeitete Mails ins Archiv verschieben.
- Abwägen, auf welche Mail geantwortet werden muss und auf welche nicht.

Praxistipp: Allgemeine Grundsätze der Büroorganisation
- Aktuelle und unerledigte Vorgänge werden auf einer Arbeitsplatzablage (Papier oder digital) abgelegt.
- Erledigte Vorgänge kommen ins Archiv.
- Sachgebiete und Einzelthemen werden besonders abgelegt bzw. archiviert.
- Unwichtige Vorgänge/Unterlagen werden entsorgt bzw. gelöscht.

Auch telefonieren muss »gelernt« sein. Besonders in großen Personalratsbüros kommt es zu bestimmten Zeiten zu einem Ansturm von Telefonaten oder viele Personalratsmitglieder fühlen sich durch Anrufe ständig aus ihrer Arbeit herausgerissen. Je nach Größe des Personalrats und der Dienststelle können spezielle Telefonsprechzeiten vereinbart und den Beschäftigten mitgeteilt werden. Diese Zeiten müssen aber unbedingt von Mitgliedern des Personalrats besetzt werden. Wenn Rückrufe vereinbart

werden oder wenn auf einem Anrufbeantworter um Rückruf gebeten wird, empfiehlt es sich, bestimmte Telefonzeiten am Stück für gesammelte Rückrufwünsche einzuplanen.
Mit den neuen Kommunikationstechniken kann auch die Möglichkeit von Video- und Telefonkonferenzen genutzt werden. In das neue BPersVG ist ausdrücklich die Möglichkeit aufgenommen worden, dass Sprechstunden des Personalrats als Video- und Telefonkonferenz stattfinden können (§ 45 Abs. 3 BPersVG). Dies kann ein sinnvolles Mittel sein, um Kontakt zu den Beschäftigten zu halten, die im Außendienst, im Mutterschutz oder in Elternzeit sind.

5.3.2 Arbeitsrecht und Schulungen

§ 54 BPersVG

Will ein Personalrat ernst genommen werden, muss er vor allem fit sein im Arbeitsrecht und anfragenden Mitarbeitern kompetente Auskünfte geben können. Auch in Fragen zur Verwaltungsreform und der Problematik von Privatisierung und Ausgründung muss ein Personalrat fachkompetent sein und in aktuell auftretenden Situationen schnell Position beziehen können. Dies prägt entscheidend den Ruf eines Personalrats und seine Stellung im Betrieb. Die **Bedeutung von Kenntnissen im Arbeitsrecht** kann gar nicht überschätzt werden. Gründliche Kenntnisse im Tarifrecht, zum Kündigungsschutz, zu den rechtlichen Rahmenbedingungen und Auswirkungen von Privatisierungen sowie über die jeweiligen Möglichkeiten der Mitbestimmung und Einflussnahme des Personalrats sind für die tägliche Arbeit unerlässlich. Nimmt der Personalrat – wie oben vorgeschlagen – eine Bestandsaufnahme der Dienststelle vor und stellt einen Arbeitsplan und eine Prioritätenliste auf, ist dabei die notwendige Qualifizierung in speziellen Bereichen des Arbeitsrechts immer zu berücksichtigen.
Im Abschnitt »Schulung für Personalratsmitglieder« (siehe 4.4.9) sind die rechtlichen Grundlagen für Schulungen ausgeführt. Eine zielstrebige Arbeitsteilung im Personalrat und das zielstrebige Herangehen an die Aufgaben erfordert, dass der Personalrat zu Beginn eines jeden Jahres oder bei einer inhaltlichen Neuausrichtung als Ergebnis einer Klausurtagung den Schulungsbedarf im Personalrat konkret für jedes einzelne Mitglied plant. Das in speziellen Schulungen erworbene Fachwissen sollte kein Privateigentum des jeweiligen Personalratsmitglieds bleiben. Er ist gehalten, die neu erworbenen Fachkenntnisse an das Gremium Personalrat in Form eines mündlichen Berichts weiterzugeben.

5.3.3 »Prima Klima« im Personalrat

Um sich dauerhaft im Personalrat zu engagieren, muss die Personalratsarbeit auch ein Stück Spaß machen. Neben solidarischen Umgangsformen und offenen Diskussionen (siehe hierzu 5.1.2 »Regeln für den Umgang mit internen Konflikten«) sind gemeinsame Aktionen und Erlebnisse im Personalrat und auch mit den Kollegen sehr wichtig. Verstehen sich die Menschen im Personalrat gut, entstehen natürlich auch intensivere persönliche Beziehungen im privaten Bereich. Eine gegenseitige Vertrautheit und Verlässlichkeit fördert das Arbeitsklima im Personalrat, Fragen und eigene Zweifel werden offener ausgesprochen und bei Diskussionen kann auf den anderen intensiver und mit mehr Verständnis eingegangen werden.

Ideal sind Arbeitsbedingungen im Personalrat, wenn die Kollegen ihre Tätigkeit als eine Herausforderung sehen und sie aus einer inneren Überzeugung heraus gerne machen. Die Personalratsmitglieder sollen sich gegenseitig ermutigen, eigene Fähigkeiten zu entwickeln, aber auch die Grenzen des anderen zu respektieren. Lob muss genauso untereinander ausgesprochen werden, wie auch Kritik in einer solidarischen und konstruktiven Weise notwendig ist.

Hat der Personalrat in seiner Arbeit Erfolge erzielt, müssen sie auch herausgestellt – nicht übertrieben und mit bodenständigem Bezug – und bei gegebenem Anlass auch gefeiert werden. Denn Erfolge sind am schönsten und am nachhaltigsten, wenn sie gemeinsam erlebt und gefeiert werden.

Neue Personalratsmitglieder beginnen die Arbeit mit unterschiedlichen Erwartungen und Fähigkeiten. Sie müssen von Anfang an sorgfältig und einfühlsam eingearbeitet werden, wobei Vorsitzender und die »alten Hasen« beachten müssen, dass eingeschliffene Arbeitsweisen und auch »Rituale« des Gremiums für die Neuen nicht selbstverständlich sind und auch von ihnen hinterfragt werden müssen.

> **Praxistipp:**
> Hat der Personalrat in seiner Arbeit Erfolge erzielt, müssen sie auch herausgestellt – nicht übertrieben und mit bodenständigem Bezug – und bei gegebenem Anlass auch gefeiert werden. Denn Erfolge sind am schönsten und am nachhaltigsten, wenn sie gemeinsam erlebt und gefeiert werden.

5.3.4 Informationspolitik des Personalrats

Es gehört zu den Pflichten eines Personalrats, die Beschäftigten über die Tätigkeit des Personalrats zu informieren. Je nach Größe der Dienststelle,

Tradition und Stärke des Personalrats gibt es unterschiedliche Möglichkeiten, die einzeln oder kombiniert zur Information der Beschäftigten genutzt werden können. Dazu gehören:

- Personalversammlungen
- Sprechstunden
- Schwarze Bretter
- Arbeitsplatzbesuche
- Veröffentlichungen
- Rundmails an die Beschäftigten bzw. verschiedene Berufsgruppen
- Intranet und Soziale Medien.

Personalversammlung

§ 59 Abs. 1 BPersVG

Der Personalrat hat mindestens zweimal im Jahr eine ordentliche Personalversammlung einzuberufen (§ 59 Abs. 1 BPersVG). Auf dieser Versammlung hat der Personalrat seinen Tätigkeitsbericht vorzutragen und zur Aussprache zu stellen. Der **Tätigkeitsbericht** sollte kein Selbstzweck sein oder nur ein lustloses Abhaken einer lästigen Vorschrift. Dieser Tätigkeitsbericht kann auch einem »internen Controlling« des Personalrats dienen. An Hand des Berichts kann der Personalrat auf der vorbereitenden Sitzung zuerst intern überprüfen, mit welchen Themen er sich wie ausführlich auseinandergesetzt hat, welche Schwerpunkte er in der Personalratsarbeit freiwillig oder gezwungenermaßen (oft Letzteres) gesetzt hat und was bei seinem Engagement herausgekommen ist. Für die Personalversammlung muss der Personalrat den Bericht aber unter dem Gesichtspunkt aufbereiten, wie er nach außen auf die Beschäftigten wirkt (auch die Wirkung auf die Leitung ist dabei nicht zu vergessen!).

Bewährt hat sich die Methode, den Tätigkeitsbericht schriftlich abzufassen, ihn ca. ein bis zwei Wochen vor der Personalversammlung den Mitarbeitern zugänglich zu machen und ihn im Betrieb zu verteilen. Am besten auch in einer vom Layout her ansprechenden Form, mit einem offiziellen Kopf oder Logo des Personalrats, aufgelockert mit Fotos, Comics oder Grafiken (Wichtig: Bildrechte usw. beachten!). Zusätzliche Informationen oder Rechtsinformationen können in einem extra Artikel oder in einem Kasten an den Bericht angehängt werden. Der Bericht sollte auf keinen Fall in Gänze vorgelesen werden, das Herausheben von Schwerpunkten und einzelne Zitate reichen aus und dienen auch viel eher der Betonung des Wesentlichen, wenn der Bericht bei den Mitarbeitern vorher bekannt ist. Und vor allem haben die Beschäftigten die Möglichkeit, sich vor der Personalversammlung intensiv und ausführlich mit dem Bericht ihres Personalrats zu beschäftigen.

Diese Art des Vorgehens bietet auch die Möglichkeit, die **Personalversammlung mit interessierten Mitarbeitern vorzubereiten**, die frühzeitiger und besser informiert die vom Personalrat auf der Versammlung vorgetragenen Positionen einschätzen und gegebenenfalls unterstützen können. Weiter sollte man im Vorfeld der Versammlung die Kollegen ermuntern, Fragen oder eigene Beiträge einzubringen. Gerade in Dienststellen, in denen es noch keine »entfaltete Diskussionskultur« gibt, kann sich die vorherige Motivation und Ermutigung von Mitarbeitern, eigene Diskussionsbeiträge einzubringen, günstig in Richtung auf einen lebendigeren Ablauf der Versammlung auswirken. Erste kritische Beiträge wirken oft wie ein Eisbrecher, die das Eis aufbrechen und mit einer frei gebrochenen Fahrrinne spontan andere Beiträge nach sich ziehen.
Bei vielen Personalräten hat es sich bereits eingespielt, dass regelmäßig **Vertreter von Gewerkschaften** zu den Personalversammlungen eingeladen werden. Gewerkschaftssekretäre können in der Regel kompetent auf schwierigere Rechtsfragen eingehen, politische Zusammenhänge aufzeigen und bei anstehenden Tarifauseinandersetzungen auf deren Bedeutung und die politischen Rahmenkonstellationen hinweisen. Auch für die Entwicklung einer Betriebskultur unter den Beschäftigten ist es wichtig, die gewissermaßen natürliche Zusammenarbeit und gegenseitige Ergänzung von Personalrat und Gewerkschaft im gemeinsamen Auftreten aufzuzeigen (siehe 8. Personalrat und Gewerkschaft).

Sprechstunden des Personalrats

§ 45 BPersVG

Die Sprechstunden des Personalrats sind ein wichtiges Instrument, um die **innerbetriebliche Öffentlichkeit** in ihren Mikrostrukturen zu entwickeln. Hier geht es um die tägliche »Kleinarbeit« des Personalrats, die aber für den einzelnen Mitarbeiter von immenser Bedeutung sein kann. Fragen der Eingruppierung und ordnungsgemäßer Zuschläge, Abmahnungen oder Ärger mit Vorgesetzten oder Kollegen können für den Einzelnen sehr belastend sein. Dafür muss sich der Personalrat Zeit nehmen.

Praxistipp

Die Einrichtung von festen Sprechstundenzeiten hat für alle Beteiligten nur Vorteile:

- Der Personalrat kann seine Arbeitszeit besser planen und nimmt sich ausdrücklich Zeit für die Belange der Beschäftigten.
- Die einzelnen Mitarbeiter haben einen zuverlässigen Anlaufpunkt und wissen, dass sie zu den Sprechzeiten ihre Anliegen vorbringen können und das Personalratsmitglied Zeit für sie hat.

- Freigestellte Personalräte können ihre Arbeitszeit besser einteilen nach störungsfreien Zeiten und Zeiten mit vielen Außenkontakten.
- Kleinere Personalräte ohne (Teil-)Freistellungen bringen mit der Einrichtung von Sprechstunden mehr Struktur in ihre Personalratsarbeit und haben in dieser Zeit die Möglichkeit, abseits von der beruflichen Tätigkeit der Personalratsarbeit intensiver und am Stück nachzugehen.
- Die Tür-und-Angel-Gespräche mit Beschäftigten werden auf eine verbindlichere Form gehoben, wenn Personalratsmitglieder bei dieser Art von Gesprächen auf die Sprechstunden des Personalrats hinweisen, in denen Fragen der Mitarbeiter intensiver und vorbereiteter behandelt werden können.

In der Neufassung des BPersVG ist ausdrücklich vorgesehen, dass der Personalrat Sprechstunden auch als Video- und Telefonkonferenzen durchführen kann (§ 45 Abs. 3 BPersVG). Natürlich kann eine Videoschaltung den persönlichen Kontakt nicht ersetzen, doch gerade die Erfahrungen während des Lockdowns in der Corona-Krise haben gezeigt, dass solche technischen Möglichkeiten ein wichtiges Kommunikationsinstrument sein können.
Die Vorschriften des BPersVG sehen nicht vor, dass Sprechstunden auf Einzelgespräche beschränkt sind. Der Personalrat hat also durchaus die Möglichkeit, **kollektive Sprechstunden**, also Sprechstunden mit mehreren Beschäftigten, durchzuführen. Dazu können die Kollegen namentlich eingeladen werden, die Themen sind vorher zu benennen und den Teilnehmern ist der Kreis der Eingeladenen mitzuteilen. Das fördert den betrieblichen Kontakt unter den Kollegen und hilft in bestimmten Situationen, gleiche Interessenlagen zu erkennen. Inhalt und Ergebnisse der Sprechstunden hat der Personalrat gegenüber dem Arbeitgeber vertraulich zu behandeln.

Das Schwarze Brett

Jedem Personalrat steht das Recht auf ein eigenes Schwarzes Brett zu (siehe 4.6.3). Am Schwarzen Brett kann der Personalrat aktuell über die laufende Arbeit informieren, er kann Flugblätter und Plakate der Gewerkschaft aufhängen, soweit deren Inhalt sich auf die Aufgaben des Personalrats bezieht, d. h. auf die Vertretung der sozialen, wirtschaftlichen und beruflichen Belange der Beschäftigten. Wenn sich die Aushänge des Personalrats in diesem Rahmen bewegen, ist die Dienststellenleitung nicht berechtigt, in irgendeiner Art und Weise Zensur auszuüben. Schwarze Bretter sind so anzubringen, dass sie allen Mitarbeitern ohne Probleme zugänglich sind, also am besten an zentralen Orten, z. B. am Eingang zur Cafeteria.

§ 48 BPersVG

Schwarze Bretter an öffentlich frequentierten Stellen im Betrieb sind gewissermaßen die Visitenkarte des Personalrats. Ein Sammelsurium von Zetteln oder gar wilden Verkaufsanzeigen macht genauso einen schlechten Eindruck wie Monate alte und vergilbte Zettel. Für Pflege und fantasievolle Gestaltung der Schwarzen Bretter muss sich der Personalrat Zeit nehmen. Aussehen und Inhalte der Schwarzen Bretter hinterlassen bei Beschäftigten, die täglich an ihnen vorbeigehen, einen bleibenden Eindruck und eventuell ein Vorurteil über die Personalratsarbeit.

Intranet und Soziale Medien

§ 47 BPersVG

Die Nutzung sozialer Medien und der neuen Technik wird für Personalräte immer wichtiger. Mit einem sinnvollen und gezielten Einsatz neuer sozialer Medien kann der Personalrat seine Öffentlichkeitsarbeit verbessern und verstärken.

Hat der Arbeitgeber ein Intranet eingerichtet, sollte der Personalrat dies auch dazu nutzen, um dort eigene Informationen und Texte einzustellen. Hat der Personalrat genügend zeitliche Kapazitäten, kann er auch eine eigene Homepage einrichten bzw. die in der Dienststelle übliche Informations- und Kommunikationstechnik nutzen. Das BPersVG 2021 gesteht dieses Recht den Personalräten in § 47 uneingeschränkt zu (s. 4.6).

Auf einer eigenen Homepage kann der Personalrat die Beschäftigten über seine laufende Arbeit informieren und wichtige Themen sofort an die Belegschaft weitergeben. Er kann seine Ansprechbarkeit verbessern, indem er seine Homepage so einrichtet, dass sie den Beschäftigten die Möglichkeit bietet, Postings und Kommentare abzugeben. Der Personalrat kann mit diesen Rückmeldungen möglichst schnell und direkt von den Beschäftigten erfahren, welche Probleme aktuell anstehen.

Hat der Personalrat nicht die erforderlichen Kenntnisse zur Nutzung der betriebsinternen sozialen Medien, so haben Mitglieder des Personalrats das Recht, solche Kenntnisse in Schulungen zu erwerben.

> **Hinweis:**
> Der Einsatz und die Beschäftigung mit den neuen sozialen Medien dürfen kein Selbstzweck für den Personalrat werden. Sie sollen die Arbeit des Personalrats verbessern. Im Sinne eine internen »Controllings« (s. 5.2.7) muss der Personalrat regelmäßig überprüfen, wie viel Zeit er für welche Aktivitäten einsetzt und welche Ergebnisse er mit dem Einsatz der sozialen Medien erzielt. Und nicht vergessen: Das Wichtigste bleibt der persönliche Kontakt mit den Beschäftigten.

5.3.5 Umgang mit der Schweigepflicht

Der Schweigepflicht ist ein eigener Paragraf im BPersVG (§ 11) gewidmet. Von ihrem Sinn und Verständnis her soll die Schweigepflicht die vertrauensvolle Zusammenarbeit in der Dienststelle ermöglichen. Die Schweigepflicht lässt sich unterteilen in die Schweigepflicht zu personellen Angelegenheiten und in organisatorischen Fragen.

§ 11 BPersVG

Selbstverständlich hat der Personalrat über die in seiner Arbeit bekannt gewordenen persönlichen Angelegenheiten von Mitarbeitern strengste Diskretion zu wahren. Das ist die wesentliche Voraussetzung dafür, dass der Personalrat überhaupt effektiv, zuverlässig und glaubwürdig die Interessen der Beschäftigten vertreten kann.

Die Schweigepflicht gegenüber dem betroffenen Mitarbeiter gilt auch für den Personalrat, allerdings nur so lange, bis die Leitung das formale Beteiligungsverfahren in den Fällen der Mitbestimmung und Mitwirkung noch nicht begonnen hat. Ab diesem Zeitpunkt kann der Personalrat den betroffenen Mitarbeiter über die vom Arbeitgeber beabsichtigte Maßnahme (z. B. Kündigung, Versetzung, Höhergruppierung, Herabgruppierung) informieren und seine Meinung dazu einholen.

Schwieriger ist die Schweigepflicht in organisatorischen Fragen zu handhaben. Erfährt der Personalrat Geschäftsgeheimnisse oder Kalkulationsgrundlagen, unterliegen sie natürlich der Schweigepflicht.

§ 11 Abs. 2 BPersVG

Die »Schweigepflicht besteht nicht für Angelegenheiten oder Tatsachen, die offenkundig sind oder ihrer Bedeutung nach keiner Geheimhaltung bedürfen« (§ 11 Abs. 2 BPersVG), heißt die allgemeine Formulierung im Personalvertretungsrecht. Nicht jede Information, die nach Ansicht des Arbeitgebers der Schweigepflicht unterliegt, ist auch geheimhaltungsbedürftig. Steht z. B. in einer Dienststelle die Privatisierung oder ein Rechtsformwechsel an, unterliegt dies in der Planungsphase der Schweigepflicht. Je mehr aber das geplante Vorhaben realisiert wird und je aktueller der Termin der Umsetzung wird, umso mehr hat der Personalrat eine Informationspflicht gegenüber den Beschäftigten. In solchen Fällen darf die Dienststellenleitung die Vorschrift der Schweigepflicht nicht missbrauchen, und der Personalrat muss selbstständig prüfen, ob die Information (noch) der Schweigepflicht unterliegt. Der Personalrat sollte sich in heiklen Fällen umgehend Rechtsberatung bei der Gewerkschaft einholen; er kann bei Meinungsverschiedenheiten über die Schweigepflicht auch die Einigungsstelle bzw. das Verwaltungsgericht anrufen.

Selbstverständlich unterliegen auch das Abstimmungsverhalten und die Äußerungen einzelner Mitglieder im Personalrat der Schweigepflicht. Anders kann ein Personalrat als Gremium gar nicht zusammenarbeiten.

5.3.6 Aktivierung der Beschäftigten

Ein Personalrat darf nie vergessen, dass er Politik nicht für das Gremium oder gar für ein undefiniert Drittes im Rahmen des »Co-Managements« (siehe 9.1) macht, sondern für die Beschäftigten. Bei internen Auseinandersetzungen und Konflikten – auch mit dem Arbeitgeber – ist immer die Richtschnur zu beachten: Was sind die Interessen der Beschäftigten? Und: Sind unsere gegenwärtigen Aktivitäten und Auseinandersetzungen geeignet, um die Vertretung der Interessen voranzubringen? Die bereits beschriebene Bestandsaufnahme der Situation der Dienststelle und die Bestimmung der Aufgaben und des Selbstverständnisses des Personalrats sind dafür eine wesentliche Voraussetzung.

Innerbetriebliche Probleme, die vielleicht den meisten Personalratsmitgliedern fern liegen, die aber die Kollegen bewegen, müssen unbedingt aufgegriffen werden. Wenn ein Personalrat kontinuierlich auch an »kleineren« betrieblichen Fragen arbeitet, diese Auseinandersetzung auch konsequent zu Ende führt und eventuelle Erfolge absichert, verschafft er sich bei den Kollegen Respekt und Vertrauen. Nichts schafft mehr Misstrauen gegenüber »Personalrats-Funktionären« als mal schnell mit viel öffentlichem Effekt auf die Pauke zu hauen und dann abzutauchen, um dann die Kollegen mit den geweckten Erwartungen allein zu lassen.

Bei den innerbetrieblichen Auseinandersetzungen hat der Personalrat immer darauf zu achten, die Kollegen soweit möglich, **aktiv mit einzubeziehen** und ihnen die Möglichkeit zu geben, ihre **Fachkompetenz** einzubringen und zu berücksichtigen. Zum Beispiel kann der Personalrat zu offenen Arbeitsgruppen einladen, die schwierige und in der Dienststelle aktuelle Probleme behandeln. Solche Arbeitsgruppen können je nach Thema sowohl dauerhaft als auch befristet, z. B. für ein oder zwei Termine, angelegt sein. Gibt es spezifische Probleme in einer Abteilung, ist immer darauf zu achten, dass von Anfang an möglichst viele betroffene Mitarbeiter einbezogen werden, der Personalrat die von ihm zu vertretende Position mit den Mitarbeitern bespricht und die Beschäftigten aktiv eine gemeinsam gefundene Position mit vertreten.

In den alltäglichen betrieblichen Diskussionen und Auseinandersetzungen entwickeln sich so neue aktive Beschäftigte, die sich in der Gewerkschaft oder später auch im Personalrat engagieren. Auch kleinere betriebliche Auseinandersetzungen, die erfolgreich zu Ende geführt werden, stärken das Selbstvertrauen und den Zusammenhalt zwischen Mitarbeitern und ebenso zu »ihrem Personalrat«.

Die natürliche **Fluktuation im Personalrat** ist ein weiterer wichtiger Aspekt, um das Gewinnen aktiver Beschäftigter für die Mitarbeit zu einer

ständigen Aufgabe des Personalrats zu machen. Mitglieder des Personalrats scheiden aus dem Gremium aus verschiedensten Gründen aus, sie wechseln den Betrieb, verändern sich beruflich oder haben persönliche Gründe. Kaum ein Personalratsgremium bleibt im Lauf der Amtszeit ohne personelle Veränderungen. Eine gute Öffentlichkeitsarbeit und die persönliche Präsenz in der Dienststelle sind wichtige Voraussetzungen, um aktive Kollegen für eine engagierte und konsequente Personalratsarbeit zu überzeugen und sie für eine Mitarbeit zu gewinnen.
Der Personalrat hat auf eine **ausgewogene Zusammensetzung** des Gremiums zu achten. Das gilt insbesondere für den Frauenanteil im Personalrat, der etwa dem Geschlechteranteil in der Dienststelle entsprechen soll. Auch die verschiedenen Abteilungen und Altersgruppen sollten angemessen vertreten sein. Stellt der Personalrat hier Defizite fest, dass z. B. der Frauenanteil im Gremium zu gering ist, sollte er gezielt aktive Frauen unter den Beschäftigten für eine Mitarbeit ansprechen.

5.3.7 Der Personalrat und die »lieben Mitarbeiter«

Manchmal wenden sich Beschäftigte an den Personalrat, die etwas »ausgefressen« oder ein gravierendes Fehlverhalten an den Tag gelegt haben. Oder es bitten Mitarbeiter um Unterstützung des Personalrats, die von allen anderen Kollegen als unkollegial und egoistisch gesehen werden. Wenn diese Kollegen auf die Personalratsvertreter zudem noch unsympathisch wirken, haben viele Personalräte Probleme, die Anliegen dieser Kollegen nach außen zu vertreten. Aber auch in solchen Fällen müssen die Mitarbeiter formal korrekt vertreten werden, und der Personalrat hat darauf zu achten, dass unbeliebte Mitarbeiter **fair** behandelt und die Grundsätze des Arbeitsrechts eingehalten werden. Personalratsmitgliedern ist es unbenommen, den Kollegen auf die Probleme des Personalrats hinzuweisen, ihn zu vertreten und, sollte es ein Mitarbeiter sein, dem unkollegiale Verhaltensweisen nachgesagt werden, ihn auch darauf anzusprechen und ihn zu bitten, sein Verhalten zu reflektieren. Tauchen solche Fälle in der Praxis auf, ist das Vorgehen unbedingt vorher im gesamten Personalrat zu diskutieren und festzulegen, dass sich ein Personalratsmitglied mit der Angelegenheit befasst, das relativ unvoreingenommen ist.
Es kommt auch vor, dass der Personalrat Position beziehen muss gegen eine ganze Anzahl von Beschäftigten, um nicht gegen übergeordnete Interessen aller Beschäftigten zu verstoßen. Solche Konflikte sind bei Fragen des Arbeitsschutzes nicht selten: Zum Beispiel wenden sich Mitarbeiter gegen Vorschriften zur Einhaltung von Ruhezeiten nach einem Schicht- oder Bereitschaftsdienst mit dem Argument, sie würden an-

sonsten zu große finanzielle Nachteile haben. Oder Mitarbeiter möchten die ganze Arbeitszeit durcharbeiten und keine Pause machen, um früher nach Hause gehen zu können. Hier muss der Personalrat offen und transparent argumentieren und gleichzeitig klarstellen, dass Partialinteressen einzelner Mitarbeiter, auch wenn es im Einzelfall hart sein mag, hinter der Einhaltung allgemeiner Schutznormen zurückstehen müssen. Ausgehend von dieser Grundposition müssen eventuelle finanzielle Härten der betreffenden Kollegen berücksichtigt und gegebenenfalls über einen bestimmten Zeitraum abgemildert werden. Letztendlich verschafft sich ein Personalrat mit solch einer Position mehr Respekt als durch eine opportunistische Politik je nach Situation und vorgefundener Meinung in einer Beschäftigtengruppe.

5.3.8 Personalrat und Mobbing

»Mobbing« ist nicht nur ein Modewort. Das Thema Mobbing hat sich deshalb zu einem drängenden Problem entwickelt, weil sich die Arbeitsbedingungen in den letzten Jahren verschärft und insbesondere die Arbeitsintensität und die subjektiv empfundene Arbeitsbelastung rasant zugenommen haben. Viele Betriebe, von Krankenhäusern bis zu Verwaltungen, haben die Personaldecke extrem ausgedünnt und erwarten gleichzeitig von ihren Beschäftigten olympiareife Leistungen. Bringt ein Mitarbeiter nicht mehr die geforderte Leistung oder fällt er wiederholt aus, bringt das selbst gut funktionierende Teams in die Bredouille. Diese Situation bildet den **Nährboden** für Mobbing.

Mobbing ist **definiert** als eine Situation, in der eine Person von einer oder mehreren Personen über mindestens ein halbes Jahr hinweg ein oder mehrmals wöchentlich attackiert wird, in Form von gezielter Ausgrenzung und Isolierung, Herabsetzung der persönlichen Würde, durch Drohungen, Beschimpfungen oder Ausstreuen von Gerüchten, durch Zuweisung von minder schwierigen, kränkenden oder überfordernden Aufgaben. Auch Formen der Gewaltanwendung und sexueller Belästigung kommen dabei vor.

Nach neueren deutschen Untersuchungen sind an Mobbingattacken in der Hälfte der Fälle mehr als vier Personen beteiligt und in über 70 % der Fälle ist der Vorgesetzte am Mobbing beteiligt. Einrichtungen des Öffentlichen Dienstes sind von dieser Entwicklung keineswegs ausgenommen. Im Gegenteil: Untersuchungen belegen, dass gerade im Öffentlichen Dienst Mobbing häufiger an der Tagesordnung ist.

Die **Rechtsprechung** hat das Thema Mobbing schon aufgegriffen. Das LAG Thüringen hat in einem Richtung weisenden Urteil versucht, angezeigte Fälle von Mobbing der Rechtsanwendung zugänglich zu machen (LAG Thüringen vom 10.4.2001 – 5 Sa 403/00). Ausgehend von der allgemein anerkannten Definition des Begriffs Mobbing wird der Arbeitgeber verpflichtet, der Verletzung von allgemeinen Persönlichkeitsrechten der Arbeitnehmer entgegenzutreten.

Praxistipp:
Folgende **Handlungsmöglichkeiten** hat der Personalrat bei Mobbing:

- Zuerst muss sich der Personalrat selbst kundig zum Thema Mobbing machen, entsprechende Literatur und Dienstvereinbarungen sichten und Schulungen zum Thema besuchen.
- Der Personalrat sollte in seinen Publikationen und gegebenenfalls in Personalversammlungen das Thema aufgreifen; für die Beschäftigten sollte Informationsmaterial zum Thema bereitgehalten werden, z.B. Informationsblätter von Mobbing-Beratungsstellen oder Kopien von Fachartikeln.
- In der Dienststelle soll Mobbing thematisiert sein, so dass über die Problematik in der Belegschaft offen und einigermaßen kompetent gesprochen werden kann.
- Der Personalrat sollte in den offiziellen Gesprächen mit der Leitung eine möglichst weitgehende Übereinstimmung erzielen, wie mit Fällen von Mobbing bzw. deren Vorbeugung umgegangen wird.
- Sehr sinnvoll ist der Abschluss einer **Dienstvereinbarung**, in der festgehalten ist: Bestimmung des Begriffs Mobbing, welche Verhaltensweisen unter Mobbing fallen, Informationspflichten und Informationswege bei Mobbing-Fällen, Vorgehen und Ansprechpartner in Mobbingfällen (in größeren Betrieben empfiehlt sich die Ernennung von Mobbingbeauftragten), Festlegung der Sanktionsmöglichkeiten und Information über die Dienstvereinbarung.
- Dem betroffenen Mitarbeiter kann empfohlen werden, ein Tagebuch zu führen, Fakten zu sammeln und alle objektivierbaren Vorkommnisse zu dokumentieren. Auch kann er sich in seinem Kollegenkreis um Zeugen bemühen.
- Verantwortliche müssen benannt werden, die Mobbingopfer einfühlsam und kompetent beraten; in kleineren Dienststellen können gegebenenfalls Kontakte zu Beratungsstellen geknüpft werden.

Unterschieden vom Mobbing wird das **Bossing**. In 40 % aller Fälle, bei denen sich Beschäftigte über Mobbing beschweren, fühlen sie sich von den Vorgesetzten gemobbt. Vorgesetzte können auf vielfältige Weise Psychoterror ausüben:

- Mitarbeiter bekommen Aufgaben, die sie nicht bewältigen können.

- Mitarbeiter werden von wichtigen Informationen abgeschnitten.
- Mitarbeiter werden gegenüber anderen Kollegen bewusst benachteiligt.
- Mitarbeiter werden von dem Vorgesetzten öffentlich und/oder verdeckt lächerlich gemacht.
- Der Vorgesetzte lässt bei den Kollegen durchblicken, dass der Mitarbeiter zum Abschuss freigegeben ist.
- Die Mitarbeiter bekommen minderwertige Aufgaben zugewiesen, die ihrem Ausbildungsstand nicht entsprechen; in Extremfällen wird ihnen gar keine Arbeit mehr zugewiesen.

Die Lage für die betroffenen Mitarbeiter ist meistens fatal, weil sie bereits auf der Abschussliste der Vorgesetzten stehen und die Bedingungen, gegen den eigenen Chef vorzugehen, sehr schwierig sind. Oft wissen sie sich nicht anders zu helfen, als zu kündigen, womit das Ziel des Bossing erreicht ist.

Für den Personalrat stellt sich die Aufgabe ähnlich wie beim Mobbing. Er muss sich um Informationen aus der Abteilung des betroffenen Mitarbeiters bemühen und insbesondere erkunden, ob bereits andere Mitarbeiter ähnliche Probleme mit dem Vorgesetzten hatten. Auch hier gilt als oberstes Prinzip: Aufforderung an den Betroffenen, die Vorfälle zu dokumentieren, offenes Ansprechen der Vorwürfe des Mitarbeiters gegenüber dem Vorgesetzten und auch bei der übergeordneten Leitungsebene.

5.4 Verhandlungen mit dem Arbeitgeber

§ 2 BPersVG

Bei der Wahrnehmung seiner Mitbestimmungs- und Mitwirkungsrechte ist der Personalrat in Gespräche und Verhandlungen mit dem Arbeitgeber eingebunden. »Dienststelle und Personalvertretung arbeiten unter Beachtung der Gesetze und Tarifverträge vertrauensvoll zum Wohl der Beschäftigten und zur Erfüllung der der Dienststelle obliegenden Aufgaben zusammen«, so der allgemeine Grundsatz in § 2 BPersVG. Aufgabe des Personalrats ist, die Interessen der Beschäftigten zu vertreten und diese bei der Umsetzung der geplanten Entscheidungen des Arbeitgebers zu berücksichtigen bzw. berechtigte Interessen der Beschäftigten vorzubringen und ggf. Initiativen für eine Dienstvereinbarung zu ergreifen. Eine gute Vorbereitung auf Verhandlungen und auch auf die zu erwartenden Argumente des Arbeitgebers sind wichtige Voraussetzungen für ein erfolgreiches Agieren des Personalrats.

Checkliste: Tipps für Verhandlungen

- Zielvorstellungen vorher festlegen: Was beabsichtigen wir (beim Arbeitgeber)?
- Gemeinsame Festlegung der Tagesordnung und der Gesprächsführung.
- Zu Beginn der Verhandlung vermeiden, dass das Verhandlungsgegenüber sich festlegt.
- Die Gemeinsamkeiten herausarbeiten und bestätigen lassen.
- An vorgebrachte Argumente eine Frage anschließen, die den anderen dazu zwingt, sich mit der Frage auseinanderzusetzen.
- Kein fertiges Paket präsentieren, nicht: Wir haben folgenden Vorschlag …, sondern: Was wäre, wenn wir folgendermaßen vorgingen …? Wie würde sich das auswirken?
- Fragen stellen: Was schlagen Sie vor?
- Fragen stellen: Wo können wir uns einigen?
- Fragen stellen: Welche Lösungsmöglichkeiten sehen Sie?
- Fragen stellen: Welche Erfahrungen haben Sie mit …?
- Den anderen mit in die Verantwortung nehmen und fragen: Welche Möglichkeiten sehen Sie bei dem Vorschlag?

Doch nicht immer haben es Personalräte mit Arbeitgebern zu tun, die Wert auf eine vertrauensvolle Zusammenarbeit legen und das »Wohl der Beschäftigten« im Auge haben. Für Gespräche und Verhandlungen mit solchen Arbeitgebern gilt es Besonderheiten zu beachten.

In Diskussionen mit schwierigen Arbeitgebern gilt:

- Nicht aus der Ruhe bringen lassen – wer sich entrüstet, verliert seine Rüstung; wenn der andere sieht, dass seine Angriffe nichts bewirken, wird er verunsichert.
- Nicht für seine Meinung entschuldigen.
- Den anderen nicht unterbrechen, sondern ruhig zuhören.
- Auf eine Frage zurückfragen: nach Begründung, Definition, Informationsquelle; der andere muss um Anerkennung seiner Argumente kämpfen und hat wenig Energie übrig, um unsere Argumente zu zerpflücken.
- Bei »schwierigen Fragen« nie direkt antworten, sondern ausweichend: darüber möchte ich noch nachdenken.
- Wir binden Zugeständnisse nach Möglichkeit an eine Bedingung.
- Den Einwand vorwegnehmen und entkräften.
- Einwände provozieren, vorher sinnvolle Entgegnungen überlegen.
- Gegenargumente aufnehmen und eigene Argumente »draufsetzen«.
- Nach Verbündeten im Lager des Gegners suchen.

- Die eigenen Sachargumente nicht wegpolemisieren lassen, sondern Polemik ignorieren und weiter auf Sachargumenten beharren, indem offene Fragen zu unseren Vorschlägen gestellt werden.
- Auf die Nebenkriegsschauplätze nicht eingehen, sondern für neue Themen neue Termine festsetzen.
- Bei Unterbrechung darauf hinweisen und dann an derselben Stelle weiterreden, an der man vorher unterbrochen wurde.
- Gesprächsleitung festlegen.
- Bei unklaren Ergebnissen nachfragen und dann schriftlich festhalten.
- Das Gegenüber greift uns als Mensch auf der Gefühlsebene an: ignorieren, weiter sachlich sprechen, er wird verunsichert. In hartnäckigen Fällen: Bitte um Wiederholung des Gesagten, demonstrativ schriftlich festhalten.
- Wenn das Gegenüber ein Mitglied des Personalrats persönlich angreift, müssen sofort andere Mitglieder des Personalrats eingreifen.
- Das Gegenüber lügt frech: überprüfbare Quellen und Belege verlangen.[1]

Ganz wichtig: Eine Argumentationskette ist so stark wie ihr schwächstes Glied:

- Die stärksten Argumente zusammentragen.
- Auf weniger überzeugende Argumente verzichten und lieber eine kürzere Liste von Argumenten vortragen.
- Schwache und nicht belegbare Argumente unbedingt vermeiden – auf diese Argumente kann sich der Arbeitgeber stürzen und die ganze Diskussion kippen.

Trotz geschicktester Verhandlungsführung wird es dem Personalrat nicht immer gelingen, eine gleichberechtigte Gesprächs- und Verhandlungssituation mit dem Arbeitgeber zu erreichen. In wichtigen Fragen, die auch für die Beschäftigten von Bedeutung sind, kann der Personalrat überlegen, inwieweit es sinnvoll ist, Gespräche oder Verhandlungen von Aktionen der Beschäftigten zu begleiten bzw. begleiten zu lassen.

---

1 Die Tipps sind zitiert nach: Uta Gröschel. Sachlich diskutieren und gezielt verhandeln, Frankfurt/Main 2001.

6. »Wenn zwei sich streiten ...«: Der Rechtsweg für Personalräte

Wenn zwei sich streiten, nein, dann freut sich nicht der Dritte, sondern für Personalräte gibt es eine Instanz, die Meinungsverschiedenheiten zwischen Personalrat und Dienststellenleitung durch eine verbindliche Entscheidung (z. T. durch eine Empfehlung) beendet. In bestimmten Fällen, z. B. der Wahlanfechtung oder des Ausschlusses von Personalräten, können dabei die Gewerkschaften oder Beschäftigte der Dienststelle weitere Beteiligte sein.

Vorab: Wer streitet sich schon gerne. Manchmal muss es aber sein. Sicher gibt es Dienststellenleiter, die persönlich betroffen oder gar beleidigt sind, wenn der Personalrat gegen sie ein Verwaltungsgerichts- oder Einigungsstellenverfahren einleitet. Wer aber eine solche Grundhaltung an den Tag legt, wird als Dienststellenleiter eh nicht viel von seinem Personalrat halten und jede andere Meinung grundsätzlich als Majestätsbeleidigung werten.

Verwaltungsgericht und Einigungsstelle haben nichts Ehrenrühriges an sich. Bei diesen Verfahren wird vielmehr durch Dritte, den Vorsitzenden der Einigungsstelle bzw. das Verwaltungsgericht, eine Meinung bzw. eine Entscheidung von außen in die Dienststelle hineingetragen. Dabei sind Einigungsstellen- und Verwaltungsgerichtsverfahren darauf angelegt, bevor es zur Entscheidung kommt, alle die Sache betreffenden Fragen und Probleme in sachlicher Runde anzusprechen, zu diskutieren und eventuell eine gütliche Einigung – der sich beide Parteien anschließen können – zu erzielen.

Vor einem solchen Verfahren braucht kein Personalrat Angst zu haben. Es drohen keine Geld- oder Haftstrafen, wenn es darum geht, feststellen zu lassen, ob ein Mitbestimmungs- oder Mitwirkungstatbestand vorliegt oder ob die Dienststelle den Personalrat ausreichend beteiligt hat. Ein Personalrat, dessen Dienststellenleiter die Rechte des Gremiums immer wieder ignoriert – häufigster Fall: Beteiligungsmaßnahmen werden dem Personalrat erst nach deren Umsetzung vorgelegt – kann nur durch das Verwaltungsgericht wieder »eingefangen« werden. Gewonnene Verfahren steigern den Respekt und die Anerkennung des Personalrats, sowohl durch die Dienststellenleitung wie auch durch die Beschäftigten. Und es schafft für den Personalrat ein Erfolgserlebnis! Auch wenn mal ein Verfahren verloren gehen sollte: Grundsätzlich gilt, man lernt bei jedem Verfahren.

6.1 Verwaltungsgerichtsweg

§ 108 BPersVG

Personalräte können als Gremium das Verwaltungsgericht in den unterschiedlichsten Fällen anrufen. Voraussetzung für die Anrufung ist ein ordnungsgemäßer Beschluss des Personalrats.

In § 108 BPersVG ist dabei abschließend geregelt, in welchen Fällen das Verwaltungsgericht angerufen werden kann:

- in allen Fragen, die die Wahlberechtigung von Beschäftigten betreffen,
- in allen Fragen, die die Wählbarkeit von Beschäftigten betreffen,
- in allen Fragen, die im Zusammenhang mit der Wahl stehen (ausgenommen die Wahlanfechtung selbst – hierfür gibt es eine eigene Regelung – § 26 BPersVG),
- in allen Fragen zur Amtszeit des Personalrats, der Jugend- und Auszubildendenvertretung und der Vertreter der nicht ständig Beschäftigten,
- in allen Fragen zur Zusammensetzung der verschiedenen Gremien,
- in allen Fragen zur Zuständigkeit des Personalrats und der JAV,
- in allen Fragen zur Geschäftsführung des Personalrats und der JAV,
- in allen Fragen zur Rechtsstellung des Personalrats und der JAV,
- in allen Fragen zum Bestehen oder Nichtbestehen von Dienstvereinbarungen.

Dies bedeutet in der Praxis, dass alle Fragen der Zuständigkeit, Geschäftsführung und der Rechtsstellung des Personalrats vor dem Verwaltungsgericht geklärt werden können. Hier besteht für den Personalrat eine Generalklausel. Damit ist klargestellt, im Personalvertretungsgesetz gibt es keinen rechtsfreien Raum.

Das Bundespersonalvertretungsgesetz geht im Zusammenhang mit dem Verwaltungsgerichtsverfahren besonders auf folgende Fragen ein:

§ 56 Abs. 1, 2 BPersVG

1. **Weiterbeschäftigungspflicht** (§ 56 Abs. 1, 2 BPersVG) von Auszubildenden nach bestandener Prüfung, die gleichzeitig in der Jugend- und Auszubildendenvertretung (JAV) sind:

Wenn die Dienststelle ein JAV-Mitglied nicht übernehmen will, muss die Dienststellenleitung dies dem JAV-Mitglied drei Monate vor Ende der Ausbildung schriftlich mitteilen (§ 56 Abs. 1 BPersVG) § 56 Abs. 1 BPersVG

Das JAV-Mitglied kann innerhalb der letzten drei Monate vor dem Ausbildungsende seine **Übernahme schriftlich** verlangen. Der Arbeitgeber muss diesem Übernahmeverlangen erst einmal nachkommen. Er kann jedoch (spätestens zwei Wochen nach Beendigung des Berufsausbildungsverhältnisses) beim Verwaltungsgericht beantragen, dass ein Arbeitsverhältnis nicht begründet wurde bzw. dass das Arbeitsverhältnis aufgelöst wird. Die Übernahmeregelung gilt auch für ehemalige Jugend- und Auszubildendenvertreter insoweit, als das Ende ihrer Amtszeit nicht länger als ein Jahr vor dem Ende der Berufsausbildung lag. Zur Sicherheit sollten Jugend- und Auszubildendenvertreter (und ehemalige JAVler, die unter die Regelung fallen) immer – egal welche Konstellation es gibt – ihre Übernahme schriftlich verlangen.

Noch ein Hinweis: Arbeitet ein Auszubildender im Anschluss an das Ausbildungsverhältnis weiter, ohne dass mit dem Arbeitgeber ausdrücklich etwas vereinbart wurde, so gilt ein unbefristetes Arbeitsverhältnis als begründet (§ 24 BBiG). § 24 BBiG

2. **Wahlanfechtung** (§ 26 BPersVG). Binnen zwölf Arbeitstagen, vom Tag der Bekanntgabe des Wahlergebnisses an, können drei Wahlberechtigte, die Dienststellenleitung oder eine in der Dienststelle vertretene Gewerkschaft die Wahl beim Verwaltungsgericht anfechten. In der Wahlanfechtung muss dabei nachvollziehbar belegt werden, gegen welche wesentlichen Wahlvorschriften verstoßen worden ist. Allerdings bleibt die Wahl – in der Regel – gültig, wenn das Wahlergebnis durch den oder die Verstöße nicht geändert oder beeinflusst werden konnte und nicht gegen tragende Grundsätze des Wahlverfahrens verstoßen wurde. Eine Wahl ist dann nichtig, wenn in einem Maße gegen Wahlvorschriften verstoßen wurde, dass selbst der Anschein einer Wahl nicht mehr vorliegt, z. B. bei einer Bestellung des Personalrats durch den Dienststellenleiter. § 26 BPersVG
3. **Ausschluss von Mitgliedern aus dem Personalrat, Auflösung des Personalrats** (§ 30 BPersVG). Ein Viertel der Wahlberechtigten oder eine in der Dienststelle vertretene Gewerkschaft kann beim Verwaltungsgericht die Auflösung des Personalrats beantragen. Voraussetzung hierfür ist die grobe Vernachlässigung der gesetzlichen Pflichten oder eine grobe Verletzung der gesetzlichen Befugnisse durch den Personalrat. Der Dienststellenleiter kann die Auflösung des Personalrats nur bei einer groben Verletzung der gesetzlichen Pflichten des § 30 BPersVG

Personalrats beantragen. Auf der gleichen Grundlage kann auch ein einzelnes Personalratsmitglied aus dem Personalrat ausgeschlossen werden. Auch der Personalrat als Gremium kann einen Ausschlussantrag an das Verwaltungsgericht stellen. Grobe Verletzungen der gesetzlichen Pflichten können z. B. Verstöße gegen die Schweigepflicht oder die Nichtdurchführung von Personalversammlungen sein.

§ 55 Abs. 1 BPersVG

4. **Außerordentliche Kündigung von Personalratsmitgliedern** (§ 55 Abs. 1 BPersVG). Will der Arbeitgeber ein Personalratsmitglied außerordentlich kündigen, kann er dies nur mit Zustimmung des Personalrats tun. Verweigert der Personalrat die Zustimmung oder äußert er sich nicht binnen drei Arbeitstagen, so muss der Arbeitgeber das Verwaltungsgericht anrufen, um die verweigerte Zustimmung des Personalrats durch das Gericht ersetzen zu lassen. Eine außerordentliche Kündigung ist nur bei sehr schwerwiegenden arbeitsrechtlichen Verstößen, wie z. B. Unterschlagung, Diebstahl, körperliche Gewaltanwendung oder sexueller Belästigung möglich. Bei Beamten greift dieser Paragraf jedoch nicht, der Personalrat ist hier nur im Rahmen der Einleitung eines Disziplinarverfahrens mit dem Ziel der Entfernung aus dem Dienst zu beteiligen.

Hinweis:
In den einzelnen Landespersonalvertretungsgesetzen sind zum Teil andere als die genannten Fristen festgelegt.

Bevor ein Personalratsgremium das Verwaltungsgericht anruft, sollte es immer die Erfolgsaussichten von der zuständigen Gewerkschaft oder einem Rechtsanwalt prüfen lassen.
Die Kosten für den Anwalt muss der Arbeitgeber im Rahmen der Kostentragungspflicht für die Arbeit des Personalrats in der Regel übernehmen. Nur bei einem offensichtlichen Missbrauch bei der Inanspruchnahme eines Rechtsanwalts darf der Arbeitgeber die Übernahme der Kosten verweigern. Der Arbeitgeber ist im Rahmen der Kostentragung nur verpflichtet, die Kosten entsprechend der üblichen Gebühren für Anwälte zu übernehmen. Vereinbart der Personalrat höhere Sätze, ohne dass die Dienststellenleitung dem zugestimmt hat, bleibt der Personalrat auf den Kosten sitzen.
Gewerkschaften gewähren ihren Mitgliedern für Verwaltungsgerichtsverfahren Rechtsschutz, d. h. sie vertreten den Personalrat durch eigene Juristen oder beauftragte Anwälte, oder sie sagen im Fall der Nichtübernahme der Kosten durch den Arbeitgeber die Übernahme der entstehen-

den Anwaltskosten (im Rahmen der üblichen Gebühren) zu. Hier gilt, der Antrag muss gestellt sein, bevor das Verfahren eingeleitet wird. Kontaktaufnahme mit der Gewerkschaft erweist sich auch im umgekehrten Fall als sinnvoll, wenn nämlich der Personalrat von seinem Arbeitgeber vor dem Verwaltungsgericht verklagt wird.
Das Verwaltungsgericht entscheidet durch Beschluss, nicht durch Urteil.

Weiterer Instanzenweg

Wie sieht der weitere Weg aus, wenn der Personalrat – oder die Dienststellenleitung – mit dem Beschluss des Verwaltungsgerichts nicht einverstanden ist? Hierzu ist im BPersVG der Instanzenweg vorgegeben: Es gibt die Verwaltungsgerichte der ersten und zweiten Instanz; in der dritten Instanz ist das Bundesverwaltungsgericht zuständig. Sollten durch das BPersVG Verfassungsrechte berührt sein, so entscheidet letztendlich sogar das Bundesverfassungsgericht.
Im Bereich der Landespersonalvertretungsgesetze bestehen statt drei lediglich zwei Instanzen.
Die folgende Abbildung fasst die möglichen Rechtswege für Personalräte zusammen. Dabei besitzt das Arbeitsgericht für Personalräte in der Regel keine größere Bedeutung in der täglichen Arbeit – anders als bei Betriebsräten. Personalräte können jedoch als Zeugen, z. B. in Kündigungsschutzverfahren, geladen werden. Das Arbeitsgericht wäre etwa auch zuständig bei einer Eingruppierungsklage, die ein Personalratsmitglied wegen Benachteiligung durch den Arbeitgeber anstrengt.

Mögliche Rechtswege für Personalräte

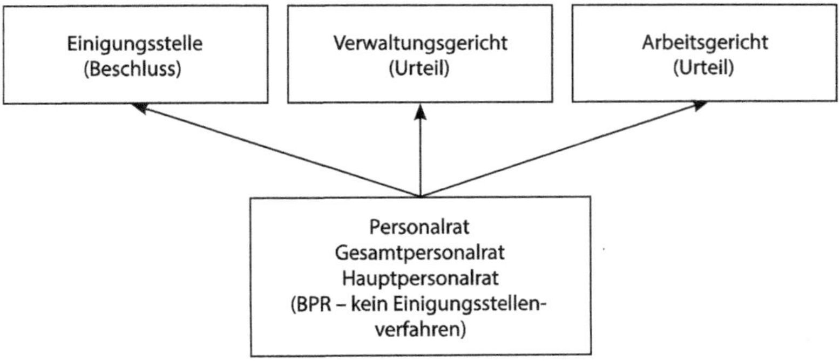

6.2 Einigungsstellenverfahren

§§ 72–75 BPersVG

Können sich Personalrat und Dienststelle nicht einigen, ist in verschiedenen Fällen des BPersVG (und der Landespersonalvertretungsgesetze) ein Einigungsstellenverfahren (§§ 72, 74 BPersVG) vorgesehen. Die Einigungsstelle kann sowohl **bindende wie auch empfehlende Entscheidungen** treffen. Die Einigungsstelle soll binnen zwei Monaten nach der Erklärung eines Beteiligten, die Einigungsstelle anzurufen, entscheiden.

Grundsätzlich entscheidet die Einigungsstelle **endgültig**, ob die Dienstellenleitung eine beantragte Maßnahme durchführen darf oder nicht, oder ob eine Maßnahme nur mit Einschränkungen durchgeführt werden kann.

§ 78 Abs. 5 BPersVG

Hat der Personalrat seine Zustimmung entsprechend dem Katalog des § 78 Abs. 5 BPersVG verweigert, so entscheidet die Einigungsstelle darüber, ob ein Grund für die Verweigerung der Zustimmung vorlag.

§§ 78 Abs. 1 BPersVG

Der Verweigerungskatalog gibt dem Personalrat nur unter genau definierten Voraussetzungen die Möglichkeit, die Zustimmung zu einer beantragten Maßnahme (§ 78 Abs. 1 BPersVG) der Dienststelle zu verweigern. Der Verweigerungskatalog umfasst drei Kriterien.

Die Verweigerung der Zustimmung ist möglich, wenn

§ 78 Abs. 5 BPersVG

1. die Maßnahme gegen ein Gesetz, eine Verordnung, eine Bestimmung in einem Tarifvertrag, eine gerichtliche Entscheidung, den Gleichstellungsplan, eine Verwaltungsanordnung oder eine Richtlinie im Sinne des § 80 Abs. 1 Nr. 12 BPersVG (= personelle Auswahl bei Einstellungen, Versetzungen, Umgruppierungen und Kündigungen) verstößt;
2. die durch Tatsachen begründete Besorgnis besteht, dass Beschäftigte durch die Maßnahme benachteiligt werden, ohne dass dies aus dienstlichen oder persönlichen Gründen gerechtfertigt ist;
3. die durch Tatsachen begründete Besorgnis besteht, dass der Beschäftigte oder Bewerber den Frieden in der Dienststelle durch unsoziales oder gesetzwidriges Verhalten stören könnte.

Wichtig für den Personalrat ist: Er darf bei der Verweigerung seiner Zustimmung nicht einfach nur den Gesetzestext wiederholen, sondern muss klar die Vorschrift benennen, gegen die verstoßen wird, den Verstoß auch erläutern und begründen. In den Fällen 1. und 2. sind außerdem die Tatsachen anzugeben, die für eine Benachteiligung sprechen bzw. die auf ein betriebsstörendes Verhalten hinweisen.

§ 75 Abs. 3 BPersVG

In allen Fällen der **eingeschränkten Mitbestimmung** (§ 78 BPersVG) und in den Fällen des § 80 Abs. 1 Nr. 10 bis 13 und 19 bis 21 kann die

Einigungsstelle nur eine Empfehlung beschließen, wenn sie sich nicht der Auffassung der obersten Dienstbehörde anschließen will. Die oberste Dienstbehörde ist an diese Empfehlung nicht gebunden. Moralisch ist eine solche Empfehlung für den Personalrat bei seiner Arbeit jedoch eine erhebliche Rückenstärkung.
Grundsätzlich können alle Personalratsgremien die Einigungsstelle anrufen. Bestehen jedoch – wie im staatlichen Bereich – Stufenvertretungen (Bezirkspersonalrat, Hauptpersonalrat), so kann nur der Personalrat bei der obersten Dienstbehörde die Einigungsstelle anrufen.

> **Hinweis:**
> In den Landespersonalvertretungsgesetzen kann es hinsichtlich der Fristen und Themen für Einigungsstellenverfahren Abweichungen geben.

6.2.1 Bildung und Zusammensetzung der Einigungsstelle

Die Einigungsstelle wird nach § 73 BPersVG immer bei der obersten Dienstbehörde gebildet. Sie steht somit am Ende der Kette eines Stufenverfahrens. Die Einigungsstelle wird von Fall zu Fall gebildet und kann von beiden Parteien angerufen werden. **§ 73 BPersVG**
Die Einigungsstelle besteht aus

- drei Beisitzern, die von der obersten Dienstbehörde,
- drei Beisitzern, die vom Personalrat (HPR) bei der obersten Dienstbehörde benannt werden und
- einem unparteiischen Vorsitzenden.

Die Beisitzer, die vom Personalrat benannt werden, müssen nicht der Dienststelle angehören. Es müssen jedoch mindestens ein Beamter und ein Arbeitnehmer des öffentlichen Dienstes benannt werden, es sei denn, es handelt sich um eine Angelegenheit, die nur Beamte oder nur Arbeitnehmer betrifft. Der dritte Beisitzer kann auch eine externe Person sein, wie etwa Gewerkschaftssekretäre oder Rechtsanwälte (Achtung: in den Landespersonalvertretungsgesetzen sind andere Vorschriften für die Zusammensetzung möglich). Evtl. Honoraransprüche müssen jedoch von der Personalvertretung vor der Benennung geklärt werden. Zwei der drei Personalratsvertreter müssen aus dem Öffentlichen Dienst kommen.
Die folgende Abbildung zeigt die Zusammensetzung der Einigungsstelle.

Zusammensetzung der Einigungsstelle

Einigungsstelle

(gebildet bei der obersten Dienstbehörde)

Unparteiischer Vorsitzender

(beide Seiten müssen sich auf die Benennung einigen)

3 Beisitzer der Arbeitgeberseite

(von der obersten Dienstbehörde bestellt)

3 Beisitzer der Arbeitnehmerseite

(mindestens ein Beamter und ein Arbeitnehmer, es sein denn, das Verfahren betrifft nur Beamte oder nur Arbeitnehmer, dann können auch nur Beamte oder nur Arbeitnehmer benannt werden)

Beide Parteien – Personalrat und Dienststellenleitung – müssen sich auf den unparteiischen Vorsitzenden einigen. Erfolgt keine Einigung, so wird der unparteiische Vorsitzende im Bereich des BPersVG vom Präsidenten des Bundesverwaltungsgerichts bestellt, im Bereich der Landespersonalvertretungsgesetze in der Regel durch den Präsidenten des Verwaltungsgerichtshofs (zweiter Instanz).

Die sieben Personen der Einigungsstelle tagen nicht öffentlich. Die Verhandlung und Beschlussfassung per Video- oder Telefonkonferenz sind unzulässig (§ 74 Abs. 5 BPersVG). Der Vorsitzende lädt zu den Sitzungen der Einigungsstelle ein. Dabei versucht er, die verschiedenen Meinungen zu hinterfragen, Probleme zu klären und auf eventuell mögliche Kompromisse hinzuwirken. Kommt es zu keiner gütlichen Einigung, entscheidet die Einigungsstelle mit Mehrheit per **schriftlichem Beschluss**. Da die Personalratsseite und die Arbeitgeberseite in der Regel geschlossen abstimmen – auch wenn die Mitglieder der Einigungsstelle unabhängig und an Weisungen nicht gebunden sind – entscheidet in vielen Fällen letztendlich die Stimme des Vorsitzenden der Einigungsstelle und bildet damit das Zünglein an der Waage.

Gegen Beschlüsse der Einigungsstelle kann das Verwaltungsgericht angerufen werden. Dabei unterliegen die Beschlüsse der Einigungsstelle lediglich der so genannten »**Rechtmäßigkeitskontrolle**« durch die Gerichte. Hat die Einigungsstelle eine Ermessensentscheidung getroffen, können die Gerichte nur nachprüfen, ob die Entscheidung ermessensfehlerhaft war bzw. ob die Grenzen des Ermessens eingehalten worden sind.

Die **Schweigepflicht** gilt auch für Sitzungen der Einigungsstelle. Sie gilt jedoch nicht für die Personalratsmitglieder in der Einigungsstelle gegenüber ihrem entsendenden Personalratsgremium.

6.2.2 Aufhebung von Beschlüssen der Einigungsstelle durch die oberste Dienstbehörde

§ 75 Abs. 2 BPersVG

Neu aufgenommen in das BPersVG 2021 (entspricht der aktuellen Rechtsprechung) wurde die Regelung, dass die oberste Dienstbehörde Beschlüsse der Einigungsstelle in Angelegenheiten, die im Einzelfall wegen ihrer Auswirkungen auf das Gemeinwesen wesentlicher Bestandteil der Regierungsgewalt sind, innerhalb von vier Wochen nach Zustellung an die Beteiligten aufheben kann (§ 75 Abs. 2 BPersVG). Nachdem der gesamte § 78 BPersVG mit den personellen Angelegenheiten von vornherein nur der eingeschränkten Mitbestimmung unterliegt und hier die Einigungsstelle sowieso nur Empfehlungen abgeben kann, wird dieser Passus in Personalangelegenheiten keine Rolle spielen. In der Praxis hat die Rechtsprechung, die hier in einen Paragrafen gegossen wurde, letztendlich keine Bedeutung.

7. Benachteiligungsverbot, Kündigungs- und Rechtsschutz für Personalratsmitglieder

Personalräte dürfen in der Ausübung ihrer Tätigkeit weder behindert noch benachteiligt werden. Dieses Benachteiligungsverbot gilt auch für die berufliche Entwicklung.

§§ 10, 55 BPersVG, § 15 KSchG

Personalratsmitglieder genießen zusätzlich einen umfassenden Schutz gegen Kündigung, Versetzung und Abordnung (§ 10 i. V. m. § 55 BPersVG sowie § 15 KSchG).

Sinn dieser Vorschriften ist es, Personalräte vor Repressionen des Arbeitgebers oder anderer Beschäftigter zu schützen und die ungestörte Ausübung des Amtes als Personalrat zu ermöglichen.

7.1 Behinderungsverbot

§ 10 BPersVG

Eine Behinderung der Personalratstätigkeit (§ 10 BPersVG) liegt immer dann vor, wenn die Tätigkeit als Personalrat oder als Personalratsgremium objektiv nicht ohne Beeinträchtigung ausgeübt werden kann, wobei es auf ein Verschulden nicht ankommt. Eine Behinderung liegt u. a. vor, wenn Sitzungsräume verweigert werden oder die Teilnahme an Sitzungen oder Sprechstunden verhindert wird. Eine Behinderung kann, wenn sie durch einen Beschäftigten gegenüber einem Personalratsmitglied oder dem Personalratsgremium erfolgt, mit einer Abmahnung geahndet werden, im Wiederholungsfall ist auch eine Kündigung möglich. Behindern Beamte den Personalrat oder einzelne Mitglieder, kann gegen sie ein Disziplinarverfahren eingeleitet werden. Bei Behinderungen der Personalratstätigkeit durch den Arbeitgeber kann das Verwaltungsgericht angerufen werden.

7.2 Benachteiligungsverbot

Personalräte dürfen wegen ihrer Personalratstätigkeit nicht benachteiligt werden (§ 10 BPersVG). Dies gilt vor allem für ihre berufliche Entwicklung. Benachteiligungen können z. B. sein: Umsetzung auf einen schlechteren Arbeitsplatz, Übertragung einer niedriger bewerteten Tätigkeit, Entzug von Vergünstigungen, Verweigerung von berufsbezogenen Fortbildungen. § 10 BPersVG

Auch voll freigestellten Personalräten müssen berufsbezogene Fortbildungen gewährt werden, wenn absehbar ist, dass sie wieder aus der Freistellung auf ihren Arbeitsplatz bzw. auf einen gleichwertigen Arbeitsplatz zurückkehren. Während der Freistellung laufen auch eventuelle Bewährungszeiten für Höhergruppierungen weiter. Ebenfalls gilt für freigestellte Personalräte, dass ihre berufliche Entwicklung fiktiv fortgeführt werden muss, so dass dieser Personenkreis auch während der Freistellung die Möglichkeit hat, höhergruppiert oder befördert zu werden.

Je nach Fallgestaltung kann bei einer Verletzung des Benachteiligungsverbots das Arbeits- oder Verwaltungsgericht angerufen werden.

7.3 Versetzungs- und Abordnungsverbot

Durch eine Versetzung oder Abordnung (§ 55 Abs. 2 BPersVG) kann die Tätigkeit eines Personalrats erschwert, behindert oder gar verhindert und somit das Gremium geschwächt werden. Daher ist eine Versetzung oder Abordnung gegen den Willen des betroffenen Personalrats nicht zulässig. Sollte der Arbeitgeber dennoch der Meinung sein, dass die Versetzung oder Abordnung unumgänglich notwendig ist, muss er die Zustimmung des Personalrats einholen. § 55 Abs. 2 BPersVG

Voraussetzung für einen solchen Antrag an den Personalrat ist, dass die Versetzung oder Abordnung – auch bei Berücksichtigung der Personalratsmitgliedschaft – aus wichtigen dienstlichen Gründen unvermeidbar ist. Bei der Beantragung reicht daher ein dienstlicher Grund allein nicht aus. Als Faustregel kann gelten: »Ein wichtiger Grund liegt dann vor, wenn die Dienststelle ohne diese Maßnahme zusammenbricht.«

Stimmt der Personalrat der Versetzung oder Abordnung nicht zu, besteht hier keine Möglichkeit für ein Stufenverfahren. Die Entscheidung des Personalrats ist endgültig. Genauso kann hier die Verweigerung der Zustimmung durch den Personalrat – anders als bei einer fristlosen Kündigung – nicht durch das Verwaltungsgericht ersetzt werden.

7.4 Kündigungsschutz

Jeder Personalrat und jedes Mitglied einer Jugend- und Auszubildendenvertretung ist gegen eine ordentliche Kündigung geschützt. Der Kündigungsschutz ergibt sich nicht direkt aus den Personalvertretungsgesetzen, sondern aus dem Kündigungsschutzgesetz. Dort heißt es:

§ 15 Unzulässigkeit der Kündigung
(1) …
(2) Die Kündigung eines Mitglieds einer Personalvertretung, einer Jugend- und Auszubildendenvertretung oder einer Jugendvertretung ist unzulässig, es sei denn, dass Tatsachen vorliegen, die den Arbeitgeber zu einer Kündigung aus wichtigem Grund ohne Einhaltung einer Kündigungsfrist berechtigen, und dass die nach dem Personalvertretungsrecht erforderliche Zustimmung vorliegt oder durch gerichtliche Entscheidung ersetzt ist. Nach Beendigung der Amtszeit der in Satz 1 genannten Personen ist ihre Kündigung innerhalb eines Jahres, vom Zeitpunkt der Beendigung der Amtszeit an gerechnet, unzulässig, es sei denn, dass Tatsachen vorliegen, die den Arbeitgeber zur Kündigung aus wichtigem Grund ohne Einhaltung einer Kündigungsfrist berechtigen; dies gilt nicht, wenn die Beendigung der Mitgliedschaft auf einer gerichtlichen Entscheidung beruht.

Der nachwirkende Kündigungsschutz von einem Jahr soll helfen, wenn es in der Amtsperiode mit dem Arbeitgeber »gekracht« hat, die Gemüter – der Arbeitgeberseite – wieder abkühlen zu lassen.
Der Kündigungsschutz bezieht sich auf jede ordentliche Kündigung, sei es aus **personen-, verhaltens- oder betriebsbedingten Gründen**.
Der klassische **personenbedingte Grund** für eine Kündigung besteht in der körperlichen Unfähigkeit, die geschuldete Arbeitsleistung zu erbringen (der Grund liegt in der Person und ihren Möglichkeiten, Kenntnissen und Fertigkeiten, die Arbeitsleistung zu erbringen – z. B. ein Klavierspieler verliert beide Arme, oder Kündigung wegen Krankheit).
Verhaltensbedingte Gründe für eine Kündigung können sein: ständiges Zuspätkommen, Überziehen der Mittagspause, unentschuldigtes Fehlen. Verhaltensbedingt bedeutet, der Beschäftigte selbst kann sein Verhalten steuern und darauf Einfluss nehmen. Zwar sind Personalräte hier gegen ordentliche Kündigungen geschützt; allerdings kann der Arbeitgeber bei entsprechendem Fehlverhalten oder einer so genannten Schlechtleistung eine Abmahnung aussprechen. Nachdem Abmahnungen auch über mehrere Jahre wirken können, empfiehlt es sich immer, eine Abmahnung

von der Gewerkschaft oder einem Rechtsanwalt überprüfen zu lassen, um festzustellen, ob die Abmahnung berechtigt ist oder nicht.

> **Hinweis:**
> Eine Abmahnung ist nach dem BPersVG keine beteiligungspflichtige Maßnahme.

Betriebsbedingte Gründe können sein: Teilschließung einer Dienststelle, Verlagerung einer Dienststelle, Auftrags- oder Antragsrückgang. Wird eine »Betriebsabteilung« ganz stillgelegt, dann ist ein betroffener Personalrat in eine andere Abteilung zu übernehmen (§ 15 Abs. 5 KSchG). Nur wenn dies nicht möglich ist, kann eine Kündigung ausgesprochen werden. An die Unmöglichkeit einer Übernahme in eine andere Abteilung sind jedoch hohe Anforderungen zu stellen. **§ 15 Abs. 5 KSchG**

Personalräte sind auch gegen **Änderungskündigungen** aller Art geschützt. Eine Änderungskündigung bedeutet die Beendigung des bisherigen Arbeitsverhältnisses unter gleichzeitigem Angebot eines neuen Arbeitsverhältnisses zu geänderten Bedingungen. Die geänderten Bedingungen können sein: Veränderung von Lage oder Dauer der Arbeitszeit, Herabgruppierung, Streichung von Nebenabreden aus dem Arbeitsvertrag. Im Rahmen der Vertragsfreiheit kann jedoch jedes Personalratsmitglied auf freiwilliger Basis einer Änderungskündigung zustimmen.

Wichtig für Beamte: Beamte haben keinen absoluten Kündigungsschutz wie Personalräte im Arbeitnehmerstatus. Dienstordnungsangestellte (DO-Angestellte), z. B. der Krankenkassen oder Rentenversicherungsträger, zählen hier als Beamte. Beamte und DO-Angestellte können somit im Rahmen eines Disziplinarverfahrens aus dem Dienst entfernt werden. Der Personalrat hat in einem solchen Fall nur Mitwirkungs-, keine Mitbestimmungsrechte.

> **Exkurs:**
> Auch die **Mitglieder des Wahlvorstands** haben ab ihrer Bestellung einen absoluten Schutz gegen eine ordentliche Kündigung. Dieser Kündigungsschutz wirkt für ein halbes Jahr nach Bekanntgabe des Wahlergebnisses nach. Ebenfalls haben **Wahlbewerber** ab dem Zeitpunkt der Aufstellung des Wahlvorschlags einen absoluten Schutz gegen ordentliche Kündigungen. Auch hier gilt der Kündigungsschutz bis sechs Monate nach Bekanntgabe des Wahlergebnisses (siehe jeweils § 15 Abs. 3 KSchG). Sinn dieser Vorschrift ist es, den Mitgliedern des Wahlvorstands und den Wahlbewerbern Schutz vor Wahlbeeinflussung oder Repressalien zu gewähren.

§ 15 Abs. 3 KSchG Keinen absoluten Schutz haben Personalratsmitglieder gegen eine Kündigung aus wichtigem Grund (auch fristlose oder außerordentliche Kündigung genannt). Gründe für eine solche fristlose Kündigung können sein: Unterschlagung, Diebstahl, Geheimnisverrat, sexuelle Belästigung, ausländerfeindliche Hetze, Gewalttätigkeit gegen Kollegen oder Vorgesetzte. Will der Arbeitgeber einen Personalrat fristlos kündigen, muss er beim Personalrat einen Antrag auf Zustimmung zu dieser Maßnahme stellen. Der Personalrat selbst hat dann drei Arbeitstage Zeit, sich zum Antrag zu äußern. Der Personalrat kann die Frist auch verstreichen lassen, was in diesem Fall aber **keiner** Zustimmung durch Fristablauf gleichkommt. Vielmehr ist im Personalvertretungsgesetz ausdrücklich geregelt, dass dann keine Zustimmung erfolgt ist.

§ 626 Abs. 2 BGB Will der Arbeitgeber die fristlose Kündigung weiterverfolgen, ist er gezwungen, das Verwaltungsgericht anzurufen und die Ersetzung der nicht erfolgten Zustimmung des Personalrats zu beantragen. Dabei muss der Arbeitgeber das Verwaltungsgericht innerhalb von zwei Wochen nach Kenntnis des Vorgangs, der ihn aus seiner Sicht zur Kündigung berechtigt, angerufen haben. Denn normalerweise gilt, dass eine fristlose Kündigung nur innerhalb von 14 Tagen (§ 626 Abs. 2 BGB) nach Kenntnis des betreffenden Ereignisses gegenüber dem Beschäftigten ausgesprochen werden kann. Wird diese Frist versäumt, kann keine fristlose Kündigung mehr erfolgen. Durch die rechtzeitige Anrufung des Verwaltungsgerichts wird diese Frist jedoch gehemmt. Erst mit dem endgültigen Abschluss des Verwaltungsgerichtsverfahrens kann der Arbeitgeber die Kündigung aussprechen. Das betroffene Personalratsmitglied hat nach dem Ausspruch der Kündigung immer noch die Möglichkeit, diese vor dem Arbeitsgericht anzufechten. Zu beachten ist, dass die Entscheidung des Verwaltungsgerichts in die Beurteilung beim Arbeitsgericht mit einfließt. Die Ausschlussfrist für eine Klage vor dem Arbeitsgericht beträgt drei Wochen.

Einen nachwirkenden Kündigungsschutz bei ausgeschiedenen Personalratsmitgliedern gegen außerordentliche Kündigungen sieht das Kündigungsschutzgesetz nicht vor.

Wird die fristlose Kündigung ohne Zustimmung des Personalrats oder ohne rechtskräftige Ersetzung der Zustimmung durch das Verwaltungsgericht ausgesprochen, ist die Kündigung nichtig.

Praxistipp:
Gerne geben Arbeitgeber die Parole aus, die Arbeit des Personalrats stelle eine »**Störung des Betriebsfriedens**« dar. Gerade aktive Personalräte sollen damit eingeschüchtert werden, weil mit diesem Begriff immer im Hinterkopf auch eine Kündigung verknüpft ist. Daher: Wenn dieser Begriff fällt,

sich nicht ins Bockshorn jagen lassen und gelassen seine Arbeit weitermachen und mit dem Gremium und der Gewerkschaft Gegenstrategien überlegen!

Der Schutz vor Benachteiligung, Behinderung, Versetzung oder Abordnung, Kündigung und fristloser Kündigung betrifft alle Personalräte und Jugend- und Auszubildendenvertreter; und er trifft für alle Personalrats- und Jugendgremien (GPR, HPR, BPR, HJAV, GJAV, PR und JAV) zu. Beim Antrag auf Zustimmung zu einer fristlosen Kündigung eines Personalratsmitglieds handelt es sich um keine Gruppenangelegenheit. Das gesamte Personalratsgremium ist dabei zur Beratung und Beschlussfassung berechtigt. Das betroffene Personalratsmitglied kann jedoch selbst an der Beratung und Abstimmung nicht teilnehmen, das entsprechende Ersatzmitglied ist zu diesem Tagesordnungspunkt zu laden.

8. Personalrat und Gewerkschaft

8.1 Rolle und Aufgabe der Gewerkschaften

Art. 9 Abs. 3 GG

Jeder Arbeitnehmer in Deutschland hat das Recht, sich gewerkschaftlich zu organisieren und tätig zu werden. Grundlage dafür ist Art. 9 Abs. 3 GG, der die so genannte **Koalitionsfreiheit** garantiert. Merkmale für eine Koalition (Gewerkschaft), wie sie sich aus der Rechtsprechung und der arbeitsrechtlichen Literatur ergeben, sind:

- Zweck der Koalition muss die Wahrnehmung und Förderung der Arbeits- und Wirtschaftsbedingungen sein,
- die Koalition muss auf freiwilligem Beitritt beruhen,
- die Koalitionen müssen vom sozialen Gegenspieler unabhängig sein (vom Arbeitgeber unterstützte »gelbe« Gewerkschaften können sich nicht auf Art. 9 Abs. 3 GG berufen),
- die Koalitionen müssen eine demokratische Struktur besitzen,
- die Koalitionen müssen zum Arbeitskampf bereit und fähig sein, Durchsetzungskraft gegenüber den Arbeitgebern und eine gewisse Leistungsfähigkeit der Organisation besitzen, da nur so die Interessen der Mitglieder effektiv vertreten werden können; das Recht der Gewerkschaften, auch Arbeitskämpfe durchzuführen, wird ausdrücklich bestätigt.

Das **Streikrecht** ist ein Grundrecht. Die Arbeitnehmerseite kann nur wirkungsvoll Druck ausüben, wenn sie auch zum Mittel der kollektiven Arbeitsverweigerung, des Streiks, greifen kann. Der Streik ist wesentlicher Bestandteil der **Tarifautonomie**. Mit ihm kann dem strukturellen Ungleichgewicht zwischen Arbeitgeber und dem einzelnen Arbeitnehmer entgegengetreten werden und er ermöglicht erst das freie Aushandeln von Tarifverträgen. Verhandlungen der Gewerkschaften mit den Arbeitgebern ohne Streikrecht hätten nur den Charakter einer »kollektiven Bettelei«.

Die meisten Tarifverträge werden abgeschlossen, ohne dass es zum Arbeitskampf kommt. Für das Ergebnis der Tarifverhandlungen gerade auf Arbeitnehmerseite ist es aber wichtig, bereit und auch mächtig genug für einen Streik zu sein. Das Streikrecht ist in zahlreichen internationalen Abkommen anerkannt, wie z. B. in der Europäischen Sozialcharta und den Übereinkommen der Internationalen Arbeitsorganisation (IAO).

Ein **Beispiel** für die **branchenübergreifende Wirkung von Tarifverträgen und der Wahrnehmung des Streikrechts** war die Auseinandersetzung 1996 um die Kürzung der Entgeltfortzahlung im Krankheitsfall auf 80 %. Nachdem die damalige Bundesregierung ein entsprechendes Gesetz verabschiedet hatte und die Arbeitgeber in der Metallindustrie umgehend die Verschlechterung umsetzen wollten, kam es unverzüglich zu massiven Streiks in der Metallindustrie. Als Ergebnis wurde in den meisten Tarifverträgen die 100 %ige Lohnfortzahlung vereinbart. Die Kürzung der Lohnfortzahlung war durch diese massive Streikbewegung und die positiven Tarifabschlüsse auch im Öffentlichen Dienst vom Tisch.

Das **Tarifvertragsgesetz** nennt als Tarifvertragspartei auf Seiten der Arbeitnehmer ausschließlich die Gewerkschaften. Da Tarifverträge unmittelbar und zwingend zwischen den Tarifvertragsparteien gelten und damit für die Arbeitnehmer eine immense Schutzfunktion haben, sind die oben genannten Kriterien, die an eine Gewerkschaft anzulegen sind, von größter Bedeutung. Damit soll verhindert werden, dass selbsternannte Mini-»Gewerkschaften« ohne Rückhalt bei den Arbeitnehmern Tarifverträge abschließen, die unter dem Niveau bestehender Tarifverträge liegen (siehe Beispiel unter 9.3).

Das Bundesverfassungsgericht unterstützt diese Position, die einer nicht durchsetzungsfähigen Koalition die **Tariffähigkeit** nicht zuerkennt und ausschließlich durchsetzungsfähigen Koalitionen zuweist. Dies sorgt für ein funktionsfähiges Tarifsystem und vermeidet, dass der Staat selbst zur Ordnung des Arbeitslebens gezwungen wird, indem gesetzliche Mindestarbeitsbedingungen festgesetzt werden (vgl. BAG vom 20. 10. 1981). Die Gestaltungs- und die Schutzfunktion der Gewerkschaften für die Arbeitnehmer in Deutschland kann deshalb nicht hoch genug eingeschätzt werden.

Das Tarifeinheitsgesetz (TEG) von 2015 hat den Zweck, dass für jeden Betrieb nur ein Tarifvertrag – nämlich der der mitgliederstärksten Gewerkschaft – gelten soll. Es wurde vom Bundesverfassungsgericht 2017 »im Großen und Ganzen« für zulässig erklärt. Aus Sicht der Autoren wirft das Gesetz mehr Fragen auf als es Antworten gibt.

Die Gewerkschaften ver.di und Marburger Bund haben am 1. Dezember 2017 eine Vereinbarung zum Umgang mit den Auswirkungen des Tarifeinheitsgesetzes unterzeichnet. Die Vereinbarung soll verhindern, dass Arbeitgeber die Gewerkschaften auf Kosten der Beschäftigten gegeneinander ausspielen können. Zweck der Verabredung beider Organisationen: Die bisherige Möglichkeit sog. tarifpluraler Regelungen – in einem Betrieb werden verschiedene Tarifverträge angewendet – soll auch unter den Rahmenbedingungen des Tarifeinheitsgesetzes für die Zukunft erhalten bleiben.

§ 9 BPersVG

Das BPersVG hebt bereits bei den allgemeinen Vorschriften (§ 9 BPersVG) die **Bedeutung der Gewerkschaften** hervor und verpflichtet Dienststelle und Personalrat auf ein Zusammenwirken mit der Gewerkschaft (siehe 9.3). Für eine effektive Personalratsarbeit ist eine enge Zusammenarbeit und Unterstützung der Gewerkschaft in Form von Schulungen, grundsätzlichen Informationen, arbeitsrechtlicher Beratung und überhaupt durch Bereitstellung des Knowhows der Gewerkschaften unverzichtbar.

8.2 Unterschiedliche Aufgaben von Personalrat und Gewerkschaft

Der Personalrat ist die **betriebliche Interessenvertretung** der Beschäftigten. Er soll die Interessen der einzelnen Arbeitnehmer im sozialen Gefüge des Betriebs bzw. der Dienststelle gegen den sonst übermächtigen Arbeitgeber vertreten. Er hat dafür einzutreten, dass die zugunsten der Beschäftigten bestehenden tarif- und dienstrechtlichen Bestimmungen eingehalten werden. Der Personalrat hat also, anders als die Gewerkschaften, nicht die Aufgabe, Arbeitsrecht zu gestalten.

Der Personalrat arbeitet auf der Grundlage staatlicher Gesetze. Er besitzt somit einerseits Rechte, unterliegt aber auch gesetzlichen Einschränkungen. So unterliegt er der Friedenspflicht und ist zur vertrauensvollen Zusammenarbeit mit der Dienststellenleitung verpflichtet. Nicht wenige öffentliche Arbeitgeber legen die »vertrauensvolle Zusammenarbeit« als einseitige Bringschuld des Personalrats aus und versuchen, ihn gerade bei wirtschaftlichen Schwierigkeiten der Dienststelle auf das »Allgemeininteresse«, definiert vom Arbeitgeber, festzulegen.

Jedes einzelne Personalratsmitglied ist – ob man es will oder nicht – finanziell von seinem jeweiligen Arbeitgeber abhängig. Auch der Personalrat als Gremium ist in seiner sachlichen Ausstattung vom Arbeitgeber abhängig. Es ist **keine Partnerschaft auf »gleicher Augenhöhe«**, auch wenn der Arbeitgeber verbal noch so die partnerschaftliche Zusammenarbeit oder die Prinzipien des »Co-Managements« hochhalten sollte. Der Arbeitgeber kann seine Einstellungen und Meinungen wechseln, ohne dass der Personalrat den vorher zugesagten partnerschaftlichen Stil irgendwie

justiziabel einklagen könnte, oder: Der Arbeitgeber in Person kann einfach wechseln oder wird ausgetauscht und alles wird anders.
Anders ist die Stellung der **Gewerkschaften**. Sie sind ein freier Zusammenschluss von Arbeitnehmern und werden ausschließlich durch Mitgliedsbeiträge finanziert. Sie sind also **von den Arbeitgebern in jeder Form unabhängig** und können somit Arbeitsrecht als gleichgestellter Verhandlungspartner gestalten. Eine im Tarifvertragsgesetz ausdrücklich festgelegte Aufgabe von Gewerkschaften ist der Abschluss von Tarifverträgen durch freie Verhandlungen mit den Arbeitgebern. Die rechtliche Anerkennung eines Zusammenschlusses von Arbeitnehmern als Gewerkschaft ist auch ausdrücklich gebunden an eine gewisse Mächtigkeit und Durchsetzungsfähigkeit, d. h. konkret auch Streikfähigkeit.

8.3 Die Rechte der Gewerkschaften im Öffentlichen Dienst

Die **Stellung der Gewerkschaften** ist in § 9 BPersVG definiert. Ausdrücklich neu ist in der novellierten Fassung von 2021 das Recht der Gewerkschaften, dass sie von der Dienststelle verlangen können, in ihrem Intranet den Internetauftritt der Gewerkschaft zu verlinken. § 9 BPersVG

§ 9 Stellung der Gewerkschaften und Arbeitgebervereinigungen

(1) Dienststelle und Personalvertretung arbeiten mit den in der Dienststelle vertretenen Gewerkschaften und Arbeitgebervereinigungen zum Wohl der Beschäftigten und zur Erfüllung der der Dienststelle obliegenden Aufgaben vertrauensvoll zusammen.

(2) Den Beauftragten der in der Dienststelle vertretenen Gewerkschaften ist zur Wahrnehmung der in diesem Gesetz genannten Aufgaben und Befugnisse nach Unterrichtung der Dienststelle Zugang zu der Dienststelle zu gewähren, soweit dem nicht zwingende dienstliche Gründe, zwingende Sicherheitsvorschriften oder der Schutz von Dienstgeheimnissen entgegenstehen.

(3) Die Aufgaben der Gewerkschaften und der Vereinigungen der Arbeitgeber, insbesondere die Wahrnehmung der Interessen ihrer Mitglieder, werden durch dieses Gesetz nicht berührt. Auf Verlangen einer Gewerkschaft oder einer Vereinigung der Arbeitgeber hat die Dienststelle in ihrem Intranet auf den Internetauftritt der Gewerkschaft oder der Arbeitgebervereinigung zu verlinken.

Das BPersVG weist den Gewerkschaften ausdrücklich weitere Rechte zu. Die wichtigsten sind:

§ 23 BPersVG
- **Einberufung einer Personalversammlung zur Wahl eines Wahlvorstands**: Besteht in der Dienststelle kein Personalrat, kann die in der Dienststelle vertretene Gewerkschaft die Einberufung einer Personalversammlung zur Wahl eines Wahlvorstands beantragen (§ 23).

§§ 22 Abs. 1, 26 BPersVG
- **Wahlvorschläge und Wahlanfechtung**: Die Gewerkschaft kann Wahlvorschläge einreichen (§ 22 Abs. 1) und hat auch das Recht, die Wahl anzufechten (§ 26).

§ 37 BPersVG
- **Recht auf Teilnahme an Personalratssitzungen**: Auf Antrag eines Viertels der Mitglieder des Personalrats oder der Mehrheit einer Gruppe kann ein Vertreter einer im Personalrat vertretenen Gewerkschaft an der Sitzung des Personalrats teilnehmen (§ 37).

§ 30 BPersVG
- **Ausschluss eines Personalratsmitglieds, Auflösung des Personalrats**: Auf Antrag einer in der Dienststelle vertretenen Gewerkschaft kann das Verwaltungsgericht den Ausschluss eines Personalratsmitglieds oder die Auflösung des Personalrats wegen grober Vernachlässigung seiner gesetzlichen Befugnisse und Pflichten beschließen (§ 30).

§ 58 Abs. 2 BPersVG
- **Teilnahme an Personalversammlungen**: Beauftragte der in der Dienststelle vertretenen Gewerkschaften sind befugt, mit beratender Stimme an der Personalversammlung teilzunehmen (§ 58 Abs. 2).

§ 59 Abs. 3 BPersVG
- **Einberufung von Personalversammlungen**: Lädt der Personalrat nicht zu den vorgeschriebenen halbjährlichen Personalversammlungen ein, so hat er die Versammlung auf Antrag der in der Dienststelle vertretenen Gewerkschaft vor Ablauf von 15 Arbeitstagen durchzuführen (§ 59 Abs. 3).

Nach einem Urteil des Bundesverfassungsgerichts ist die Mitgliederwerbung der Gewerkschaften ausdrücklich den grundgesetzlich geschützten Rechten zugeordnet (BVerfG vom 14. 11. 1995 – 1 BVR 601/82). Gewerkschaftlich organisierte Personalräte haben das Recht, gewerkschaftliche Informations- und Werbematerialien zu verteilen und zu diesem Zweck die Mitarbeiter am Arbeitsplatz aufzusuchen, wenn dies zu keiner Störung des Arbeitsablaufs oder des Betriebsfriedens führt (LAG Hessen vom 17. 2. 1997 – 11 Sa 1776/96). Personalräte sind zur gewerkschaftsneutralen Amtsausübung verpflichtet, was aber lediglich eine deutliche Unterscheidung zwischen dem gewerkschaftlichen Einsatz und dem Einsatz für das Amt der betrieblichen Interessenvertretung verlangt. Natürlich ist es verboten, als Personalratsmitglied Druck auf Beschäftigte zum Eintritt in die Gewerkschaft auszuüben. Die Vorteile einer Mitgliedschaft in der Gewerkschaft können aber selbstverständlich benannt werden.

8.4 Unterstützung des Personalrats durch die Gewerkschaft

Gerade wegen der immer noch bei einigen (kommunalen) Arbeitgebern – offen oder verdeckt – vorhandenen gewerkschaftsfeindlichen Haltung ist eine enge Zusammenarbeit der Personalräte mit den Gewerkschaften dringend notwendig, um ihre Position in der Dienststelle zu stärken und die Interessen der Beschäftigten besser zu vertreten.
Ein ganz wesentlicher Punkt ist, dass der Personalrat sich bei der Nutzung der gewerkschaftlichen Angebote und Strukturen mit anderen Personalräten **vernetzen** kann. Gleiche Problemlagen können erkannt, gemeinsame Forderungen und Aktionen abgestimmt und abgesprochen werden. Dies hilft, um über den »eigenen Tellerrand« hinauszuschauen und von den Erfahrungen anderer Personalräte zu lernen.

Praxistipp:
In folgenden Bereichen können Personalräte und Gewerkschaften zusammenarbeiten bzw. kann ein Personalrat Unterstützung durch die Gewerkschaft erhalten:

- Beratung in Fragen des Arbeitsrechts und der Wahrnehmung der Beteiligungsrechte
- Information über aktuelle Änderungen des Arbeitsrechts und neue Rechtsprechung
- umfangreiche Schulungsangebote der Gewerkschaften sowohl zu allgemeinen als auch zu speziellen und aktuellen Fragen des Arbeitsrechts, des Sozialrechts und zu sozialpolitischen Fragen
- Angebote der Gewerkschaften für so genannte Kerngruppenseminare, an dem Gewerkschaftsmitglieder, Vertrauensleute und Personalräte einer Dienststelle gemeinsam teilnehmen können
- Rechtsberatung von gewerkschaftlich organisierten Beschäftigten
- Tagungen mit anderen Personalräten, Betriebsräten und (kirchlichen) Mitarbeitervertretungen
- Beratung des Personalrats vor Ort
- Unterstützung bei Verhandlungen und Auseinandersetzungen mit dem Arbeitgeber
- Unterstützung des Personalrats durch sachkundige und gegenüber dem Arbeitgeber unabhängige Referenten bei Personalversammlungen
- Rechtsbeistand bei gerichtlichen Auseinandersetzungen
- gemeinsame Aktivitäten bei gesellschafts-, sozial- und tarifpolitischen Fragen
- Die Gewerkschaften haben die Möglichkeit, eine eigene Öffentlichkeits- und Pressearbeit zu machen. Sie unterliegen nicht den Einschränkungen des Personalrats durch die Personalvertretungsgesetze.

Hinweis:
Es ist mit der im BPersVG festgehaltenen Neutralitätspflicht vereinbar, wenn ein Personalratsgremium in bestimmten Fragen nur mit einer im Personalrat vertretenen Gewerkschaft zusammenarbeitet, wenn diese über das entsprechende Know-how verfügt.

8.5 Personalratsarbeit und gewerkschaftliche Arbeit als gegenseitige Ergänzung

Personalratsarbeit und gewerkschaftliche Arbeit stehen nicht in Konkurrenz zueinander, vielmehr können sie sich gegenseitig hervorragend ergänzen. Personalräte sind oft stark eingebunden in die betrieblichen Strukturen, sie denken oft im formellen Rahmen der Mitbestimmung und dem dazugehörigen, oft vorgegebenen und ritualisierten Ablauf von Gesprächen und Erörterungen mit der Leitung. Leicht setzt sich die Tendenz zur Überbetonung sowohl der gesetzlichen Möglichkeiten als auch der gesetzlichen Einschränkungen durch; betriebliche Rahmenbedingungen werden quasi als naturgegeben und unveränderlich hingenommen.
Gewerkschaftliche Arbeit, insbesondere wenn sie basisbezogen ist und sich an den Interessen der Beschäftigten orientiert, kann hier ein wertvolles Korrektiv sein. Eine aktive Gewerkschaftsgruppe kann in einer konstruktiven Auseinandersetzung mit dem Personalrat dazu beitragen, die vermeintliche Logik der Sachzwänge zu hinterfragen und die Diskussion und Verfolgung politischer Zielsetzungen bewusst anzugehen.
Auch wenn es gerade für die langjährigen Personalratsmitglieder unangenehm ist, ihre Arbeit von außen in Frage stellen zu lassen – vielleicht noch von jungen oder im Betrieb angeblich noch nicht so erfahrenen Kollegen – so ist diese Auseinandersetzung doch als Chance zu sehen. Mitarbeiter mit einem unverstellten »Blick von außen« erkennen eher die gar nicht so selten bei Personalräten verbreitete Haltung des täglichen Durchwurstelns, verbunden mit einem eingeschränkten »Tunnelblick«, nicht selten geprägt durch die von der Arbeitgeberseite vorgegebenen Themen und vorstrukturiert durch die formalrechtlichen Auseinandersetzungslinien.
Aus Sicht des Personalrats ist der wichtige Aspekt: **Aktive Beschäftigte stärken den Personalrat**. Was nützt der beste und ausgefeilteste Tätigkeitsbericht des Personalrats, wenn es auf der Personalversammlung keine Nachfragen und keine Diskussion gibt? Wie stark steht ein Personalrat vor dem Arbeitgeber da, wenn er eine von ihm beabsichtigte Maßnahme

als mitarbeiterfeindlich und unsozial geißelt, in der Dienststelle aber eine Friedhofsruhe herrscht? Was macht der Personalrat, wenn ein Arbeitgeber fortgesetzt einen restriktiven Kurs gegen Mitarbeiter und den Personalrat fährt und in Gesprächen gar nicht mehr zugänglich ist?
Beste Argumente und beste Strategien bei Verhandlungen nutzen oft nichts, wenn der nötige Druck von unten, von den Beschäftigten, fehlt. Hier haben gewerkschaftliche Vertrauensleute die Möglichkeit, über Informationen und Diskussionen Beschäftigte zu aktivieren und die Möglichkeiten der Gewerkschaften, z. B. in Form der Erstellung und Verteilung von Flugblättern oder Betriebszeitungen, voll zu nutzen. Betriebliche Aktionen können dem Personalrat gerade bei schwierigen Verhandlungen hervorragend den Rücken stärken.
Die Erfahrung zeigt, dass Personalräte ganz schnell an ihre Grenzen stoßen, wenn ehemals sozialpartnerschaftlich orientierte Arbeitgeber ihren Kurs ändern oder ausgetauscht werden gegen solche mit eher autoritärer oder rein technokratischer Ausrichtung, auch wenn sie noch so geschickt und kompetent verhandeln. Um es bildlich auszudrücken, sie stehen da wie ein General ohne Truppen.
Ein Personalrat, der sich an den Interessen der Beschäftigten orientiert, der an einer lebendigen Betriebskultur interessiert ist und der seine Arbeit auch mal auf den Prüfstand stellen möchte, muss ein existenzielles Interesse an einer aktiven Gewerkschaftsarbeit und aktiven Beschäftigten in seiner Dienststelle haben.

Praxistipp:
Die von der Gewerkschaft ver.di angebotenen **Betriebsgruppen- bzw. Vertrauensleuteseminare** für Gewerkschaftsmitglieder, Vertrauensleute und Personalräte einer Dienststelle bieten eine ausgezeichnete Chance, in dieser übergreifenden Zusammensetzung eine Bestandsaufnahme der Dienststelle vorzunehmen und die Aufgaben und Ziele einer betrieblichen Gewerkschaftsarbeit verbunden mit der Personalratsarbeit neu zu bestimmen. Im Abschnitt 5.2 sind dazu eine Reihe von Vorschlägen zur Strukturierung der Diskussion und der Weiterarbeit angeführt unter dem Leitmotiv »vom Reagieren zum Agieren«. Bei solchen Kerngruppenseminaren können auch konkrete Absprachen getroffen werden über die unterschiedlichen Aufgaben der gewerkschaftlichen Vertrauensleute und des Personalrats und wie diese Aufgaben effektiv aufeinander abgestimmt werden können. Die gesteckten Ziele sollten möglichst konkret sein, wie z. B.:
- Einrichten regelmäßiger Treffen der Vertrauensleute oder einer gewerkschaftlichen Betriebsgruppe zusammen mit den gewerkschaftlich organisierten Personalratsmitgliedern

- Sicherstellen der Verteilung von gewerkschaftlichem Informationsmaterial
- Aufbau eines Vertrauensleutesystems in dem Sinne, dass für jede größere Abteilung ein Gewerkschaftsmitglied als Ansprechpartner zur Verfügung steht
- Festlegen von formellen und informellen Informationsflüssen, gegenseitiger Benachrichtigung und Unterstützung
- Vorbereiten und inhaltliche Absprachen zur nächsten Personalversammlung
- Einrichten bzw. regelmäßiges aktuelles Bestücken eines Schwarzen Bretts der Gewerkschaft oder von Gewerkschaft und Personalrat zusammen
- wenn möglich: Herausgabe eines eigenen Informationsblatts der betrieblichen Gewerkschaftsgruppe oder stattdessen gewerkschaftliche Veröffentlichungen in einem Personalrats-Info.

9. Personalrat und öffentlicher Arbeitgeber

9.1 Öffentliche Daseinsvorsorge

»Den Gemeinden muss das Recht gewährleistet sein, alle Angelegenheiten der örtlichen Gemeinschaft im Rahmen der Gesetze in eigener Verantwortung zu regeln«, heißt es in Art. 22 Abs. 2 GG. Art. 20 GG führt weiter aus: »Die Bundesrepublik Deutschland ist ein demokratischer und sozialer Bundesstaat.« Daraus ergibt sich die Aufgabe der »öffentlichen Daseinsvorsorge«: Die **Grundversorgung der Bürger** ist durch die Bereitstellung von öffentlichen Einrichtungen zu sichern. Dazu gehören beispielsweise die Schulen und Bildungseinrichtungen, die Gas-, Wasser- und Elektrizitätsversorgung, Krankenhäuser und die Verkehrs-Infrastruktur.

Art. 20, 22 Abs. 2 GG

Der Begriff der öffentlichen Daseinsvorsoge ist jedoch nicht konkret definiert. Auslegung und Reichweite des Begriffs unterliegen daher dem »Zeitgeist«. Der Dienstleistungssektor wurde in den letzten Jahren wirtschaftlich immer bedeutender. Internationale Konzerne drängen in Bereiche wie Bildung, Erziehung und Gesundheitswesen und fordern die Einführung von Markt und Wettbewerb im gesamten Dienstleistungssektor. Noch Anfang der 1990er Jahre war es bei den meisten politischen Repräsentanten unbestritten, dass Einrichtungen der »öffentlichen Daseinsvorsorge« nicht privatisiert werden dürfen. Insbesondere für die Dienstleistungen an Menschen gab es die vorherrschende Meinung, dass die Erziehung von Kindern, die Pflege und Versorgung von Alten und Kranken nicht dem Markt und dem Wettbewerb ausgesetzt werden können, da dies zu einer erheblichen Einschränkung der Qualität der Dienstleistung führt.

Es wurde begonnen, staatliche Leistungen z.B. im Gesundheitswesen systematisch schlecht zu reden, eine »Kostenexplosion« heraufzubeschwören, die so nie stattgefunden hat. Privatisierungen und die Deregulierung der Arbeitsverhältnisse werden als das Allheilmittel dargestellt, um »flexible Organisationsformen« zu finden und den bürokratischen

Staat einzuschränken. Außerdem gebe es einen weltweiten Trend, öffentliche Strukturen privat zu führen.

»Privatisierung ist ein wirksamer Beitrag zur Modernisierung und Entbürokratisierung unseres Staatswesens und damit auch zur Stärkung des Wirtschaftsstandorts Deutschland durch Konzentration des Staates auf seine Kernaufgaben.« So stand es 2007 im Geleitwort von Bundesfinanzminister Steinbrück zum Beteiligungsbericht. Natürlich wurden für diese Behauptung keine Beweise erbracht, doch die Einrichtung und Weiterführung kommunaler Betriebe wurde damit »reif geschossen«. In den Jahren ab 2000 hat die Privatisierung von ehemals öffentlichen Dienstleistungen einen mächtigen Schub bekommen, allerdings hat sich das Tempo in den letzten Jahren verringert, zu deutlich waren die schlechten Erfahrungen (s. unten 9.3).

Mit der Einführung von Wettbewerb im Dienstleistungsbereich ist auch der BAT als »Leitwährung« abgelöst und durch eine Vielzahl von Tarifverträgen ersetzt worden. Allein im Fachbereich 3 von ver.di (Gesundheit, soziale Dienste, Wohlfahrt und Kirchen) existieren ca. 2000 verschiedene Tarifverträge. Nicht nur die kommerziellen privaten Unternehmen, sondern auch so genannte gemeinnützige Einrichtungen haben ein Interesse an der Senkung der Kosten, um möglichst »wettbewerbsfähig« zu bleiben. Die Konkurrenz wird vor allem über die Senkung der Personalkosten ausgetragen und eben nicht über die Qualität der Dienstleistungen.

9.2 Die Schuldenbremse

Im Jahr 2009 beschloss der Bundestag mit Zweidrittelmehrheit unter Zustimmung des Bundesrats mit einer Verfassungsänderung die Einführung der so genannten Schuldenbremse. Durch die staatliche Schuldenbremse wird die jährliche Nettokreditaufnahme auf maximal 0,35 % des Bruttoinlandprodukts begrenzt. Nach Auslaufen der Übergangsregelung ist die Vorgabe eines ausgeglichenen Haushalts für den Bund ab 2016 zwingend einzuhalten, für die Länder ab dem Jahr 2020.

Die Einrichtung der Schuldenbremse wurde mit der hohen Verschuldung in Deutschland begründet. Außer Acht gelassen werden dabei aber die immensen Lasten durch die Wiedervereinigung, sowohl die negativen Auswirkungen der umfangreichen Steuersenkungen seit 2000 und nicht zuletzt die rasante Verschuldung in Folge der Wirtschaftskrise 2009. Vor allem führen die Kritiker an, dass der Handlungsspielraum von Ländern und Kommunen stark eingeschränkt wird und wichtige Zukunftsinves-

titionen deshalb nicht vorgenommen werden können. **Negative Auswirkungen auf Wachstum und Beschäftigung** sind die Folge.
»Unter den Handlungszwängen der Schuldenbremse sind weitere Einschnitte auf der Ausgabenseite vorprogrammiert. Aus makroökonomischer Sicht ist eine Kürzung der Ausgaben indes höchst fragwürdig. Wirtschaftswachstum ist der alleinige Weg, um die Folgen der Finanz- und Wirtschaftskrise zu meistern. Vermehrte Investitionen in Realkapital sind notwendige Bedingung hierfür. Bereits vor der Krise war in Deutschland im privaten wie im öffentlichen Sektor viel zu wenig in Bauten und Anlagen investiert worden. Das private Investitionsvolumen ist im letzten Jahrzehnt erheblich geschrumpft, und dies, obwohl die Gewinne geradezu explodiert sind und die Steuerbelastung enorm gesenkt worden war. Auch die staatlichen Investitionen wurden gekürzt. Dadurch hat sich in Deutschland eine Infrastrukturlücke in bedrohlichen Größenordnungen aufgebaut. Dies betrifft nicht nur die öffentlichen Investitionen in ›Beton‹, sondern auch die Ausgaben für Humankapital. Gerade den Ausgaben für das Humankapital, also Ausgaben für Bildung und Wissenschaft, kommt in einer wissensbasierten Wirtschaft und Gesellschaft eine besondere Bedeutung für die wirtschaftliche und gesellschaftliche Entwicklung zu.« (Dieter Vesper, Auswirkungen der Schuldenbremse. Expertise im Auftrag von ver.di o. J., S. 17)
Die Länder werden dort Einsparungen vornehmen, wo sie Handlungsmöglichkeiten besitzen, nämlich im Personalbereich und bei den Investitionsausgaben. Für die zu erwartenden Tariferhöhungen wird nicht genügend Geld eingeplant werden, was dann zwangsläufig zu **Stellenreduktionen** führen wird. Um Schulden zu vermeiden und die öffentlichen Kassen zu entlasten, sollen sich private Investoren nach dem Modell »Öffentlich-Private-Partnerschaften« (s. u. 9.4) um Autobahnen, Straßen, Schulen, Gefängnisse, Rathäuser und vieles mehr kümmern. Das Ergebnis wird allerdings sein: noch mehr Schulden.
Damit besteht die Gefahr, dass Quantität und Qualität der öffentlichen Dienstleistungen eingeschränkt werden. Statt der Beschneidung der Ausgabenseite, die von den Ländern bereits im letzten Jahrzehnt massiv vorgenommen wurde, müsste die Einnahmesituation verbessert werden.
Die Einkommensstruktur in Deutschland hat sich in den letzten Jahren extrem ungleich entwickelt, Reiche und Superreiche werden immer reicher. Eine höhere Besteuerung von Vermögen würde der Konsolidierung der öffentlichen Haushalte sehr helfen.
Wegen der wirtschaftlichen Folgen der **Corona-Pandemie** beschloss die CDU/SPD-Koalition, für 2020 und 2021 die Schuldenbremse auszusetzen. Die im Grundgesetz festgeschriebene Schuldenbremse kann bei

»außergewöhnlichen Notsituationen, die sich der Kontrolle des Staates entziehen«, außer Kraft gesetzt werden. Die Staatsverschuldung ist daraufhin in den Jahren 2020 und 2021 massiv angestiegen. Zwischen den meisten politischen Parteien ist es unbestritten, dass staatliche Interventionen wichtig sind, um die wirtschaftlichen Folgen der Corona-Krise zu bekämpfen. Mittlerweile ist klar, dass die Schuldenbremse nur noch bis Ende 2022 außer Kraft gesetzt sein wird. Notwendige Maßnahmen zum Klimaschutz werden bei einer Fortdauer der Schuldenregelung nicht umsetzbar sein. Immer lauter werden deshalb die Stimmen, die eine grundsätzliche Abschaffung der Schuldenbremse fordern.

9.3 Kurze Geschichte der Privatisierung der öffentlichen Dienstleistungen

Die Privatisierung erfolgte zuerst in Bereichen der Postdienste, der Telekommunikation und der Bahn. Hier gibt es eine nun 20-jährige Erfahrung mit den »Segnungen« der Privatisierung.
Die **Deutsche Bundespost** wurde 1989 aufgespalten in Postdienst, Telekom und Postbank. Die Deutsche Post AG wurde 1995 gegründet und 2000 an die Börse gebracht. Die Deutsche Post AG kaufte z. B. Danzas und die DHL und stieg zu einem »global player« auf. Die Gehälter der Vorstandsmitglieder stiegen, das Personal im Inland wurde abgebaut und die Qualität der Postdienstleistungen für die Kleinkunden verschlechterte sich. Allein zwischen 1989 und 2006 hat die Post 173 000 Stellen gestrichen. Gab es 1983 noch 29 000 Postfilialen, so waren es 2008 nur noch rund 13 000 private Postagenturen.
Die Löhne der Beschäftigten der früheren Bundespost regelte bis Ende 2000 der »Tarifvertrag Bundespost«, der sich an den Gehaltssteigerungen des BAT im Öffentlichen Dienst orientierte. Mit dem Börsengang wurde diese Ankoppelung aufgegeben und ein neuer Rahmentarifvertrag im Jahr 2001 für die Arbeiter und 2003 für die Angestellten abgeschlossen. Für die nach 2001 Eingestellten galt der neue DP-AG-Tarifvertrag, der teilweise bis zu 30 % unter den alten Tarifverträgen liegt.
Unter Ausnutzung der Befristungsmöglichkeiten des Teilzeit- und Befristungsgesetzes hatte die Post bis 2014 mehr als 26 000 Beschäftigte befristet eingestellt. Die Deutsche Post gründete dazu Anfang 2015 49 Regionalgesellschaften unter dem Dach ihrer neuen Tochter DHL Delivery GmbH, die dann die neuen Mitarbeiter zu abgesenkten Löhnen und flexibilisierten Arbeitszeiten einstellen sollen. Ein Teil der Beschäftigten wird

nun vor die Wahl gestellt, entweder die Arbeit zu verlieren oder in die neu gegründeten Regionalgesellschaften zu wechseln – mit erheblichen Lohnverlusten. In Hessen z. B. macht das nach 15 Beschäftigungsjahren 30 Prozent weniger Gehalt aus. ver.di wirft der Post den Bruch von bestehenden Tarifverträgen zur Beschäftigungssicherung vor und hat im Frühjahr 2015 deswegen zum Streik aufgerufen. Doch das Ergebnis dieses Streiks ist kaum als Erfolg zu bewerten.

Die **Deutsche Telekom AG** wurde ständig weiter umstrukturiert. Bis zum Abschluss eines neuen Tarifvertrags im Jahr 2001 orientierten sich die Tarifverträge eng am Öffentlichen Dienst. Dieser einheitliche Tarifvertrag wurde jedoch im Zuge der weiteren Aufspaltungen der Telekom durch zwölf eigenständige Haustarifverträge für die Tochtergesellschaften abgelöst. Im Jahr 2007 allein hat die Telekom 55 000 Beschäftigte in drei Servicegesellschaften ausgegliedert. Nach elf Wochen Streik konnten für die bereits Beschäftigten eine Absicherung des bestehenden Einkommens und eine mehrjährige Beschäftigungssicherung vereinbart werden. Die Einstiegsgehälter für Neubeschäftigte wurden jedoch um 6,5 % abgesenkt und die Wochenarbeitszeit von 34 auf 38 Stunden ohne Lohnausgleich verlängert. Von 2007 auf 2014 verringerte sich die Zahl der Beschäftigten bei der Telekom in Deutschland von 149 000 auf 114 000.

Ähnlich verlief die Entwicklung bei der **Bundesbahn**. Sie wurde 1993 in die Bahn AG umgewandelt. Der geplante Gang an die Börse scheiterte bisher allerdings an dem starken Einbruch der Aktienmärkte. Die Deutsche Bahn AG begann mit der Gründung von Tochterunternehmen, die nicht tarifgebunden waren und bis zu 20 % unterhalb der Tarife bei der Bundesbahn lagen. Weiterer Druck entsteht durch die zahlreichen neuen privaten Verkehrsunternehmen, die in der Regel wesentlich schlechtere Löhne zahlen.

Die »Erfolge« der Privatisierung der Bahn sind jedem Bundesbürger bekannt: Schließung von Bahnhöfen, Ausdünnen regionaler Verbindungen und Ausbau teurer ICE-Verbindungen, gehäufte Verspätungen und schlechter Service. Die Ergebnisse in anderen Ländern waren ähnlich. In England bestätigte ein Parlamentsausschuss den fürchterlichen Zustand der britischen Bahn, die Londoner U-Bahn wurde 2007 teilweise wieder rückverstaatlicht. Auch Neuseeland führt seine Bahn seit 2008 wieder in Staatsregie. Ein Musterbeispiel für einen guten und zuverlässigen Bahnbetrieb ist die Schweizer Bundesbahn (SBB), ein staatlich organisierter Betrieb.

Die Privatisierungen sollten nach dem Willen der EU-Kommission auf sämtliche Bereiche des Dienstleistungssektors ausgeweitet werden. Der Entwurf der EU-Kommission zur **Dienstleistungsrichtlinie** von Anfang

2004 (auch bekannt unter »Bölkestein-Richtlinie«) sah eine weitgehende Beseitigung von zwischenstaatlichen Hemmnissen in der EU für den freien Handel mit Dienstleistungen vor. Der Anwendungsbereich dieses Richtlinienentwurfs war weit gefasst, er umfasste nahezu alle Leistungen der öffentlichen Daseinsvorsorge (die staatliche Aufgabe zur Bereitstellung der für ein sinnvolles menschliches Dasein notwendigen Güter und Leistungen) und auch Dienstleistungen von Leiharbeitsunternehmen. Gegen die Bölkestein-Richtlinie gab es heftige Proteste und Demonstrationen von allen europäischen Gewerkschaften.
Das Europäische Parlament reagierte auf diese Proteste und beschloss im November 2004 einen Kompromiss. Die Bereiche Gesundheit, Verkehr, Sicherheitsdienste, Zeitarbeitsagenturen werden de facto für die nächste Zeit von der Richtlinie ausgenommen.
Im **Gesundheitswesen** hat es in Deutschland in den letzten Jahren bereits dramatische Veränderungen gegeben. In keinem anderen europäischen Land sind in den letzten Jahren so viele Krankenhäuser privatisiert worden wie in Deutschland. Während bei den öffentlichen Krankenhäusern von 2002 bis 2019 die Zahl der aufgestellten Betten um 21 % zurückging, nahm sie bei den privaten Trägern im gleichen Zeitraum um 97 % zu!

Aufgestellte Betten in Krankenhäusern in Deutschland	**2002**	**2016**	**2019**
Insgesamt	547 284	498 718	494 326
Öffentliche Krankenhäuser	298 034	238 803	235 767
Freigemeinnützige Träger	200 635	166 858	162 958
Private Träger	48 615	93 057	95 601

Quelle: Statistisches Bundesamt, Grunddaten der Krankenhäuser, Wiesbaden 2019

Die **Krankenhausbranche** ist ein lukrativer Markt für Aktiengesellschaften und Investoren geworden. Die größten Konzerne mit dem höchsten Umsatz waren im Jahr 2018:

- Helios: 8,99 Milliarden Euro Umsatz
- Asklepios: 3,41 Milliarden Euro Umsatz
- Sana: 2,70 Milliarden Euro Umsatz
- Rhön: 1,23 Milliarden Euro Umsatz

Das **Universitätsklinikum Gießen-Marburg** (UKGM) wurde 2006 vom Land Hessen an die Rhön-Klinikum AG verkauft. 2020 wiederum wurde der Klinikkonzern Rhön vom Konkurrenten Asklepios übernommen. ver.di kritisiert diesen Vorgang, dass »das Universitätsklinikum zur Handelsware und zum Spekulationsobjekt geworden ist.« Die Folgen des

Verkaufs ihrer Klinik an ein gewinnorientiertes Unternehmen haben die UKGM-Beschäftigten seitdem in ständigen Auseinandersetzungen gegen Stellenabbau und Outsourcing ebenso wie im Kampf um die Anhebung des Tarifniveaus auf den Stand öffentlicher Kliniken deutlich erfahren. Zudem betreibt der Konzern Tarifflucht durch ausufernde Privatisierung: Tätigkeiten und Beschäftigte werden in tariflose Tochtergesellschaften ausgegliedert, deren Leistungen dann über Dienst- und Werkverträge durch das Rest-Krankenhaus eingekauft werden. Im Jahr 2020 beschäftigte Asklepios in seinen 170 Einrichtungen 67 000 Mitarbeiter und erzielte einen Umsatz von 4,3 Milliarden Euro. Alleiniger Eigentümer ist Bernard große Broermann, dessen Gesamtvermögen 2019 auf 4,5 Milliarden Euro geschätzt wird.

Gründe für die Privatisierung der öffentlichen Krankenhäuser sind in der Regel die prekäre Haushaltssituation der Kommunen und Länder. Die Bundesländer kommen seit Jahren ihrem gesetzlichen Auftrag nicht nach, genügend finanzielle Mittel für Investitionen zur Verfügung zu stellen. Folge ist ein immenser Investitionsstau und damit verbunden eine zunehmend marode bauliche Substanz. Private Klinikketten dagegen setzen ihre Gelder zielgerichtet ein, um Rationalisierungs- und Produktivitätsreserven zu erschließen.

Folge ist die erbitterte Konkurrenz zwischen den Krankenhäusern und ein drastischer Stellenabbau in der Pflege. Seit 1995 wurden in dieser Berufsgruppe ständig Stellen abgebaut und erst in den letzten Jahren wieder leicht aufgestockt (s. Tabelle unten). Personalmangel und Unterbesetzung sind allgegenwärtig in den öffentlich betriebenen Häusern und ganz besonders in den privatisierten Krankenhäusern. Die Arbeitsintensität und die Anzahl der zu versorgenden Patienten pro Beschäftigtem hat bei allen Berufsgruppen in den Krankenhäusern immens zu genommen.

Personalabbau in den Krankenhäusern

Die Krankenhausfinanzierung ist seit 1992 »im Prinzip« wie folgt geregelt: Die Investitionskosten werden mit Steuermitteln der Länder gefördert, die laufenden Betriebskosten wurden aus den Pflegesätzen von den Krankenkassen bzw. ab dem Jahr 2003 aus dem DRG-Budget (s. unten) finanziert. Aber: Die Bundesländer hatten 1993 noch 3,8 Mrd. Euro für Investitionsförderung ausgegeben, im Jahr 2019 waren es nur noch 2,82 Mrd. Euro. Berücksichtigt man die Inflation, haben die Länder ihre Investitionsförderung um ca. die Hälfte gekürzt.

Die Krankenhäuser reagieren darauf, indem sie die notwendigen Investitionen aus dem DRG-Budget finanzieren. Dieses »zweckentfremdete Geld« muss an anderer Stelle eingespart werden, vor allem beim Personal. Die

meisten Stellen wurden beim Pflegepersonal eingespart und gleichzeitig die Zahl der behandelten Patienten enorm gesteigert (s. Tabelle). Daher der Slogan: »Keine Finanzierung der Baustellen durch Planstellen!«
Das DRG-System (Diagnosis Related Groups; deutsch: Diagnose bezogene Fallgruppen) ist ein einheitliches, an Diagnosen geknüpftes Fallpauschalen-System für die stationären Leistungen der Krankenhäuser. Die Patienten werden anhand von Diagnosegruppen und Prozeduren eingruppiert, mit der Bewertungsrelation gemäß dem DRG-Katalog. Grundlage dieser Vergütung ist der Basisfallwert, der für jedes Bundesland vereinbart wird. Dabei gibt es für die Bundesländer unterschiedliche Basisfallwerte.
Der jeweilige Landesbasisfallwert wird mit der Summe der Bewertungsrelation multipliziert und das ergibt das Budget. Mit den Kostenträgern verhandelt das einzelne Krankenhaus nur noch die Leistungsplanung. Die Ausgaben des Krankenhauses werden damit praktisch mit einem Budget gedeckelt.
Die durch die Fallzahlensteigerung bedingten Personalkostensteigerungen können nicht mehr ausreichend finanziert werden, da sie nur zum Teil refinanziert werden. Krankenhäuser ohne Fallzahlensteigerung können ihre Personalkosten nicht refinanzieren, wenn sie keine wirtschaftlichen Reserven haben.
Das traurige Ergebnis der umgestellten Krankenhausfinanzierung: Trotz Einsparungen an Personal kommen immer mehr Krankenhäuser in die roten Zahlen.
Die Zunahme der Arbeitsbelastung für das Pflegepersonal ist immens. Kamen im Jahr 1996 noch durchschnittlich 46,3 Fälle auf eine Pflegekraft, so waren es 2019 schon 56,2 Fälle. Zwar wurden zum 1. Januar 2019 mit dem Pflegepersonalstärkungsgesetz die Pflegepersonalkosten aus der Finanzierung über das DRG-System herausgenommen und eine gesonderte Vergütung in Form eines Pflegebudgets eingeführt, doch lässt sich aktuell keine nennenswerte Entlastung des Pflegepersonals feststellen.

Jahr	Patientenzahl	Verweildauer	Pflegekräfte	Fälle pro Pflegekraft
1996	15 231 877	10,8	349 423	46,3
2019	19 415 555	7,2	345 407	56,2

Die privaten Krankenhäuser sind beim Personalabbau stets der Vorreiter, und durch das Finanzierungssystem sind die übrigen Krankenhäuser gezwungen, ebenso »kostengünstig« zu arbeiten. Als Fazit lässt sich feststellen, dass die Privatisierung der Krankenhäuser zu einem Personalabbau besonders in der Pflege und damit zu einer Verschlechterung der gesundheitlichen Versorgung in den Krankenhäusern beigetragen hat.

Positive Beispiele – Verhinderung von Privatisierung

1. Knapp 10 000 Beschäftigte wechselten zum Jahresende 2020 von den Landesverkehrsverwaltungen zur neuen **Autobahn GmbH**. Sie ist zuständig für die 13 000 Autobahnkilometer in Deutschland. Seit dem Jahr 2000 gab es wiederholt Vorschläge der verschiedenen Bundesregierungen, die Verwaltung der Autobahnen zu privatisieren. Das bisherige föderale System sollte durch eine weitere Zentralisierung und Privatisierung der Verkehrsinfrastruktur abgelöst werden. Die Gewerkschaft ver.di hatte aktiv gegen die geplante Privatisierung mobilisiert – schließlich mit Erfolg. Die neue Gesellschaft blieb eine 100-prozentige Tochter des Bundes. Die Beschäftigten werden nach einem Tarifvertrag bezahlt, der sich an den des öffentlichen Dienstes anlehnt.

2. Stadt Düsseldorf: *Statt der Auslagerung des* ***Reinigungsbereichs*** *erreichte der Personalrat, dass die Eigenreinigung massiv ausgebaut und Mitarbeiter und Mitarbeiterinnen eingestellt werden.* Im Dezember 2015 startete der Oberbürgermeister das Projekt »Verwaltung 2020« mit der Arbeitshypothese, einen vertretbaren Dienstbetrieb mit 20 % weniger Personal sicherzustellen. Er wollte dieses Ziel durch Leistungsreduktion, Prozesse, Outsourcing, Organisation und Digitalisierung erreichen. Besonders der städtische Reinigungsdienst war vom »Outsourcing« betroffen: der bereits in den vergangenen Jahren geschrumpfte städtische Reinigungsdienst (ca. 128 Vollzeitäquivalente, Eigenreinigungsquote: 21 %) sollte weiter reduziert bzw. vollständig aufgegeben werden, sämtliche Reinigungsleistungen innerhalb der Landeshauptstadt Düsseldorf sollten von Fremdfirmen erledigt werden. Der Personalrat wollte verhindern, dass die Eigenreinigung komplett abgeschafft wird und dass diese Arbeitsplätze erhalten bleiben.

Der Personalrat berichtete in der Presse über die vom Oberbürgermeister geplanten Einsparungen, es gab zahlreiche Diskussionsrunden mit den Parteien und dem Oberbürgermeister und es wurde externer Sachverstand eingeholt, der das Projekt »Verwaltung 2020« einem Controlling unterzog. Betriebsintern gab es regelmäßig Gespräche mit dem Oberbürgermeister, es gab Vierteljahresgespräche mit der Dienststellenleitung, in Personalversammlungen wurde immer wieder die Eigenreinigung thematisiert, woran sich auch die eigenen Beschäftigten beteiligten, vor allem aus dem Bereich der Kindertagesstätten. In den Gesprächen wurde mehrmals darauf hingewiesen, dass die Reinigung, die derzeit von Fremdfirmen übernommen wird, nicht den Hygienestandards entspricht und die gewollte Qualität der Reinigung nur erreicht werden kann, indem die Reinigung intern übernommen wird. Die Mitarbeiter und Mitarbeiterinnen wurden über den aktuellen Stand und die Entwicklung im »Blickwinkel«, der Zeitung des Personalrats, regelmäßig darüber informiert. In kurzen, selbstgedrehten Filmen äußern sich der Personalrat und Beschäftigte dazu, wie wichtig eine Eigenreinigung ist.

Der Personalrat erreichte, dass die Diskussion der Neuaufstellung der Eigen- und Fremdreinigung nicht nur auf den reinen preislichen Aspekt reduziert, sondern der wirtschaftliche Aspekt unter Einbeziehung von Qualitätsstandards betrachtet wurde. Das führte dazu, dass der für die Gebäudereinigung zuständige Stadtbetrieb Zentrale Dienste wieder in ein normales Amt umgewandelt wurde. Die Eigenreinigung wurde massiv ausgebaut, seit Projektbeginn wurden bereits über 250 neue Beschäftigte eingestellt. Sämtliche Prozesse der Eigenreinigung wurden neu aufgestellt, neue Richtwerte vereinbart, neue Reinigungsmethoden implementiert, neue Technik beschafft und die gesamte Organisation professionalisiert. Die parallele Re-Organisation der Abteilung Gebäudereinigung, mit der Stärkung der technischen Seite inkl. des Objektmanagements und der Neufassung des Vertrags- und Vergabemanagements, war mitentscheidend für den Projekterfolg. 2018 gab es 81 Einstellungen (2017 waren es noch 21), 2019 waren es 144 Einstellungen, für 2020 waren weit über 100 Einstellungen geplant. Die Eigenreinigungsquote konnte zum 1.1.2020 auf 36,3 % gesteigert werden. Die neue Geschäftsanweisung wurde implementiert und am 31.1.2020 die Dienstvereinbarung »Neue Reinigung« unterzeichnet; Ende Januar 2020 unterzeichneten die Parteien auch die Dienstvereinbarung »Gebäudereinigung«. Viele neuen Kollegen und Kolleginnen innen haben nun eine sichere berufliche Perspektive in einem geschützten TVöD-Arbeitsverhältnis.
www.bund-verlag.de/personalrat/deutscher-personalraete-preis/preis-2020/Preistraeger-Gold

9.4 Public Private Partnership

Public Private Partnership (PPP) oder der deutsche Ausdruck Öffentlich-Private Partnerschaft (ÖPP) ist die Bezeichnung für gemeinsam entwickelte, finanzierte und durchgeführte Vorhaben, für die der Staat nicht mehr allein sorgen kann oder will. Die Bundesregierung unter Gerhard Schröder unterstützte dieses Modell ab 1999. 2005 wurde ein »Gesetz zur Beschleunigung der Umsetzung von Öffentlich-Privaten Partnerschaften und zur Verbesserung der Rahmenbedingungen für Öffentlich-Private Partnerschaften« verabschiedet. So wurden nun z.B. öffentliche Einrichtungen, Stadtwerke oder Gebäude verkauft, um sie dann gewissermaßen wieder zurück zu mieten bzw. zu leasen. Angeblich soll daraus eine Win-Win-Situation entstehen: Die Kommune bzw. Staat oder Land machen keine neuen Schulden und der neue Eigentümer kann sein Geld gewinnbringend anlegen. Damit diese Rechnung aber aufgeht, müssen die Kunden den Gewinn des neuen Eigentümers bzw. Geldanlegers in Form höherer Gebühren oder Leistungsentgelten finanzieren. Über lange

Sicht führt dies für die Bürger und den Staat zu einer negativen Bilanz, schließlich entstehen die Gewinne des privaten Geldanlegers nicht aus dem Nichts.
Diese Entwicklung wird forciert durch die Schuldenbremse (s. 9.2). Politiker fördern neue Projekte, nehmen aber keine Neuverschuldung auf und verlagern die längerfristigen Mehrkosten der Finanzierung auf den Bürger. Aktuell (2015) ist in der Diskussion, Autobahnen zu privatisieren und sie dann wieder zurückzuleasen. Insbesondere die Versicherungsfirmen suchen in Zeiten der Niedrigzinspolitik attraktive Anlagemöglichkeiten und wünschen sich natürlich solche vom Staat abgesicherten Investitionen mit einer höheren Rendite als sie sie aktuell auf den Kapitalmärkten bekommen. Finanziert werden die privaten Gewinne über die Leasinggebühren der jetzigen und künftigen Generation.
Im Folgenden eine Zusammenstellung bekannter Projekte des PPP[1]:

- **Ausbau und Betrieb der Autobahn A1:** Die Banken Unicredit, Commerzbank, Caja Madrid und Deka- und DZ-Bank verklagen die Bundesrepublik Deutschland auf Zahlung von 787 Millionen Euro. Diese Banken haben der Betreibergesellschaft der Autobahn Bremen – Hamburg, der A 1 mobil GmbH, 600 Millionen Euro an Krediten gegeben. Damit sollte die A 1 mobil GmbH von 2008 an die Autobahn in beiden Richtungen um eine Spur erweitern, sie reparieren und 30 Jahre lang bis 2038 betreiben. Dafür sollen die Investoren 30 Jahre einen Anteil aus der LKW-Maut bekommen. So steht es im Vertrag vom Juli 2008 mit der Bundesrepublik. Jetzt erklären die Banken den Vertrag für ungültig. Sie jammern: Wegen der Finanzkrise seien ab 2008 doch weniger LKWs als erwartet durchgefahren. Der Vertrag soll geändert werden: Der Staat soll die Verluste ausgleichen. (Werner Rügemer in ver.di-publik 6–2017).
- **Wasserversorgung (Berlin):** Mit dem Verkauf von 49,9 % der Berliner Wasserbetriebe (BWB) an RWE und Veolia beginnt die Geschichte des Scheiterns von PPP-Projekten in Deutschland. Für den Verkauf erhielt Berlin 1,6 Mrd. Euro und wollte damit seinen Haushalt sanieren. Im geheim gehaltenen Vertragswerk erwarben die Privaten für 30 Jahre das Recht, die Geschäftsführung zu übernehmen und einen garantierten Gewinn herauszuziehen. Dazu bauten sie mit Zustimmung des Senats 2000 Arbeitsplätze ab, fuhren die Investitionen zurück und erhöhten die Wasser- und Abwasserpreise zur Spitzenstellung in Deutschland. Die teilprivatisierten Wasserwerke erhöhten innerhalb

1 Zusammenstellung aus: Public Private Partnership: Seit 15 Jahren eine Spur des Scheiterns, Nachdenkseiten, 5. November 2013.

von nur drei Jahren den Preis für Wasser und Abwasser um ca. 25 % Wegen der Gewinngarantie schöpften sie wesentlich mehr Gewinne ab als der Mehrheitseigentümer Berlin, sie haben schon jetzt den Kaufpreis herausgeholt. Der Berliner Wassertisch erzwang gegen den Senat und gegen die Großmedien einen Volksentscheid: Das geheime Vertragswerk muss offengelegt werden! Die über 650 000 Berliner machten mit ihrer Mehrheit den Entscheid zum Gesetz. Die Berliner Landesregierung gestaltete allerdings in einem Geheimverfahren den Rückkauf der Investorenanteile zu Lasten der Steuerzahler.

- **Privatisierung der Verwaltung (Würzburg):** Im Mai 2007 unterschrieb die damalige Würzburger CSU-Oberbürgermeisterin den Vertrag mit Arvato, einer Tochtergesellschaft des TV- und Medienkonzerns Bertelsmann. Arvato sollte nach dem Muster von e-government ein digitales Bürgerportal installieren, damit die Bürger per Internet mit der Stadtverwaltung bei Anträgen, Dokumentenerstellung usw. kommunizieren. Damit sollten auch Arbeitsplätze eingespart werden. Mithilfe des Modellprojekts wollte Bertelsmann auch bei anderen Städten zum Zuge kommen. Doch die Beschäftigten halfen nicht mit beim Abbau ihrer Arbeitsplätze. Es konnte z. B. nicht geklärt werden, wie sich die Bürger fälschungssicher einloggen. Der Landesdatenschutzbeauftragte stellte fest: Die Datensicherheit ist nicht gewährleistet. 2010 kündigte die Stadt den Vertrag und forderte Rückzahlungen. Erst im September 2013 endete der privat und geheim durchgeführte Streit mit einem außergerichtlichen Vergleich. Die Stadt musste an Arvato 535 000 Euro zahlen.
- **LKW-Maut (Toll Collect):** Die Projektgesellschaft Toll Collect sollte laut Vertrag mit der rot-grün geführten Bundesregierung ab 1. 8. 2003 mit Hilfe von Satellitentechnik auf den Autobahnen eine streckenbezogene LKW-Maut erheben und durch einen Anteil aus den Mauteinnahmen bezahlt werden. Der 17 000-Seiten-Vertrag, ausgehandelt von der Kanzlei Freshfields, ist auch hier geheim. Den Bundestagsabgeordneten und der Öffentlichkeit sind wichtige Details unbekannt, etwa wie das Konsortium aus Daimler, Telekom und Cofiroute die mautbezogenen Daten weiterverwertet. Als das System zunächst 16 Monate lang nicht funktionierte, klagte der Verkehrsminister auf Schadenersatz, Zinsen und Konventionalstrafe. Vor dem 2004 eingerichteten privaten Schiedsgericht, das unter Ausschluss der Öffentlichkeit tagte, kam es nach endlosen Verhandlungen 2018 zu einer Einigung. Die Toll-Collect-Eigentümer zahlten dem Bund 3,2 Milliarden Euro für entgangene Einnahmen, nur ein knappes Drittel der vom Bund ge-

forderten Summe. Die Kosten des Rechtsstreits betrugen für den Bund fast 250 Millionen Euro.

- **Privatisierung der Schulgebäude (Offenbach):** Der Landkreis Offenbach übertrug 2004 die Sanierung und Bewirtschaftung seiner Schulen an die Investoren Hochtief und SKE (Vinci, Frankreich) für die Zeit von 2005 bis 2020. Der Landkreis Offenbach war von der Geschäftsführung ausgeschlossen und an den Projektgesellschaften lediglich mit 5,1 % beteiligt, Hochtief und SKE mit zusammen 94,9 %. Dies war damals mit insgesamt 90 Schulen ein bundesweit einmaliges PPP-Modell. Die PPP-Lösung sollte um 18,5 % günstiger sein, bescheinigten für etwa 30 Mio. Euro die Berater wie BBD und Ernst & Young, die Kanzlei Freshfields erhielt mindestens 7 Mio. Euro Beraterhonorar. Durch Nachforderungen der Investoren stieg die Anfangsmiete von jährlich 52 Mio. (2005) auf 82,3 Mio. Euro (2013). Die anfänglich vereinbarte Gesamtsumme aller Mieten erhöhte sich von 780 Mio. auf 1,3 Mrd. Euro. Um die Mieten zahlen zu können, wurden u. a. einige hundert Arbeitsplätze in der Landkreisverwaltung abgebaut. *Die beteiligten Unternehmen konnten laut eines vom Landesrechnungshof in Auftrag gegebenen Gutachtens bis 2019 einen Gewinn von mehr als 120 Millionen Euro einstreichen.* Bereits 2015 wurde der Schlussbericht des Landesrechnungshofs zum Public-Private-Partnership-Modell der Offenbacher Schulen vorgelegt. *»Die Prüfung ergab, dass aus den PPP-Projekten für den Landkreis Offenbach erhebliche Mehrbelastungen resultierten als in der ursprünglichen Prognose vorausberechnet. Insbesondere ergaben sich diese aus den Wertsicherungsklauseln in Bezug auf die Energiekosten. Das Vertrags- und Baucontrolling war bis 2012 nicht angemessen. Es fehlte hierdurch die Transparenz. Es bestand keine hinreichende Sicherheit, dass die Prognose der Vorteilhaftigkeit der PPP-Projekte zutreffend war.«* Im Jahr 2020 beendete der Landkreis Offenbach das PPP-Projekt und nahm den Betrieb der Schulen wieder in eigene Hand.

Politische Einschätzung der PPP-Projekte

»Dass ein PPP-Projekt zunächst kostengünstiger erscheint, liegt an verschiedenen Faktoren. Erstens wird der so genannte Wirtschaftlichkeitsvergleich häufig von privaten Beratern erstellt, die gleichzeitig als PPP-Lobby tätig sind. In diesem Vergleich wird die PPP-Lösung der kommunalen Lösung gegenübergestellt. Immer erscheint die PPP-Lösung günstiger, auch weil die Berater den Kommunen unterstellen, dass sie immer schwerfällig, unmodern, unflexibel und teurer sind. Die Potentiale einer Kommune werden gar nicht genau untersucht. Zweitens verspricht der Investor, dass die Kommunen Personal abbauen können, weil er ja praktisch alle Aufgaben

übernimmt. Das ist aber ein Trugschluss, denn gerade der jahrzehntelange Umgang mit einem ausgebufften Investor erfordert mehr qualifiziertes Personal, damit sich die Kommune gegen die formal hochqualifizierten und oft rücksichtslosen Anwälte und Manager des Investors durchsetzen kann. Wenn die Projekte einige Jahre laufen, behaupten die Investoren häufig, dass sie mit der vereinbarten Miete nicht auskommen. Sie können dann ziemlich leicht Nachforderungen durchsetzen, weil das in den umfangreichen und komplexen Vertragswerken in irgendeiner Klausel steht, die auf Seiten der Kommunen keiner richtig gelesen oder ernst genommen hat. In vielen Fällen haben die Investoren schon nach wenigen Jahren behauptet, sie kämen mit dem vereinbarten Entgelt nicht aus. Weil ein Wechsel des Investors sehr umständlich und teuer ist, befindet sich die Kommune in einer Erpressungssituation. Die bekanntesten Fälle für horrende Nachforderungen sind der Landkreis Offenbach mit insgesamt 90 Schulen, die Stadt Hamburg mit ihrer Elbphilharmonie sowie die Tunnels in Rostock und Lübeck.«
(aus: WISO-Info 3/2011, Interview mit Werner Rügemer)

Praxistipp:
Die Forderung nach **Re-Kommunalisierung** bereits privatisierter Bereiche und der Ausbau des öffentlichen und gemeinwohlorientierten Sektors gewinnt für die Beschäftigten und die Gewerkschaften immer mehr an Bedeutung. Nach der hohen Schuldenneuaufnahme im Zuge der Corona-Krise wird der Druck auf die Kommunen steigen, ihre Haushalte durch Verkäufe und Fremdvergabe zu entlasten. Gute Argumente gegen Privatisierung und für Re-Kommunalisierung gibt es genug. In Zusammenarbeit von ver.di und Personalräten ist es in verschiedenen Kommunen gelungen, privatisierte Aufgaben zurückzuholen und wieder in Eigenregie zu erledigen. Ein projekt- oder auch ein kampagnenmäßiges Vorgehen und ein Zusammengehen mit lokalen Initiativen ist meist die Bedingung für einen Erfolg.

Auswirkungen der Freihandelsabkommen TTIP und CETA
Das geplante Freihandelsabkommen zwischen EU und USA (TTIP) wurde lange Zeit geheim verhandelt und hat international massive Proteste hervorgerufen. Der ehemalige US-Präsident Trump hat mit seiner Neuausrichtung der amerikanischen Politik die Verhandlungen erstmal abgebrochen. Das Freihandelsabkommen CETA (Comprehensive Economic Trade Agreement) zwischen Kanada und der EU wurde von 2009 bis 2016 parallel ausgehandelt und Ende 2017 von der EU-Kommission und Kanada ratifiziert. Nachdem das Europäische Parlament im Februar 2017 dem Abkommen zustimmte, traten Teile des Vertrags vorläufig in Kraft. CETA kann erst dann vollständig in Kraft treten, wenn alle nationalen Parlamente der EU zustimmen. Bis 2021 haben erst 15 EU-Mitgliedstaaten das Abkommen ratifiziert.

Anders als in den klassischen Freihandelsabkommen spielen Zölle nur noch eine Nebenrolle. Es geht vor allem um den Abbau sog. nicht-tarifärer Handelshemmnisse, wie etwa die Regeln des Umwelt-, Verbraucher- und Arbeitnehmerschutzes. Sie sollen im Interesse von Konzernen vereinheitlicht, das heißt abgebaut werden. Einzelne Kapitel in CETA, z. B. zur nachhaltigen Entwicklung und zu den Umwelt- und Arbeitnehmerrechten sind zwar nach Protesten »nachgebessert« worden. Da aber verbindliche und einklagbare Schutzrechte nicht vorgesehen sind, werden die nachträglichen Änderungen als reine Kosmetik kritisiert.
Die Investorenrechte werden in CETA dagegen stark geschützt und den Investoren einklagbare Rechte zugesichert. Die *Marktzugangsregeln* untersagen u. a. die Bevorzugung kommunaler Anbieter bei der öffentlichen Auftragsvergabe und auch staatliche Subventionen, z. B. zur Gewährleistung eines öffentlichen Bildungsangebots.
Vehement in der Kritik steht die Einrichtung von Schiedsgerichten in CETA. Sie erlauben ausländischen Investoren, gegen einen Staat, in dem er investiert hat, ein Verfahren anzustrengen, wenn sie ihre Rechte verletzt sehen. Sollten Regeln verletzt werden, haben Investoren die Möglichkeit, vor Schiedsgerichten Schadensersatz einzuklagen. Bisherige Erfahrungen mit solchen Schiedsgerichten zeigen, wie rigoros die Klagerechte von den Konzernen mit Hilfe von Großkanzleien benutzt werden, um Umweltstandards, Arbeitnehmerrechte und Verbraucherschutz anzugreifen.
Mit der Anwendung von CETA geraten die öffentlichen Dienstleistungen in Gefahr. Im Anhang zu CETA befindet sich zwar eine Liste mit ausgenommenen Bereichen, die aber nur als Negativliste geführt wird. Es sind also automatisch alle Bereiche erfasst, die nicht explizit ausgenommen werden. Bereiche, die erst in Zukunft entstehen, unterliegen von vorneherein den CETA-Regeln.
Weitere Vereinbarungen in CETA, nach denen öffentliche Unternehmen profitorientiert arbeiten müssen, stärken den Trend zur Privatisierung. Die Reprivatisierung von Dienstleistungen wird durch die sog. Sperrklinkenklausel extrem erschwert.
Mit dem Abschluss des Abkommens droht eine neue Dimension der Privatisierung. Die europäischen Gewerkschaften fordern, dass die öffentlichen Dienstleistungen komplett aus den Verträgen ausgeschlossen werden.
Mit den neuen Freihandelsabkommen stehen alle Regulierungen auf dem Prüfstand, die Einfluss auf die Wettbewerbsfähigkeit der Wirtschaft haben. Damit besteht die Gefahr der Aushöhlung des Sozialstaats, der sozialen Sicherung und des Verbraucherschutzes, wenn internationale Konzerne den deutschen Staat wegen Wettbewerbsnachteilen infolge der erheblich höheren Sozialversicherungsbeiträge und damit auch ihrer Arbeitskosten vor den privaten Schiedsgerichten verklagen. So gilt in dieser Sichtweise die Einführung des Mindestlohns in Deutschland ein Wettbewerbshindernis.

Der Bundesverband Öffentliche Dienstleistungen warnte anlässlich der Verhandlungen zu TTIP vor zahlreichen negativen Auswirkungen. Die Liste der (folgenden) Beispiele lässt sich fast ausnahmslos auch auf CETA übertragen.

- **Wasserversorgung**: Die Re-Kommunalisierung könnte durch TTIP erschwert und die kommunale Entscheidungsfreiheit, die Wasserversorgung wieder in die eigene Hand zu nehmen, erheblich eingeschränkt werden. Die Wasserversorgung als eine wichtige Aufgabe der kommunalen Selbstverwaltung hat sich in Deutschland bewährt.
- **Finanzdienstleistungen in öffentlich-rechtlicher Trägerschaft:** Im Bereich der Erbringer von Finanzdienstleistungen in öffentlich-rechtlicher Trägerschaft – in Deutschland sind dies die Sparkassen – könnten diese im Fall einer Privatisierung und/oder Liberalisierung ihrem öffentlichen Auftrag nicht mehr nachkommen. Denn die Sparkassen wurden schon in der Vergangenheit bewusst als öffentlich-rechtliche Anstalten konstruiert, da nur hiermit die strukturellen Voraussetzungen für eine dauerhafte Erfüllung ihres öffentlichen Auftrags geschaffen werden können.
- **Öffentlicher Personenverkehr:** Die Direktvergabeoption garantiert heute den Gebietskörperschaften unter bestimmten strengen Voraussetzungen, Verkehrsdienstleistungen im Bereich des öffentlichen Personenverkehrs mit Eisenbahnen, Bussen und anderen Bahnen (U-Bahn- und Straßenbahnen) selbst zu erbringen oder an ein eigenes Unternehmen zu vergeben. Es besteht die Gefahr, dass die Verordnung in ihrer Ausnahmewirkung von der obligatorischen Ausschreibung von den TTIP-Verhandlungspartnern als Handelshemmnis im Bereich der Dienstleistungen klassifiziert werden wird.
- Die **öffentliche Abfallwirtschaft**: In Deutschland besteht die Wahlfreiheit der Kommunen darin, dass sie selbst entscheiden können, ob sie Leistungen der Abfallwirtschaft selbst erbringen oder ob sie diese Leistungen vergeben wollen. Diese Wahlfreiheit hat sich bewährt und Deutschland zu einem der abfallwirtschaftlich erfolgreichsten Mitgliedstaaten der europäischen Gemeinschaft entwickelt. Ein durch TTIP erhöhter Ausschreibungsdruck in einem transatlantischen Binnenmarkt durch eine verschärfte Liberalisierung könnte diese Wahlfreiheit einschränken und die bisherigen Erfolge gefährden. Die in den letzten Jahren praktizierte Re-Kommunalisierung der abfallwirtschaftlichen Dienstleistungen könnte zudem erschwert werden.
- Die **öffentlichen Krankenhäuser und Rettungsdienste**: Im Bereich der öffentlichen Krankenhäuser und Rettungsdienste könnten die staatliche Krankenhausplanung und das entsprechende Verfahren zur Aufnahme in den jeweiligen Krankenhausplan eines Landes als staatliches Hemmnis privater Investitionen in diesem Bereich »öffentlicher Dienstleistungen« angesehen werden. Eine vollständige Liberalisierung des Krankenhaussektors als Folge eines TTIP-Abschlusses könnte den gesetzlichen Auftrag zur Gewährleistung einer qualitativ hochwertigen medizini-

schen Grundversorgung durch kommunale Krankenhäuser aushöhlen, wenn staatliche Beihilfen erschwert werden.

Der Bundesverband Öffentliche Dienstleistungen (bvöd) ist ein Zusammenschluss von kommunalen und regionalen öffentlichen Unternehmen, Kommunalverbänden, Fach- und Wirtschaftsverbänden der öffentlichen Wirtschaft, von öffentlichen Arbeitgeberverbänden und der öffentlichen Verwaltung. Die Stellungnahme zu TTIP ist dokumentiert: *www.verdi.de/themen/internationales/++co++ee801132-08d7-11e4-8a3b-52540059119e*

9.5 Stärkung der Motivation durch leistungsorientierte Vergütung?

Bei den Tarifverhandlungen zur Modernisierung des BAT einigten sich ver.di und die öffentlichen Arbeitgeber Ende 2003 auf **Grundsätze der leistungsorientierten Bezahlung**. Von Seiten der Gewerkschaft wurde die Vereinbarung zur Einführung der leistungsbezogenen Vergütung als Zugeständnis an die öffentlichen Arbeitgeber gemacht, um den Flächentarifvertrag zu retten. 2005 wurde in der Verwaltung des Bundes und der Kommunen ein prozentual bemessenes Leistungsentgelt eingeführt (§ 18 TVöD): *»Die leistungs- und/oder erfolgsorientierte Bezahlung soll dazu beitragen, die öffentlichen Dienstleistungen zu verbessern. Zugleich sollen Motivation, Eigenverantwortung und Führungskompetenz gestärkt werden.«*

Im Tarifvertrag für die Länder (TV-L) war das zwischenzeitlich auch der Fall, dort ist das Leistungsentgelt (durch Einbau in die allgemeine Gehaltstabelle) jedoch wieder abgeschafft. In der Tarifrunde 2013 für die Beschäftigten des Bundes, haben sich die Tarifparteien darauf geeinigt, es in das Ermessen der Dienststellen zu stellen, ob und in welcher Höhe ein Volumen für die leistungsorientierte Bezahlung im jeweiligen Kalenderjahr zur Verfügung gestellt wird.

Im öffentlichen Dienst der Kommunen (VKA) beträgt das Leistungsentgelt ab 2013 2 % des Jahresentgelts aller Arbeitnehmer der jeweiligen Verwaltung. Das Leistungsentgelt wird zusätzlich zum Tabellenentgelt bezahlt. Für die genauen Modalitäten haben die jeweiligen Dienststellen mit dem Personalrat eine Dienstvereinbarung abzuschließen.

2020 wurde von den Tarifparteien der neue § 18a in den TVöD eingefügt, wonach alternativ zum System von Leistungszulage und Leistungsprämie das Gesamtvolumen durch Betriebs- oder einvernehmliche Dienstvereinbarung ganz oder teilweise für andere Anreizsysteme verwendet werden kann: *»Das Budget kann für Maßnahmen zur Verbesserung der*

Arbeitsplatzattraktivität, der Gesundheitsförderung oder der Nachhaltigkeit eingesetzt werden (z. B. für Fahrtkostenzuschüsse zum ÖPNV-/Job-Ticket, Kita-Zuschüsse oder Wertgutscheine).«

Die **Einführung der leistungsorientierten Bezahlung im Öffentlichen Dienst** in der Fläche wird als **weitgehend gescheitert** angesehen. Die erwartete »Leistungsexplosion« fand nicht statt. Stattdessen gab es eine umfangreiche Ausdehnung der Verwaltungsaufgaben durch die Schulung von Vorgesetzten, von endlosen Gesprächen mit Beschäftigten, Dokumentationen der Leistungen oder Nichtleistungen von Mitarbeitern, von Streitigkeiten mit Personalräten über Verteilungskriterien usw. Besonders wenn die Verteilungskriterien im Dunkeln blieben und das Wort von der »Nasenprämie« die Runde macht, sind Demotivation und Verärgerung bei den von Prämien, Zulagen etc. unberücksichtigt gebliebenen Beschäftigten besonderes groß.

§ 18 TVöD

Nach einer breit angelegten empirischen Untersuchung[2] wurde das Leistungsentgelt nach § 18 TVöD im Jahr 2011 lediglich in 55 % der Kommunen mit 60 % der Beschäftigten praktiziert. Die Personalräte berichten mehrheitlich von ausbleibenden Effekten. Viele der befragten Arbeitgeber und Personalräte sind sich darin einig, dass es bei der Einführung der leistungsorientierten Bezahlung nach § 18 TVöD ein Missverhältnis von Aufwand und Nutzen gibt. Lediglich 27 % der Beschäftigten beurteilen das eingeführte System der leistungsgerechten Bezahlung mit »gut« oder »sehr gut«, während 36 % es mit »schlecht« oder »sehr schlecht« bewerten. Mehrheitlich votieren deshalb die Personalräte für die Abschaffung des § 18 TVöD. Den schwach positiven Effekten stehen in der Regel negative Effekte gegenüber. 60 % der Personalräte, 54 % der Arbeitgeber und 70 % der Beschäftigten geben an, dass Neid und Konkurrenzdenken zugenommen haben. Soziale Beziehungen zwischen den Kollegen und zwischen Vorgesetzten und Mitarbeitern haben sich verschlechtert.

Am leistungsorientierten Vergütungssystem im öffentlichen Dienst verdichtet sich immer mehr eine **grundsätzliche Kritik**, da dieses System in der aktuellen Struktur des Öffentlichen Dienstes nicht funktionieren kann. Voraussetzungen wären z. B. flache Hierarchien, klare Abgrenzung von Zuständigkeiten, eigenverantwortliches Arbeiten und Wertschätzung der Arbeitsleistung. In der **Motivationsforschung** werden rein monetäre Anreize als teilweise kritisch eingeschätzt. Intrinsische Motivation (aus einem inneren Anreiz, aus Interessen und Einstellung heraus) kann durch extrinsische Anreize wie zusätzliche Entlohnung beeinträchtigt werden,

---

2 Schmidt, Werner/Müller, Andrea: Leistungsentgelt in den Kommunen: Praxis einer umstrittenen Regelung. In: WSI-Mitteilungen 2/2014.

wenn sie als kontrollierend und nicht wertschätzend angesehen wird. Die so genannte »leistungsorientierte Vergütung« wirkt sogar kontraproduktiv, wenn sie als intransparent und ungerecht empfunden wird. Vorhandene betriebliche Kulturen des Miteinanderarbeitens können dadurch zerstört werden, es kann zur innerlichen Kündigung führen oder die Mitarbeiter verhalten sich nur noch so, dass es nach außen so wirkt, als »leisten« sie viel.

Die Umfrage ergab weiterhin, dass **Zielvereinbarungen** mehr als die systematische Leistungsbewertung bewirken können. Richtig angewendet, definieren Zielvereinbarungen erreichbare Ziele und deren Erreichen kann honoriert werden. Dagegen besteht bei der systematischen Leistungsbewertung die Gefahr fehlender Objektivität bei der Bewertung und der mangelnden konkreten Beschreibung von Leistungserwartungen. Dienstvereinbarungen mit anspruchsvollen Zielvereinbarungskonzepten sind dagegen nur selten anzutreffen.

Beim Abschluss von Zielvereinbarungen stehen sich – in der Theorie – zwei fast gleichwertige Partner gegenüber: Der Arbeitnehmer, der jede Facette seines Arbeitsplatzes und die Arbeitsabläufe kennt, der weiß, wie der »Hase läuft« und der einschätzen kann, wie sich die gestellten Ziele erreichen und verwirklichen lassen können. Auf der anderen Seite steht der Arbeitgeber (Vorgesetzte), der Ziele diskutieren möchte, sachlich auf Anregungen und Warnhinweise seines Mitarbeiters eingeht und als Vorgesetzter auch die Möglichkeit hat, den Mitarbeiter bei der Erfüllung von Zielen mit Qualifikationsmaßnahmen und technischen Hilfsmitteln zu unterstützen. In der gegenseitigen Diskussion werden anspruchsvolle – jedoch erreichbare – Ziele vereinbart, deren Umsetzung in regelmäßigen Gesprächen kontrolliert wird, um bei auftauchenden Hindernissen entweder die Zielvereinbarung zu ändern, gemeinsam Strategien zu entwickeln oder Probleme zu lösen. Soweit die schöne Theorie. In der Praxis muss leider viel zu häufig festgestellt werden, dass das Instrument »Zielvereinbarung« zu Zielbefehlen verkommen ist, zum Teil mit Anreizen in Geld, aber auch ohne Geld.

Vorbildlich sind, zumindest in der Absicherung der Mitarbeiter, Regelungen bei der AOK. Hier vereinbarten die Tarifgemeinschaft der AOK und die Gewerkschaft ver.di im Rahmen eines Zulagentarifvertrags, dass das Nichterreichen von Zielen nicht mit arbeitsrechtlichen Maßnahmen, wie Abmahnung oder Kündigung, geahndet werden kann.

9.6 Konfliktpartnerschaft und Streitkultur

Der Begriff »Konfliktpartnerschaft« ist auf den ersten Blick widersprüchlich. Das stimmt insoweit, dass einerseits von notwendigen Konflikten ausgegangen wird, es andererseits aber gemeinsame Anliegen von Arbeitnehmer- und Arbeitgeberseite gibt. Die **Gemeinsamkeiten** werden je nach Sichtweise und »ideologischer Grundhaltung« unterschiedlich definiert. Unstrittig ist das gemeinsame Interesse am Erhalt der Dienststelle und nach günstigen Finanzierungsbedingungen bzw. entsprechenden politischen Rahmenbedingungen. Für aufgeklärte Arbeitgeber sollte es keine Frage sein, gute Arbeitsbedingungen und eine angenehme und produktive Arbeitsatmosphäre zu fördern, konkret z. B. die gesetzlichen Vorschriften zum Arbeitsschutz sehr ernst zu nehmen und Fälle von Mobbing so weit wie möglich auszuschließen.

Strittig ist aber schon oft, ob auch die Selbstständigkeit und Kritikfähigkeit der Beschäftigten aus Sicht der Arbeitgeber gefördert werden soll. Auch nach jahrelangen »Leitbilddiskussionen« tun sich viele öffentliche Arbeitgeber und mit ihnen die verschiedenen Leitungsebenen immer wieder schwer mit selbstbewussten und kompetenten Mitarbeitern. Hier hängt es schon sehr vom Führungsstil und der Persönlichkeit der leitenden Mitarbeiter ab, ob sie in der Kritik der Beschäftigten etwas Konstruktives sehen und bereit sind, ein Stück ihrer »Macht« an kompetente und verantwortungsbewusste Mitarbeiter abzugeben.

Gewerkschaften und Arbeitnehmervertretungen haben eine wichtige gesellschaftspolitische Funktion: Sie haben den zivilgesellschaftlichen Auftrag, immer wieder für mehr Demokratie im Arbeitsleben zu streiten, wozu nicht nur die Mitbestimmung in sozialen und wirtschaftlichen Angelegenheit gehört, sondern auch die Koalitionsfreiheit und die Tarifautonomie.

Betriebliche Konflikte ergeben sich aus den verschiedenen Interessenlagen der Arbeitgeber und Arbeitnehmer bzw. ihrer Interessenvertretungen. Ein Arbeitgeber und die ihm nachgelagerten Hierarchieebenen stellen meist betriebswirtschaftliche Interessen über die Interessen der Arbeitnehmer. Es ist oft einfach, den in Verwaltungen und sozialen Einrichtungen umfassend herrschenden Kostendruck an das schwächste Glied, die Arbeitnehmer, und dabei meist an die ungelernten und schlecht qualifizierten, weiterzugeben. Evtl. notwendige Einsparungen durch Umorganisation oder strukturelle Änderungen vorzunehmen, ist viel schwieriger und auch in der herrschenden Unternehmenskultur unüblich. Zum Beispiel sind Leitungen schnell mit der Privatisierung von Reinigungsdiensten bei der Hand, machen sich aber nur in Ausnahmefäl-

len Gedanken darüber, wie man den eigenen Reinigungsdienst effektiver organisieren und leiten könnte.
Für die Personalvertretung muss der Grundsatz gelten: Vertritt sie nicht die Interessen der Mitarbeiter, dann vertritt sie kein anderer im Betrieb (abgesehen von der Unterstützung durch die Gewerkschaft).
Der Personalrat muss in diesem Sinne hart für die Mitarbeiter verhandeln, darf aber natürlich einen Kompromiss nicht ausschließen. Am Ende von Konflikten kann dann durchaus ein fairer Interessenausgleich zwischen Arbeitgeber- und Arbeitnehmerseite stehen. Auch oder gerade zu modern geführten Verwaltungen und Betrieben gehört eine ausgeprägte Streitkultur: hart in der Sache, kompetent in den Argumenten und Respekt gegenüber den dahinterstehenden Menschen.

Praxistipp:
Auch in den **Schulungsprogrammen** der Gewerkschaften gehört es zum Standard, Seminare für Personalräte zur Stärkung ihrer **sozialen Kompetenzen** anzubieten. Jedes Personalratsmitglied sollte mindestens einmal in seiner »Karriere« ein Seminar zum Thema Gesprächs- und Verhandlungsführung oder zum Umgang mit Konflikten besucht haben. Auch für »alte Hasen« empfiehlt sich ein solches Seminar oder eine Wiederholung nach einigen Jahren, um eingeschliffene Verhaltensweisen und Reaktionsmuster kritisch zu überprüfen. Ein Personalrat darf keine Angst vor Konflikten haben, er muss Konflikte vielmehr austragen, er muss nur lernen, sie **richtig und produktiv** auszutragen. Natürlich sind auch immer wieder die sich wandelnden gesellschaftspolitischen Rahmenbedingungen zu reflektieren. Und die Änderungen bei den Arbeitgebern in ihren Ideologien, Einstellungen und Vorgehensweisen sind genau zu beobachten.

9.7 Co-Management, Leitbilddiskussion und das »Roll-Back« der Arbeitgeber

Co-Management des Personalrats bedeutet die Übernahme von Managementaufgaben oder die Beteiligung an ihnen. Idealtypisch bedeutet Co-Management die Optimierung von Strukturen in der Dienststelle und ein Konzept der Beschäftigungssicherung, also eben nicht die einfache Übernahme klassischer Arbeitgeberfunktionen. Personalräte haben sich dabei mit betriebswirtschaftlichen Angelegenheiten intensiv auseinanderzusetzen, wie z. B. mit Controlling, Kosten- und Leistungsrechnung und Budgetierung und erklären sich bereit, in wirtschaftlich schwierigen

Situationen Alternativen zu entwickeln. Der Arbeitgeber sichert dem Personalrat im Gegenzug eine umfassende »Partizipation« zu.
In vielen Verwaltungen und Betrieben des Öffentlichen Dienstes wurde und wird eine sehr aufwendige **Leitbilddiskussion** geführt. Die öffentlichen Arbeitgeber reagieren damit auch auf den Wertewandel in der Gesellschaft, auf die geänderte Einstellung der Menschen und damit auch ihrer Beschäftigten zu gesellschaftlichen Werten und auch zum Spannungsverhältnis zwischen Arbeit und Freizeit. Betriebe können heutzutage nicht mehr effektiv geführt werden nach dem Prinzip »Befehl und Gehorsam«, in hierarchischen Strukturen und nicht nachvollziehbaren Arbeitsaufträgen, sondern Autoritäten und Arbeitsinhalte werden zunehmend hinterfragt. Die Entwicklung neuer Leitbilder will diesen geänderten Einstellungen Rechnung tragen und über ein Mehr an »Partizipation« die Identifikation der Beschäftigten mit ihrer Einrichtung bzw. mit der Aufgabe der Dienststelle fördern. In diesem Zusammenhang tritt man auch an die Personalräte heran mit der Aufforderung, die gestiegenen Anforderungen gemeinsam anzugehen und sich ebenfalls den gemeinsamen Zielen wie »Kundenorientierung« bzw. »Gemeinwohlorientierung« anzuschließen.
Bedingung für die Umsetzung bzw. eine ernsthafte Diskussion solcher Konzepte ist eine **Unternehmenskultur**, die den einzelnen Arbeitnehmer als Menschen schätzt und auch Räume gibt für Kommunikation und Diskussion. Leitende Mitarbeiter müssen bereit sein, Macht abzugeben, ihre Entscheidungen zu begründen und hinterfragen zu lassen und Verantwortung zu delegieren. Leitung und Personalrat müssen sich gegenseitig anerkennen und in ihrer jeweiligen Aufgabe und Funktion respektieren. Interessenkonflikte sind in gegenseitigem Respekt auszutragen, und es ist eine Verständigung darüber zu erzielen, wo für die jeweils andere Seite die nicht unterschreitbare Kompromisslinie verläuft.
Soweit die **Theorie**. Propagiert wird sie von einigen Organisationsberatungsfirmen und Management-Vertretern. Sie wurde in den letzten Jahren in einigen Bereichen der Industrie und auch bei Projekten der Verwaltungsreform versucht umzusetzen, jedoch meist nicht mit dem erhofften Erfolg. Es waren nicht so sehr die Widerstände bei den »einfachen Mitarbeitern«, sondern eher die von der mittleren Managementebene, die zu diesem Ergebnis geführt haben. Viele Projekte versandeten auch einfach; zu groß waren die Widersprüche zwischen formulierten Zielen und der Alltagspraxis, und nicht wenige Arbeitgeber und politisch Verantwortliche machten sich bei der konkreten Umsetzung unglaubwürdig.
In den letzten Jahren ist bei den real praktizierten Unternehmensphilosophien teilweise wieder ein **»Roll-Back«** festzustellen, eine Rückwen-

dung hin zu autoritären Führungsstilen, begünstigt durch die allseitig angespannte finanzielle Situation und die Lage auf dem Arbeitsmarkt. Nach Jahren der Leitbilddiskussion tritt immer deutlicher zu Tage, dass das Hauptinteresse der öffentlichen Arbeitgeber keinesfalls in der Weiterentwicklung der Werte der Zivilgesellschaft liegt, sondern glasklar im Ziel der Haushaltskonsolidierung und der Kostenminimierung. Die Verinnerlichung der Leitbilder soll die Mitarbeiter zu mehr Leistung motivieren.

Praxistipp:
Zu den Themen »Führen mit Zielen«, »Co-Management« und »Leitbilddiskussion« gibt es bereits ausreichend Literatur und Erfahrungen der Gewerkschaften und Arbeitnehmervertretungen. Zur Einstimmung und Vorbereitung auf bevorstehende Diskussionen zur Einführung von Zielvereinbarungen und leistungsbezogenen Entlohnungssystemen ist es entscheidend, eine fundierte und realistische Einschätzung der Situation in der Dienststelle, der »Verfassung« der Mitarbeiter, der Absichten der Leitung und der finanziellen und politischen Rahmenbedingungen zu haben. Dasselbe gilt natürlich auch für eine bereits laufende Leitbilddiskussion, deren Voraussetzungen, Entwicklung und Ergebnisse immer wieder reflektiert werden müssen.

9.8 DGB-Index »Gute Arbeit«

Ein weiterer Weg, die Beschäftigten in die Aufgaben, Aufgabenerledigung, Gestaltung und Formulierung eigener Interessen in der Dienststelle einzubeziehen, ist der DGB-Index »Gute Arbeit«. Diese bundesweit seit 2007 jährlich durchgeführte Befragung von Arbeitnehmern über die Qualität der Arbeit aus den unterschiedlichsten Branchen kann auch gezielt in einzelnen Dienststellen oder Betrieben durchgeführt werden. Die Anwendung des DGB-Index »Gute Arbeit« liefert Ergebnisse, an denen sich präzise ablesen lässt, wie die Arbeitnehmer einer Dienststelle, eines Standortes, einer Abteilung, … ihre Arbeitsbedingungen bewerten. Durch die arbeitswissenschaftlich fundierte Erhebung in 15 Arbeitsdimensionen ergibt sich ein breit gefächertes Bild, das gleichzeitig aufschlussreiche Differenzierungen ermöglicht, z. B.:

- Welche Vorstellungen von Guter Arbeit haben die befragten Beschäftigten und wie beurteilen sie ihre unmittelbaren Arbeitsbedingungen?
- Wo stimmen Ziele des Arbeitgebers mit den Sichtweisen der Arbeitnehmer überein?

- Welche Brennpunkte und welche Potenziale gibt es?
- Welche Themen haben das größte Verbesserungspotenzial?
- Was sollte gleich angefasst werden?

Die Befragungsmöglichkeiten, mit speziell auf die Einrichtung zugeschnittenen Fragen, versetzen den Personalrat und die Dienststellenleitung anhand der Beurteilungen in die Lage, sich bei Personalentwicklung und Arbeitsorganisation an den Bedürfnissen und Perspektiven der Beschäftigten zu orientieren.

Die DGB-Index Gute Arbeit GmbH bietet ein Paket u. a. mit folgenden Inhalten an:

- Beratung bei der Zielplanung und Anpassung des Fragebogens, Hilfe und Unterstützung bei der Vorbereitung und Durchführung
- Druck und Erfassung der ausgefüllten Papierbögen bzw. alle technischen Aufgaben bei der Onlinebefragung
- umfangreiche Datenanalyse, die bei Bedarf an die dienststellenbezogenen Fragen angepasst wird.

Vertiefte Auswertungen und eine auch weitergehende wissenschaftliche Analyse können – je nach Anforderungen – zusätzlich erfolgen.

Umsetzbar ist die Mitarbeiterbefragung jedoch nur, wenn Arbeitgeber und Personalrat gemeinsam hinter einer solchen Befragung stehen. Sie kann und wird für den Arbeitgeber nicht nur »eitel Sonnenschein« als Ergebnis bringen. Arbeitgeber, die echtes Interesse an ihren Arbeitnehmern haben, können die Ergebnisse jedoch positiv nutzen, im Interesse der Arbeitnehmer und der Dienststelle.

Nachfolgend ein Beispiel zur Umsetzung der Online-Mitarbeiterbefragung der rund 12 000 Beschäftigten der Regionaldirektion Bayern der Agentur für Arbeit. Diese Umfrage wurde vom Bezirkspersonalrat und der Gewerkschaft ver.di im Bezirk der Regionaldirektion Bayern initiiert.

Im Rahmen der Online-Befragungen wurden folgende Themengebiete angesprochen:

- Kreativität, Qualifizierung und Lernen bei der Arbeit
- Sicherheit, Einkommen und Perspektiven
- Führungsqualität und soziales Klima
- Informationsfluss, Gestaltungsmöglichkeiten und Arbeitszeit
- Arbeitsanforderungen und Umgebungsbedingungen
- Arbeitsorganisation und Anforderungen durch andere Menschen
- Balance Arbeit, Familie, Partnerschaft, Freizeit, Pflege
- Beurteilung der eigenen Arbeitssituation
- Störfaktoren, Zufriedenheit, Veränderungsmöglichkeiten
- organisatorische Angaben.

Das Ausfüllen eines solchen Fragebogens dauert rund 20 bis 25 Minuten.

Um die Beschäftigten zur Teilnahme an der Mitarbeiterbefragung aufzufordern, wurde folgendes Schreiben per E-Mail versandt:

Liebe Kollegin, lieber Kollege,
sehr geehrte Damen und Herren,

fast jeder von uns verbringt einen Großteil seiner »Lebens«Zeit am Arbeitsplatz. Die Arbeit beeinflusst Körper und Geist. Das kann gut oder schlecht sein. Mit der Initiative »Gute Arbeit« setzt der Deutsche Gewerkschaftsbund (DGB) deutschlandweit Maßstäbe und bringt sich auch international in die Debatte um Gute Arbeit ein. Für eine moderne, lebende Verwaltung ist neben der Sicht unserer Kunden (Arbeitslose, Arbeitsuchende, Arbeitgeber ...) auch die Perspektive der Mitarbeiter von wesentlicher Bedeutung, um die eigene Arbeit ständig entwickeln zu können. Das Anliegen des BPR Bayern, des DGB und der Gewerkschaft ver.di ist es, über eine gemeinsame Mitarbeiterbefragung, die Meinung der Beschäftigten zu ihrer jeweiligen Arbeitssituation und auf die laufenden Veränderungsprozesse festzustellen, um sowohl Arbeitsbedingungen als auch Verwaltungsabläufe verbessern zu können. Eine gute Verwaltung braucht auch »Gute Arbeit«.
»Gute Arbeit« bedeutet, dass Arbeit die Gesundheit und Lebensqualität fördert und jeder seine Fähigkeiten einbringen und entwickeln kann. Eine gute Ausbildung, Qualifizierung und lernförderliche Arbeitsbedingungen gehören dazu. »Gute Arbeit« heißt aber auch: Die Arbeitsbedingungen müssen so gestaltet sein, dass Familie und Beruf vereinbar sind und die Arbeitsfähigkeit des Beschäftigten bis zum Rentenalter erhalten bleibt. Nur so kann die Frühverrentung verhindert werden.
Gute Arbeit ist Arbeit

- bei der Beschäftigte mitreden und mitgestalten können
- mit einem gerechten Entgelt
- mit einem nachhaltigen Arbeits- und Gesundheitsschutz
- mit sozialer Sicherheit
- ohne Diskriminierung.

Die Realität vieler Beschäftigter sieht leider oft anders aus: Hetze, Leistungsdruck und Dauerstress, geringe Bezahlung, Arbeiten ohne Ende, Angst um den Arbeitsplatz. Gesundheitlich beeinträchtigte und behinderte Beschäftigte werden aus dem Arbeitsleben gedrängt. Erschreckend: Nur jeder zweite Beschäftigte geht derzeit davon aus, bei den derzeitigen Arbeitsbedingungen bis zum Eintritt ins Rentenalter durchzuhalten.
Die Merkmale, die eine »Gute Arbeit« ausmachen, sind vielfältig. Ebenso vielfältig müssen daher die Maßnahmen sein, mit denen wir »Gute Arbeit« im Betrieb erreichen. Deshalb gibt es den »DGB-Index Gute Arbeit«. Dieser ist auch die Grundlage für unsere Initiative zur Verbesserung von Arbeitsbedingungen. Das BPersVG verpflichtet den Arbeitgeber dazu, den Personalrat unaufgefordert, rechtzeitig und umfassend mit den für die Erledigung seiner gesetzlichen

Aufgaben notwendigen Informationen zu versorgen. Ungeachtet dieser Informationspflichten des Arbeitgebers ist der Personalrat nicht gehindert, sich auf andere Art und Weise weitere Informationen zu beschaffen. Hierzu zählen u. a. auch Mitarbeiterbefragungen mittels Fragebögen. Entscheidend für die Zulässigkeit von Mitarbeiterbefragungen ist es, dass sich die Fragen inhaltlich im Rahmen der gesetzlichen Aufgaben des Personalrats halten.
Der Bezirkspersonalrat in Bayern und die Vereinte Dienstleistungsgewerkschaft (ver.di-Bayern) haben sich deshalb dazu entschieden, in Kooperation mit der DGB-Index »Gute Arbeit« GmbH eine MitarbeiterInnenbefragung durchzuführen.
Über den DGB-Index »Gute Arbeit« ist eine wissenschaftliche Begleitung der Befragung gewährleistet. Da der DGB-Index »Gute Arbeit« seit nunmehr vier Jahren bundesweit Befragungen durchführt, wollen wir deren professionelle Erfahrung auch für die MitarbeiterInnen im Bezirk der Regionaldirektion Bayern nutzen.
Wir möchten Sie fragen, wie Sie mit der Qualität Ihrer derzeitigen Arbeitsbedingungen zufrieden sind und wo Sie Verbesserungsbedarf sehen. Je mehr sich beteiligen, umso aussagekräftiger ist das gewonnene Bild.

Die Mitarbeiterbefragung findet im Zeitraum .... statt.
Die Untersuchung soll Erkenntnisse darüber liefern,

- welche Vorstellungen Sie von »Guter Arbeit« haben,
- wie Sie Ihre derzeitige Arbeitssituation erleben,
- welche Aspekte der Arbeit Sie besonders positiv beurteilen und welche eher negativ,
- und wo Sie den größten Verbesserungsbedarf bei der Gestaltung der Arbeitsplätze sehen.

Die Ergebnisse werden nach den Sommerferien ......, nach der wissenschaftlichen Auswertung veröffentlicht. Davon sollen Anstöße ausgehen, die Qualität der Arbeitsplätze und die unterschiedlichen Arbeitsbedingungen in allen Bereichen zu verbessern.
Die Auswertung erfolgt durch ein externes Institut, so dass Ihre Angaben und Informationen anonym bleiben. Die Befragung unterliegt strengen datenschutzrechtlichen Maßgaben.
Vielen Dank für Ihre Unterstützung bei dieser wichtigen Befragung!

Mit freundlichen Grüßen
Roland Dörfler
Vorsitzender Bezirkspersonalrat Bayern
Organisatorische Hinweise zur Umfrage:
Zeitraum der Umfrage: ....
Die Befragung wird online über das Internet durchgeführt.
Die Personalräte vor Ort sind aufgefordert, die Befragung zu unterstützen. Darüber hinaus ist über die Zugangsdaten auch eine Bearbeitung des Online-

Fragebogens von zu Hause aus möglich, soweit Ihnen ein entsprechender Internetanschluss zur Verfügung steht.

Anmeldung und Speicherung des Online-Fragebogens:
Über den nachfolgenden Link: .... gelangen Sie direkt zum Online-Fragebogen. Dort geben Sie bitte im Feld Kennwort den Zugangscode bpr-bayern ein und bestätigen diesen mit Anmelden. Der Fragebogen steht Ihnen dann zur Verfügung. Sie können sich im Zeitraum vom .... bis ...... bei Bedarf mehrfach anmelden und den Fragebogen schrittweise beantworten. Die Eingaben werden automatisch beim Schließen des Fragebogens bzw. Fensters gespeichert und Sie erhalten einen weiteren Zugangscode, mit dem Sie sich beliebig oft anmelden können. Wenn Sie den Fragebogen abschließend bearbeitet haben, wählen Sie bitte auf der letzten Seite den Schalter Abschicken an.
Ein wichtiger Hinweis zum Datenschutz: Zu keinem Zeitpunkt werden in diesem Verfahren Personendaten verwendet. Sie sind nicht erforderlich und uns weder bekannt, noch zugänglich. Die Zugangscodes wurden über einen Zufallsgenerator erstellt und sind in keiner Weise mit dem Fragebogen verknüpft. Sofern Sie Fragen zur Organisation der Befragung haben, können Sie sich gerne an uns wenden. Unsere Projektmitarbeiter stehen Ihnen gerne zur Verfügung: ...

Hinweis:
Die Gewerkschaft ver.di gibt (gemeinsam mit der IG Metall) seit 2009 im Rahmen der Initiative »Gute Arbeit« ein Jahrbuch mit einem **Schwerpunktthema** heraus. Die bisherigen Themen:

- 2022: Arbeitspolitik nach Corona. Probleme, Konflikte, Perspektiven
- 2021: Demokratie in der Arbeit – Eine vergessene Dimension der Arbeitspolitik
- 2020: ver.di-Reader: Arbeitsschutz und Digitalisierung – Impulse für eine moderne Arbeitsgestaltung
- 2019: Transformation der Arbeit – Ein Blick zurück nach vorn
- 2018: Ökologie der Arbeit. Impulse für nachhaltigen Umbau
- 2017: Der Streit um Zeit – Arbeitszeit und Gesundheit
- 2016: Digitale Arbeitswelt – Trends und Anforderungen
- 2015: Qualitative Tarifpolitik – Arbeitsgestaltung – Qualifizierung
- 2014: Profile prekärer Arbeit – Arbeitspolitik von unten
- 2013: Anti-Stress-Initiativen
- 2012: Zeitbombe Arbeitsstress
- 2011: Folgen der Krise – Arbeitsintensivierung, Restrukturierung
- 2010: Schlechte Zeiten für Gute Arbeit
- 2009: Wettbewerbsfähigkeit und soziale Ansprüche

> **Praxistipp:**
> Wichtige Infos zum Thema »Gute Arbeit«:
> *www.dgb-index-gute-arbeit.de*
> *www.verdi-gute-arbeit.de*
> *www.BAuA.de* – Veröffentlichungen/Schriftenreihe
> *www.inqa.de* – Gute Pflege
> *www.ergo-online.de*
> *www.wiki-gute-arbeit.de*
> *http://fidi-nrw.verdi.de/faire_arbeit*

10. Tarifentwicklung im Öffentlichen Dienst

10.1 Modernisierung als Schlagwort für Wettbewerbsöffnung

Bereits in den 1990er Jahren wurde intensiv über die Modernisierung des Tarifrechts im Öffentlichen Dienst diskutiert. Die Regelungen des alten BAT wurden von Seiten der Arbeitgeber als »leistungsfeindlich« bezeichnet, weil zu sehr am Beamtenrecht ausgerichtet. Die Ersetzung des BAT (Bundes-Angestelltentarifvertrag) und der Arbeiter-Tarifverträge von Bund und Gemeinden durch den TVöD für Bund und Kommunen sollte nun die »Tarifreform« des öffentlichen Dienstes fortsetzen und folgte der Einführung des TV-V für Betriebe der öffentlichen Versorgung. Der TVöD trat zum 1. 10. 2005 in Kraft. Als wichtigste Grundsätze des neuen Tarifvertrags wurden von den Arbeitgebern hervorgehoben: die Abkehr von familienorientierten Einkommensbestandteilen und der Einstieg in leistungsbezogene Entgelte. Einen Überblick über die Entwicklung des Tarifrechts im öffentlichen Dienst im Einzelnen geben wir weiter unten in 10.3.

Kurz und bündig kann formuliert werden: der TVöD ist kein »Modernisierungs-Tarifvertrag«. Für Neueingestellte bedeuteten die Regelungen des TVöD in den meisten Fällen eine schlechtere Vergütung und oft auch eine längere Arbeitszeit. Die Verhandlungen zu einer neuen Eingruppierungsordnung wurden erst nach vielen Jahren 2016 mit neun Jahren Verspätung teilweise abgeschlossen. Noch heute gibt es in den meisten Arbeiterbereichen keine neuen Regelungen – es gilt da noch das Altrecht aus den Arbeiterinnentarifverträgen (Ausnahmen: Bayern, NRW und Hamburg). Die Eingruppierungsordnung lehnt sich aber nach wie vor an die Systematik des alten Tarifrechts an und ist weit davon entfernt, ein diskriminierungsfreies und transparentes Eingruppierungsrecht abzubilden. Ein »Leistungs- und Motivationsschub« blieb allerorten aus.

Die Bilanz der Diskussion um die »Modernisierung des Öffentlichen Diensts« ist ernüchternd. Die chronische und politisch gewollte Unterfinanzierung der öffentlichen Haushalte führen bei vielen öffentlichen Arbeitgebern zu einem einfachen bzw. zweifachen Reflex: Kürzung der Personalkosten und Privatisierung. Die politisch Verantwortlichen unternahmen kaum noch Anstrengungen, die öffentlichen Dienste zukunftsgerecht zu entwickeln. In Zahlen gefasst: allein in den Jahren 1991 bis 2008 wurden im Öffentlichen Dienst fast 2,2 Millionen Stellen abgebaut. Der Öffentliche Dienst hatte vor der »Modernisierungsdiskussion« klar die Aufgabe der öffentlichen Daseinsvorsorge: Gesundheitsversorgung, Nahverkehr, Wasser- und Energieversorgung und Müllbeseitigung waren in der Regel von den Kommunen sicherzustellen. Auch Telekommunikation, Post und Bahn liefen in staatlicher Regie. Öffentliche Dienstleistungen sind ein wesentlicher Beitrag gegen die Verarmung breiter Bevölkerungsschichten und tragen neben dem Ausbau der Infrastruktur und dem Erhalt des sozialen Friedens auch zur Standortqualität bei. Aus dieser Verantwortung hat sich die öffentliche Hand immer mehr herausgezogen. Auftrags- statt Durchführungsverwaltung ist die vornehm klingende Überschrift dafür.
Bund, Länder und Kommunen trieben parallel die Deregulierung und **Prekarisierung der Arbeitsverhältnisse** voran:

- Unterlaufen des Kündigungsschutzes durch ständige **Ausdehnung der befristeten Arbeitsverhältnisse**. Die öffentlichen Arbeitgeber nutzen die Möglichkeit der sachgrundlosen Befristung umfassend aus. Sie brauchen nicht zu erklären, weshalb sie die Stelle befristen, verlängern damit die Probezeit und verzichten in vielen Fällen auf eine in die Zukunft gerichtete Personalplanung. Dass nicht allein finanzielle Gründe für die Befristung ausschlaggebend sind, zeigt die Praxis des Landes Bayern, das trotz relativ guter Haushaltslage mittlerweile eine Befristungsquote von mehr als 30 % aufweist. Die Bundesagentur für Arbeit wies darauf hin, dass die Zahl arbeitsloser Lehrer im Sommer jeweils sprunghaft steigt – der Grund dafür ist, dass die Länder in der Ferienzeit Personalkosten sparen wollen. Die Befristungen und die ständigen befristeten Anschluss-Arbeitsverträge fördern eben nicht die Motivation der Beschäftigten und die Identifikation mit ihrer Arbeit und ihrer Aufgabe.
- Tarifflucht durch die **Bildung privatwirtschaftlicher Gesellschaften** (public private partnership, Privatisierung, Outsourcing), die keinem Arbeitgeberverband mehr angehören. Hier scheint die Spitze der negativen Entwicklung erreicht worden zu sein. Zu viele schlechte Erfahrungen wurden mit der Privatisierung von ehemals öffentlichen

Dienstleistungen gemacht und es verstärkt sich die Tendenz, Aufgaben wieder in den Bereich der öffentlichen Hand zurückzuholen (s. oben 9.4). Das stößt aber an Grenzen im Hinblick auf die damit verbundene notwendige Personalrekrutierung.

- Konfuse Lage bei der so genannten **Leistungsorientierung** (§ 18 TVöD): § 18 ist im TV-L gestrichen und der Topf im Bereich Bund eingefroren, im kommunalen Bereich aber aufgestockt worden. Mit der Einführung einer leistungsorientierten Bezahlung als Instrument zur Erhöhung der Effizienz des öffentlichen Dienstes wird deutlich »zu kurz gesprungen«; Elementen wie Hierarchieabbau, Verantwortungsdelegation, Abbau von unnötigen Verwaltungsvorschriften u.v.m. wird nicht ausreichend Aufmerksamkeit geschenkt!

Unter dieser »Modernisierung« leidet natürlich die Qualität der öffentlichen Dienstleistungen. Dieser Weg in den Wettbewerb hat sich insgesamt als Irrweg herausgestellt – inzwischen suchen die öffentlichen Arbeitgeber händeringend qualifiziertes Personal und sind da in weiten Teilen schon nicht mehr konkurrenzfähig auf dem Arbeitsmarkt unterwegs und versuchen sich mit Arbeitsmarktzulagen und sonstigen untauglichen Instrumenten zu retten. Auch dort führt die dogmatische Einmauerung der öffentlichen Arbeitgeber, möglichst keine tarifvertraglichen Rechtsansprüche zu begründen, ganz zwangsläufig und folgerichtig in die Sackgasse.
Die Kampagne von ver.di »Öffentlich ist Wesentlich« hat hier angesetzt: Öffentliche Dienstleistungen sind wichtig und wesentlich und erfordern für eine gute Qualität auch eine gute Ausbildung und Bezahlung.

10.2 Wozu eigentlich Tarifverträge?

Ein Tarifvertrag ist eine kollektive Vereinbarung zwischen Gewerkschaften und Arbeitgeberverbänden oder einzelnen Arbeitgebern. Die darin festgelegten Regelungen, man bezeichnet sie auch als Rechtsnormen, gelten unmittelbar und zwingend für die Mitglieder der unterzeichnenden Tarifparteien und für den vereinbarten Geltungsbereich. Sie gelten normativ, haben also für die tarifgebundenen Parteien den Charakter eines Gesetzes. Arbeitnehmer können die Durchsetzung jeder vereinbarten Regelung des Tarifvertrags vor dem Arbeitsgericht einklagen.
Der Tarifvertrag gilt nur für den im Arbeitgeberverband organisierten Arbeitgeber und nur für die Mitglieder der abschließenden Gewerkschaft. Ein Arbeitgeber, der aus dem Arbeitgeberverband austritt, ist gegenüber

neu eingestellten Beschäftigten nicht mehr an den Tarifvertrag gebunden (für die vor dem Austritt eingestellten tarifgebundenen Arbeitnehmer und Arbeitnehmerinnen gilt der Tarifvertrag weiter).

Umgekehrt besitzen nur die in der betreffenden Gewerkschaft organisierten Arbeitnehmer und Arbeitnehmerinnen ein einklagbares Recht auf Einhaltung des Tarifvertrags. In der Regel gewähren die Arbeitgeber des Öffentlichen Dienstes auch den nicht organisierten Arbeitnehmern per Einzelarbeitsvertrag die Anwendung der Tarifverträge des Öffentlichen Dienstes. Auf den ersten Blick stellen damit die Arbeitgeber des Öffentlichen Dienstes die nicht organisierten Beschäftigten ohne Not den Gewerkschaftsmitgliedern gleich.

Dahinter verbirgt sich aber ein politisches Kalkül der Arbeitgeber, das sich in der langen Zeit seit Bestehen der Gewerkschaften herausgebildet hat, aber von vielen Arbeitnehmern und Arbeitnehmerinnen vergessen wird: Würden die Arbeitgeber den tarifvertraglich festgelegten Lohn nur an die Mitglieder der Gewerkschaften auszahlen, würden sie eine Eintrittswelle in die Gewerkschaften hervorrufen und damit die Gewerkschaften deutlich stärken. Zahlt er an alle ohne Unterschied, verstärkt er dadurch die Ohne-mich-Haltung (oder noch salopper ausgedrückt die »Trittbrettfahrer-Mentalität«) und untergräbt den Solidaritätsgedanken der Gewerkschaften, die sich wesentliche materielle Verbesserungen durch kollektive Aktionen erkämpft haben.

Gerade in der heutigen Zeit, in der der Individualismus großgeschrieben wird und Großorganisationen irgendwie verpönt sind, fallen diese Spaltungsversuche auf fruchtbaren Boden. Nicht wenige unorganisierte Arbeitnehmer und Arbeitnehmerinnen erklären mit ein bisschen Häme gegenüber Gewerkschaftsmitgliedern, dass sie sich den Gewerkschaftsbeitrag sparen und dennoch unter dieselben tarifvertraglichen Regelungen fallen. Je nach politischem Standort kann man da nur noch erklären, dass einem die vielgescholtenen »traditionellen Werte« wie Solidarität und Gerechtigkeit näherstehen als blanker Materialismus und Egoismus. Zwischenzeitlich versuchen die Gewerkschaften durch so genannte Mitgliedervorteilsregelungen in Tarifverträgen Besserstellungen für ihre Mitglieder zu erreichen. Dies können z. B. sein: ein höheres Urlaubsgeld, ein höheres Weihnachtsgeld, zusätzliche Urlaubstage, besondere Zulagenzahlungen usw. Die Gewerkschaft ver.di hat solche Regelungen 2009 und 2010 (z. T. dauerhaft) u. a. für Krankenhäuser, Pflegeeinrichtungen, Ersatz- und Betriebskrankenkassen vereinbart.

§ 62 Nr. 1 BPersVG

Der Personalrat hat nach § 62 Nr. 1 BPersVG die Aufgabe, darüber zu wachen, dass die zugunsten der Beschäftigten geltenden Tarifverträge eingehalten werden. Er muss z. B. die exakte Eingruppierung, die Einhaltung von Arbeitszeiten und die Zahlung von Zuschlägen gemäß Tarifvertrag überprüfen und bei Abweichungen oder im Zweifelsfall Arbeitnehmer und Arbeitgeber darauf hinweisen. Der Personalrat kann auch keine Dienstvereinbarungen abschließen, die den Vorschriften des Tarifvertrags widersprechen oder sie unterlaufen. So kann der Personalrat etwa für den Geltungsbereich des TVöD keine Dienstvereinbarung zu Themen abschließen, die diesem Tarifvertrag widersprechen würden.

Auch außerhalb des Öffentlichen Dienstes, vor allem in den Wohlfahrtsverbänden und kirchlichen Einrichtungen, gibt es äußerst bedenkliche Entwicklungen. So nutzen z. B. die diakonischen Einrichtungen der Evangelischen Kirche ihre verfassungsrechtliche Sonderstellung schamlos aus, unter Umgehung von Tarifverträgen und durch Beschluss der kircheneigenen »Arbeitsrechtlichen Kommissionen«, das materielle Arbeitsrecht in sozialen Einrichtungen massiv abzusenken. Je nach Beruf und Lebensalter wird heute schon in den Krankenhäusern der Diakonie zwischen zwei bis zehn Prozent weniger Lohn gezahlt wie für die gleiche Arbeit in der kommunalen Einrichtung nebenan. Im Hauswirtschaftsbereich können es sogar im Einzelfall bis zu 30 % Unterschied sein. Diakonische Einrichtungen versprechen sich dadurch einen Konkurrenzvorteil. Indem sie ausschließlich die Löhne drücken, nehmen sie oft organisatorische Änderungen nicht im notwendigen Umfang vor. Auch im Fachjargon spricht man hier von einer »Schmutzkonkurrenz«. Der Druck auf andere vergleichbare Einrichtungen des Öffentlichen Dienstes wird immens. Die kirchlichen Einrichtungen setzen damit eine Abwärtsspirale nach unten in Gang. Zwischenzeitlich haben die Arbeitgeber im Bereich der Wohlfahrtspflege gemerkt, dass eine Spirale nach unten die Arbeitsbedingungen so verschlechtert, dass die Attraktivität der Berufe erheblich nachgelassen hat. Ganz nebenbei: Auch das Image dieser »Wohlfahrtskonzerne« hat dadurch gelitten. Die Einführung eines Mindestlohns in der Pflege ist ein erster Schritt, die Pflege wieder etwas aufzuwerten.

Auch das Deutsche Rote Kreuz (DRK) trat im Jahr 2002 ultimativ an die Gewerkschaft ver.di heran, dauerhaft die Abspaltung des Ostens aus den Tarifbewegungen des Öffentlichen Dienstes zu akzeptieren. Ansonsten werde das DRK mit dem Deutschen Handlungsgehilfenverband (DHV), Teil des CGB (Christlicher Gewerkschaftsbund) verhandeln. Der CGB ist eine Mini-Organisation, die das Wort Gewerkschaft nicht verdient und nur deshalb weiterexistiert und Aufmerksamkeit auf sich zieht, weil sie mit einzelnen Arbeitgebern Gefälligkeits-»Tarifverträge« zu Dumpingbedingungen abschließt (siehe dazu auch oben 8.1 zur Rolle und Aufgabe von Gewerkschaften). Ähnliche Bestrebungen, die Vergütungen im Osten

der Republik auf Dauer von den West-Löhnen abzukoppeln, gab es in den letzten Jahren auch bereits bei der Arbeiterwohlfahrt (AWO).
Diese Entwicklungen zeigen deutlich den gesellschaftlichen Wert und die Schutzfunktion des BAT und jetzt des TVöD für die Beschäftigten als Flächentarifvertrag. Ein Tarifvertrag mit breiter Wirkung regelt die Wettbewerbsbedingungen der verschiedenen Anbieter untereinander und sichert gleiche Ausgangsbedingungen. Im Sinne einer Wettbewerbsordnung schützen Flächentarifverträge seriöse Arbeitgeber vor unlauterer Konkurrenz und wirken als »Innovationspeitsche«. Wettbewerbsvorteile sollen durch bessere Arbeitsorganisation, rationelles Arbeiten und Qualität erzielt werden. Auch aufgeklärte moderne Arbeitgeber haben durchaus ein Interesse am Erhalt des Flächentarifvertrags.

10.3 Überblick: Entwicklung des Tarifrechts im Öffentlichen Dienst

(Abdruck mit freundlicher Genehmigung von Norbert Flach, Tarifkoordinator ver.di Bayern)

Geschichtliche Entwicklung und Strukturen

Der klassische Öffentliche Dienst war ursprünglich von klaren Strukturen geprägt. Gemäß den verfassungsrechtlichen Aufgabenstellungen waren die Gebietskörperschaften Bund, Länder und Gemeinden (oder Kommunen – inkl. Städte, Gemeinden, Landkreise und, in einigen Bundesländern, die Bezirke) organisiert. Aufgaben der Daseinsvorsorge (z. B. Nahverkehr, Gesundheitsversorgung, Energieversorgung, Wasserversorgung und Abwasserentsorgung, Müllbeseitigung) wurden innerhalb der Gebietskörperschaft zumeist von den Kommunen erbracht und waren integraler Bestandteil der Gebietskörperschaft – zu einem späteren Zeitpunkt oft als Eigenbetriebe bzw. selbständige kommunale Unternehmen geführt.
Die öffentlichen Arbeitgeber organisieren sich neben dem Bund in der Tarifgemeinschaft deutscher Länder (TdL) sowie in den Kommunalen Arbeitgeberverbänden länderbezogen (z. B. KAV Bayern). Das Dach im kommunalen Bereich bildet die Vereinigung kommunaler Arbeitgeberverbände (VKA).

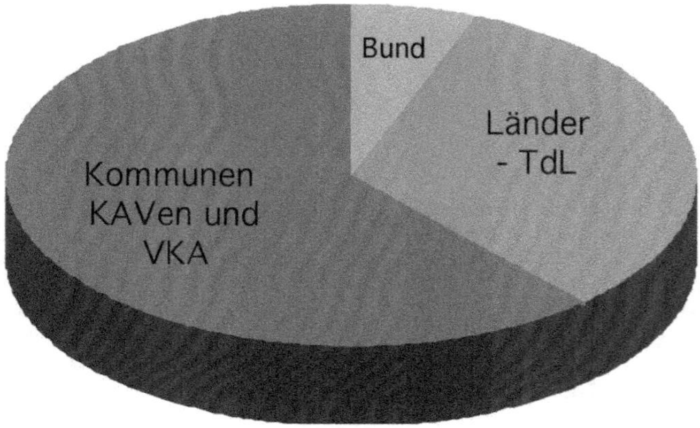

Die Tortenanteile entsprechen in etwa den Anteilen an den Beschäftigtenzahlen 2005. Zu diesem Zeitpunkt hatte der Bund ca. 170 Tsd. Arbeitnehmer, die Länder ca. 900 Tsd. Arbeitnehmer und die Kommunen 1,9 Mio. Arbeitnehmer. Die Beamtinnen und Beamten bleiben bei der Betrachtung außen vor – präzisere Zahlen sind durch die Art und Weise der statistischen Erhebung nicht ermittelbar. So werden in der Statistik die Beschäftigten ausgegründeter Versorgungs-GmbH, die als 100prozentige Töchter der Kommunen agieren und das Tarifrecht des öffentlichen Dienstes anwenden, nicht mitgezählt als Beschäftigte der Kommunen. Die Tarifverträge umfassten also zu diesem Zeitpunkt mehr als 2 Mio. Arbeitnehmer – weiterhin nicht mitgezählt die Beschäftigten bei so genannten Satelliten (Anwender des Tarifrechts, andere Körperschaften oder Anstalten des öffentlichen Rechtes z. B. die frühere Bundesanstalt für Arbeit oder die Körperschaften der gesetzlichen Rentenversicherung) und die Beamten. In den Jahren und Jahrzehnten zuvor war diese Zahl deutlich höher – Privatisierung und Arbeitsplatzabbau waren signifikant.

Das Tarifrecht war entsprechend klar strukturiert. Die drei öffentlichen Arbeitgeber(verbände) verhandelten gemeinsam mit den Gewerkschaften die Tarifverträge.

Dabei war das Tarifrecht sehr stark vom Beamtenrecht geprägt. Die Tarifverträge selbst beinhalteten eine ganze Anzahl von Verweisen auf das Beamtenrecht, darüber hinaus waren wesentliche Elemente des Tarifrechts vom Beamtenrecht geprägt. Es seien hier – in einer nicht abschließenden Aufzählung – genannt: die Stufenaufstiege innerhalb einer Lohn- oder Vergütungsgruppe, die aus dem Alimentationsprinzip im Beamtenrecht abgeleiteten familienbezogenen Entgeltbestandteile (Familienzuschlag, Kinderzuschlag), die relativ strenge Laufbahnorientierung in den Vergütungsordnungen zum Bundes-Angestelltentarifvertrag (BAT) sowie das Instrument der Bewährungsaufstiege und die bis 2001 in der Form geltende zusätzliche Altersversorgung (siehe eigenes Kapitel).

Die Tariflandschaft (mit einem Seitenblick auf das Beamtenrecht) stellte sich bis Mitte der 1990er Jahre wie folgt dar:

	Bund	Länder	Kommunen
Arbeiter /Innen	Manteltarifvertrag für Arbeiter des Bundes und der Länder (MTArb)		Manteltarifvertrag für Arbeiter der Kommunen (BMT–G II)
Ange-stellte	BAT – Bundes-Angestelltentarifvertrag (nebst Vergütungsordnungen und Anlagen und ergänzenden Tarifverträgen sowie spezifischen Sonderregelungen für Sektoren und Arbeitgeber)		
Beamte	Bundeseinheitliches Beamten- u. Besoldungsrecht (Rahmenrecht und ergänzende Regelung für Länder und Kommunen)		

Obwohl also die Tariferhöhungen und andere wesentliche Elemente des Tarifrechts gemeinsam verhandelt wurden, gab es für die drei Teilbereiche der öffentlichen Arbeitgeber jeweils eigenständige Tarifverträge für den gewerblich-handwerklichen Bereich (Arbeiter/innen) sowie einen einheitlichen BAT (mit teilweise spezifischen Regelungen für die einzelnen Arbeitgeberbereiche) für die Angestellten. Hierfür gab es im Wesentlichen zwei Ursachen: der BAT wurde 1961 in der Nachfolge der »Tarifordnung für Angestellte« – TOA – geschaffen. Wegen der Nähe von angestelltenversicherungspflichtigen Tätigkeiten zu beamtenrechtlichen Arbeitsfeldern (primäres Unterscheidungskriterium ist die Ausübung einer hoheitlichen Funktion) war eine weitergehende Differenzierung nicht opportun. Im Gegensatz dazu differierten die Tätigkeitsfelder im gewerblich-handwerklichen Bereich doch erheblich. Während in den Kommunen Straßenreinigung, Müllbeseitigung, Energie- und Wasserversorgung, Nahverkehr u.a. den gewerblich-handwerklichen Bereich sehr stark prägten (öffentliche Daseinsvorsorge), waren es im Bundesbereich insbesondere Arbeitertätigkeiten im Bereich der Bundeswehr sowie des Verkehrswegebaus bzw. -unterhalts (ausgeblendet bleiben bei dieser Betrachtung die vormals zu diesem Zeitpunkt noch nicht privatisierten Bereiche der Deutschen Bundespost und der Bundesbahn). Im Bereich der Länder waren es spezifische Tätigkeiten im Straßenunterhaltungsdienst, im Wildwasser- und Lawinenverbau und andere. Insgesamt gilt, dass der Bereich der Gebäudeunterhaltung sowie Haustechnik und ergänzende Dienstleistungen (z. B. Haus- und Küchenpersonal in Kliniken und Universitäten sowie Liegenschaftsverwaltung) bei Bund und Ländern ein – relativ gesehen – deutlich höheres Gewicht zukam als im kommunalen Bereich.

Folgerichtig wurde der BMT-G II noch weiter ausdifferenziert. Die bundesweiten Regelungen enthielten zahlreiche Öffnungsklauseln für eine weitere Ausgestaltung auf Landesbezirksebene (damals ÖTV-Bezirksebene) mit dem jeweils zuständigen KAV. Die prägnanten Beispiele sind hierfür das Lohngruppenverzeichnis (es wurden bundesweit nur Grundsätze der Entlohnung und die Definition der Lohngruppen vorgenommen – die weitergehende Zuordnung der einzelnen Tätigkeiten zu den Lohngruppen erfolgte in (landes-)bezirklichen Lohngruppenverzeichnissen) und die Zahlung von Erschwerniszuschlägen für bestimmte, zu definierende Tätigkeiten. Während im erstgenannten Beispiel die Regelung auf (landes-)bezirklicher Ebene abschließend war, wird der andere Typus am zweiten Beispiel Erschwerniszuschläge deutlich: die (landes-) bezirklichen Tarifvertragsparteien konkretisierten die bundesweiten Regelungen – überließen aber die abschließende Ausgestaltung den örtlichen Tarifvertragsparteien (örtliche tarifvertragliche Vereinbarungen). Von dieser Grundsystematik gab es allerdings auch wieder Abweichungen. So wurden die Fahrdienst- und Einmannfahrerzuschläge für die Beschäftigten im öffentlichen Personennahverkehr zwar in (landes-)bezirklichen Tarifverträgen vereinbart – jedoch in jeweils einer eigenständigen Tarifvereinbarung für jeden Nahverkehrsbetrieb. Daneben gab es dann noch (landes-)bezirkliche Tarifverträge, die eigenständige Regelungsinhalte zum Gegenstand hatten (z. B. Arbeit an Bildschirmarbeitsplätzen).

Während es im gewerblich-handwerklichen Bereich eine Vielzahl derartiger abgestufter Vereinbarungen gab (36 auf landesbezirklicher Ebene in Bayern), war die Anzahl im Angestelltenbereich eher überschaubar (11).

Schematisch kann die Regelungsstruktur vereinfacht wie folgt dargestellt werden:

	Bundesebene	Landes-(bezirks)ebene	Bezirks-(kreis)ebene
	Kommunen		
Arbeiter/Innen	BMT-G II	Ergänzende Bezirkstarifverträge (BTV)	Ergänzende örtliche tarifvertragliche Vereinbarungen
Angestellte	BAT	Ergänzende Bezirkstarifverträge (BTV)	Ergänzende örtliche tarifvertragliche Vereinbarungen

Diese Systematik führte allerdings auch dazu, dass innerhalb eines Tarifrechtes für gleiche bzw. gleichgelagerte Tätigkeiten durchaus eine unterschiedliche Bezahlung möglich wurde – je nachdem, in welchem Bundesland die Kommune liegt (ein Umstand, der in der seit 2005 geführten Debatte über die Form und Inhalte einer neuen Entgeltordnung zum TVöD – unter dem Aspekt des Erhalts der Werteebene (Bezahlung der Tätigkeit unter Berücksichtigung vorenthaltener Einkommensbestandteile – z. B. Bewährungsaufstiege) – eine besondere Qualität erlangt).

Im Bereich der Tarifgemeinschaft deutscher Länder gab es vereinzelte Öffnungsklauseln für landes(-bezirkliche) Regelungen – eine weitergehende Öffnung unterblieb (ein bekanntes Beispiel: Theaterbetriebszuschlag/-zulage als eine erweiterte Pauschale anstelle sonstiger Zeitzuschlagsregelungen).

Beim Bund gab es entsprechende Modifizierungsmöglichkeiten aufgrund mangelnder Regelungsnotwendigkeit und -kompetenz auf Arbeitgeberseite nicht.

1996 kam es zu einem ersten Schritt der Vereinheitlichung. Aus dem bisherigen MTL II (Arbeiter Länder) und dem bisherigen MTB II (Arbeiter Bund) wurde der MTArb und damit ein einheitliches Arbeitertarifrecht bei Bund und Ländern geschaffen.

Die Landschaft sah also wie folgt (schematisiert) aus:

Überblick: Entwicklung des Tarifrechts im Öffentlichen Dienst

	Bund	Länder	Kommunen
Arbeiter /Innen	Manteltarifvertrag für Arbeiter des Bundes und der Länder (MTArb)		Manteltarifvertrag für Arbeiter der Kommunen (BMT–G II)
Ange-stellte	BAT – Bundes-Angestelltentarifvertrag (nebst Vergütungsordnungen und Anlagen und ergänzenden Tarifverträgen sowie spezifischen Sonderregelungen für Sektoren und Arbeitgeber)		
Beamte	Bundeseinheitliches Beamten- u. Besoldungsrecht (Rahmenrecht und ergänzende Regelung für Länder und Kommunen)		

An der bisherigen Darstellung wird allerdings trotzdem deutlich, dass die Einheitlichkeit des Tarifrechts im öffentlichen Dienst oftmals nur eine scheinbare war. Einheitlichkeit des Rahmens: ja – aber darüber hinaus viele Differenzierungen. Es liegt auf der Hand, dass angesichts dieser vielfältigen Gestaltungsebenen, auch und gerade in materiell sehr nachhaltigen Fragen, aufgrund unterschiedlicher Durchsetzungsfähigkeit und wirtschaftlicher Leistungskraft, politische Ausrichtung und Selbstverständnis der agierenden kommunalen Führungskräfte (auch auf Verbandsebene) sowie der unterschiedlichen Entwicklung der verschiedenen Sparten des öffentlichen Dienstes eine derartige, differenzierende Entwicklung erfolgen musste.

Exkurs: Die Entwicklung des öffentlichen Dienstes ab den 90er Jahren

Die neoliberale Politik betrieb insbesondere für Unternehmen und Vermögende massive Steuerentlastungen, was wiederum im Verbund mit den Einnahmeausfällen durch die anhaltend hohe Arbeitslosigkeit mit reduzierten Einnahmen und Mehrausgaben für die öffentlichen Haushalte und Sozialkassen für eine chronische Unterfinanzierung der öffentlichen Kassen sorgte. Mit ihrer Doktrin »Privat vor Staat« kam es zu massiven Privatisierungstendenzen schon in den 80er Jahren – systematisiert und zugespitzt im Zuge der voranschreitenden EU-Integration und der Bildung eines Binnenmarktes durch die Wettbewerbsöffnung in den 90er Jahren. Öffentliche Dienstleistungen wurden nicht mehr grundsätzlich durch den öffentlichen Dienst erbracht, sondern wurden mehr und mehr dem Ausschreibungszwang unterworfen. Nachdem allerdings schon zu dieser Zeit viele konkurrierende Anbieter niedrigere Tarifverträge anwenden konnten, respektive keiner Tarifbindung unterlagen, konnten diese in den Ausschreibungsverfahren »punkten«. In Verbindung mit der Deutschen Einheit und dem damit einhergehenden gigantischen Finanzierungsbedarf für die öffentliche Infrastruktur im Gebiet der neuen Bundesländer standen die öffentlichen Haushalte und damit die Beschäftigten im öffentlichen Dienst und ihre Gewerkschaften unter einem massiven Druck. Die technologische Entwicklung führte zudem dazu, dass immer differenziertere Berechnungen und Budgetierungsmodelle mit einem umfassenden Benchmarking in der öffentlichen Verwaltung Einzug hielten. In der ÖTV spiegelte sich diese Diskussion Anfang der 90er-Jahre in der Kampagne »Zukunft durch öffentliche Dienste« unter Monika Wulf-Mathies wider, die damals in der Mitgliedschaft durchaus umstritten war.

Aus dieser Zeit stammt auch die Debatte, dass das Tarifsystem im öffentlichen Dienst leistungsfeindlich sei und einer dringenden Reform bedürfe. Es war eine Reaktion der öffentlichen Arbeitgeber und ihrer Verbände auf die beschriebene Situation – eine Diskussion, die den Gewerkschaften aufgezwungen wurde. Ein Teil der Mitgliedschaft führte daher diese Debatte entweder überhaupt nicht oder nur widerwillig, meist war es eine »Experten«-Diskussion (z. B. 100-Punkte-Papier in der ver.di-Gründungsphase).

Konsequenz: Veränderung der Tariflandschaft!

In der Folge führte diese Entwicklung zu einer deutlichen Veränderung der Tariflandschaft.

Wenn man/frau den öffentlichen Dienst nicht primär nach den Arbeitgeberstrukturen differenziert, sondern nach der Aufgabenstellung, kann das wie in der folgenden Abbildung vereinfacht dargestellt werden. Dabei bleiben wiederum die so genannten Satelliten (siehe oben) unberücksichtigt – natürlich könnte noch eine weitaus differenziertere Darstellung gewählt werden – für unsere Betrachtung soll aber mal zunächst diese Darstellung reichen (mit dem Mut zur Lücke – z. B. Sparkassen):

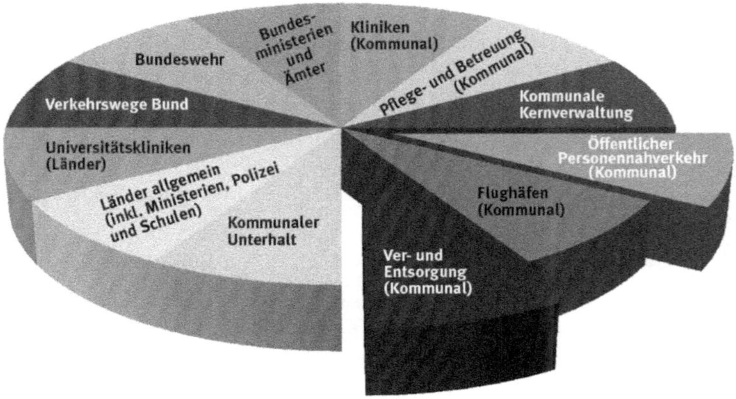

In dieser Grafik werden schon die ersten Bereiche, die unter Wettbewerbsdruck gestellt wurden, als abdriftende Teile dargestellt. Es handelt sich um den öffentlichen Personennahverkehr und die kommunale Ver- und Entsorgung. Diese Entwicklung führte zum Ende der 90er Jahre zu einer weitestgehenden Herauslösung eigenständiger kommunaler Versorgungsbetriebe aus dem bisherigen BAT und dem BMT-G II. Es wurde der TV-V (Tarifvertrag für Versorgungsbetriebe) geschaffen – erstmalig mit »geborenen Anwendern« und Anwendern, die durch landesbezirkliche Anwendungsvereinbarung freiwillig auf den TV-V umsteigen wollten. Anfangs umstritten, entwickelte sich doch dieser Tarifvertrag im Laufe der Zeit zu einer attraktiven Alternative zum BMT-G II und BAT und später erst recht zum TVöD. Seine Regelungsdichte war deutlich reduziert, es gab einen wesentlich umfassenderen Gestaltungsspielraum für die Akteure auf der betrieblichen Ebene. Die Statusgruppen Arbeiter/innen und Angestellte wurden (tarif)rechtlich aufgehoben – die Überleitung wurde durch eine nach Entgeltgruppen gestaffelte Vorweganhebung und einer umfassenden Berechnung des Vergleichsentgeltes erleichtert. Für familienbezogene Entgeltbestandteile gab es eine Bestandssicherung für bestehende Ansprüche zum Zeitpunkt der Überleitung, leistungsbezogene Elemente wurden erstmalig tarifiert und die Arbeitszeit flexibilisiert.

In der Nachbetrachtung kann festgestellt werden, dass mit diesem Tarifvertrag eine von den Arbeitgebern in dunklen Szenarien vorab skizzierte Flucht aus dem öffentlichen Tarifrecht unterblieben ist. Ob auch ohne TV-V diese Feststellung heute getroffen werden könnte, muss an dieser Stelle dahingestellt bleiben.

Zwischen dem Verhandeln und dem Inkraftsetzen des TV-V und des TV-N veränderte sich die Landschaft jedoch gravierend.
Die Tarifvertragsparteien Bund, Länder und Gemeinden verhandelten seit Beginn des neuen Jahrzehnts über eine große Tarifreform. Die latente Unterfinanzierung des öffentlichen Gesundheitswesens in Verbindung mit einer nicht mehr als zeitgemäß angesehenen Struktur der kommunalen Krankenhausversorgung sorgte für zunehmenden Druck auf die Arbeitsbedingungen in diesem Bereich. Private Anbieter drängten auf den Markt und schienen für viele kommunale Träger der Rettungsanker zu sein, wo man/frau mit einem Schlag die regelmäßig defizitären Krankenhäuser loswerden konnte – bei gleichzeitiger Sicherung der Einrichtungen selber. Vergleichbares gilt für Betreuungs- und Pflegeeinrichtungen.
In den, im Tarifabschluss 2003 vereinbarten, Verhandlungsprozess Bund/Länder/Gemeinden platzte 2004 die Kündigung der Tarifverträge zum Urlaubs- und Weihnachtsgeld und der Arbeitszeitbestimmungen durch die TdL. Angeführt vom damaligen bayerischen Ministerpräsidenten Edmund Stoiber, sollte mit dieser Kündigung die 42-Stunden-Woche durchgesetzt und gleichzeitig das Weihnachts- und Urlaubsgeld gestrichen werden. Angesichts des laufenden Prozesses der Tarifreform eine beispiellose Aktion, um auf den Ausgang der laufenden gemeinsamen Verhandlungen entsprechend gestaltend Einfluss nehmen zu können, bzw. diese Verhandlungen zu torpedieren. Bezeichnenderweise fand die Verkündigung der Kündigung durch die TdL in der bayerischen Landesvertretung in Berlin statt. Der gemeinsame Reformprozess war damit erledigt. Die so genannte Südschiene (Bayern, Baden-Württemberg, Hessen) drohte je nach machtpolitischem Kalkül mit Austritt aus der TdL oder deren Zerschlagung. Berlin und Hessen hatten – wenn auch aus unterschiedlichen Gründen – als einzige Bundesländer diesen Austritt vollzogen. Inzwischen ist Berlin wieder Mitglied in der TdL, für Hessen gibt es analog zum TV-L den TV-H.
Im Ergebnis entwickelten sich der Bereich der öffentlichen Daseinsvorsorge einerseits und die »Ordnungsverwaltung« als Teile des öffentlichen Dienstes in unterschiedliche Richtungen. Verkauf, privatrechtliche Verselbständigung, Privatisierung, Outsourcing sind hierfür die Stichworte.
Demzufolge muss leider folgendes Bild gezeichnet werden:

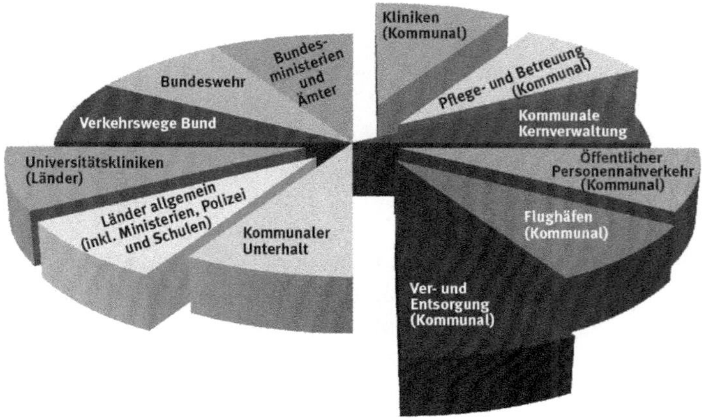

Im Oktober 2005 konnte der Reformprozess mit den Arbeitgebern Bund und VKA für die manteltarifvertraglichen Regelungen (nicht Entgeltfindung) abgeschlossen werden. Der BAT und der BMT-G II sowie der MTArb für den Bundesbereich wurden durch den TVöD abgelöst. Um den unterschiedlichen Bedingungen der weiter auseinanderdriftenden Bereiche insbesondere der Daseinsvorsorge Rechnung zu tragen, wurden innerhalb des TVöD (und auch später beim TV-L) neben einem allgemein gültigen Teil spartenspezifische Regelungen als Bestandteil des TVöD vereinbart. Die »Philosophie« des Tarifvertrags entsprach weitestgehend der des TV-V – allerdings wurde die Berechnung des für die Überleitung maßgeblichen Vergleichsentgeltes deutlich problematischer geregelt als Jahre zuvor im TV-V. Ein umfassendes Überleitungsrecht wirkt bis heute – eine Anzahl der abgestuften Vereinbarungen auf Landesbezirks- resp. Bezirksebene gilt bis heute weiter.
Als ausgesprochen problematisch stellte sich im Nachgang der Umstand heraus, dass es im Zuge der Tarifeinigungen keine neuen Entgeltordnungen (TVöD und folgend TV-L) gab – sondern lediglich unverbindlich vereinbarte Zeitfenster, die nicht eingehalten werden konnten. Das war nicht nur dem Umstand geschuldet, dass das bisherige Tarifrecht BAT (mit den Anlagen 1a – Allgemeine Tätigkeitsmerkmale – und 1b – Pflege – der Vergütungsordnung), der BMT-G II und der MTArb insgesamt ca. 18 000 unterschiedliche Tätigkeitsmerkmale beinhaltete, sondern dass auch das Verhandlungsklima seitens der Arbeitgeber deutlich verschärft wurde. So gab es erstmalig im TVöD für den kommunalen Bereich Öffnungsklauseln für landesbezirkliche Regelungen zur Wochenarbeitszeit. Die Festschreibung der 38,5-Stunden-Woche im kommunalen Bereich war nur

über diesen Weg im Zuge des Reformprozesses – vorerst – zu erreichen – für den Geltungsbereich des Bundes erfolgte schon mit der Einführung des TVöD die Anpassung der Arbeitszeiten Ost und West auf einheitlich 39 Stunden/Woche. Diese Öffnungsklausel wurde von verschiedenen KAVen (so u. a. Baden-Württemberg) genutzt, um landesbezirklich eine längere Arbeitszeit durchzusetzen. Trotz erbitterten Widerstands musste die 39-Stunden-Woche in einigen Landesbezirken akzeptiert werden – in der Folge wurde die Arbeitszeit auch für den kommunalen Bereich (ohne weitere Öffnungsklauseln) bundesweit auf 39-Stunden/Woche (mit Ausnahmen) festgeschrieben. An dieser Stelle soll auf die so genannte Meistbegünstigungsklausel (Arbeitszeiten in Wechselwirkung Kommunen zu den Ländern) nicht weiter eingegangen werden. Diese Konflikte nutzten insbesondere die kommunalen Arbeitgeber für eine weitgehende Blockade konstruktiver Verhandlungen für eine neue Entgeltordnung. Es fehlt(e) eine Rückfallklausel bzw. eine tarifpolitische Reißleine. Die dadurch erforderliche Verlängerung von Teilen des Überleitungsrechts belastete in den Folgejahren zusätzlich die Entgeltrunden.
Inzwischen konnten mit Bund, TdL und VKA **Entgeltordnungen** tarifiert werden – sie orientieren sich sehr stark am alten Tarifrecht der Angestellten (BAT) und der ArbeiterInnen (BMT-G II und MtArb). Die Entgeltordnung mit der VKA bedarf aber noch der landesbezirklichen bzw. spartenspezifischen Ergänzung. Mit der VKA wurden »nur« die klassischen Angestelltentätigkeiten bearbeitet – in den Ländern müssen in die neue Entgeltordnung noch die gewerblich-handwerklichen Tätigkeiten eingefügt werden (für Bayern gibt es einen seit dem 1. 1. 2020 geltenden Tarifvertrag zur Eingruppierung der handwerklichen Tätigkeiten – tatsächlich mit signifikanten Verbesserungen in der Eingruppierung). Das gilt bundesweit auch für die gewerblich-handwerklichen Tätigkeiten im Bereich der Pflege (Besonderer Teil Pflege- und Betreuungseinrichtungen des TVöD) bzw. im Bereich der Krankenhäuser (Besonderer Teil Krankenhäuser des TVöD). Die Eingruppierungsautomatik, die Systematik der Arbeitsvorgänge, deren Definition und die rechtlichen Abgrenzungen sind im Wesentlichen unverändert geblieben. Damit konnten zwar bisherige Eingruppierungsniveaus weitgehend gehalten werden, aber ein diskriminierungsfreies, transparentes und durchlässiges modernes Eingruppierungsrecht, wie von ver.di angestrebt, wurde bei Weitem nicht erreicht. Eine Vereinbarung mit der TdL, ein neues System zu erproben, harrt noch der Umsetzung.
Erst 2006 konnte für den Länderbereich nach einem 14-wöchigen Arbeitskampf mit einem eigenständigen, aus dem TVöD heraus entwickelten, TV-L nachgezogen werden. Die zum Stichtag 1. 1. 2006 tatsächlich

geleistete durchschnittliche Arbeitszeit in jedem Bundesland bildete den gerade noch tragbaren Kern des Kompromisses zum Tarifabschluss. Dies führte im Ergebnis zu unterschiedlichen Arbeitszeiten für die Landesbeschäftigten in jedem Bundesland.

Damit war die 2003 von Bund, TdL, VKA und ver.di angestrebte Modernisierung und Vereinheitlichung des Tarifrechts im öffentlichen Dienst nur teilweise erfolgreich, auch der »klassische« öffentliche Dienst ist seitdem in zwei große Tarifbereiche (TVöD für Bund und Kommunen, TV-L für die Länder) gespalten.

Im Folgenden soll diese Entwicklung in vier Grafiken dargestellt werden. Zunächst in der folgenden Abbildung die Gesamtschau über die neue Struktur:

<table>
<tr><th></th><th>Bund</th><th colspan="2">Kommunen</th><th>Länder</th></tr>
<tr><td rowspan="2">Arbeitnehmer/Innen</td><td colspan="3">TVöD inkl. BT (Besondere Teile für Sparten)</td><td rowspan="2">TV-L</td></tr>
<tr><td></td><td>TV-V</td><td>TV-N</td></tr>
<tr><td>Beamte</td><td>Beamtenrecht des Bundes für Bundesbeamte</td><td colspan="3">Beamtenrecht der Länder für Beamte der Länder und der Kommunen</td></tr>
</table>

Im Folgenden ein differenzierter Blick auf den Arbeitgeberbereich Bund:

<table>
<tr><th></th><th>Bund</th></tr>
<tr><td rowspan="3">Arbeitnehmer/Innen</td><td>TVöD Allgemeiner Teil</td></tr>
<tr><td>Besonderer Teil Verwaltung (BT-V)</td></tr>
<tr><td>Sonderregelungen innerhalb des BT-V</td></tr>
</table>

Nun der gleiche Blick für die Länder:

<table>
<tr><td></td><td colspan="2">Länder</td></tr>
<tr><td rowspan="2">Arbeitneh-
mer/Innen</td><td colspan="2">TV-L</td></tr>
<tr><td>TV-L Allgemeiner Teil</td><td>TV-L Sonderregelungen</td></tr>
</table>

Und nun die differenzierte Betrachtung für den kommunalen Bereich:

<table>
<tr><td></td><td colspan="8">Kommunen</td></tr>
<tr><td rowspan="2">Arbeit-
nehmer/
Innen</td><td colspan="6">TVöD Allgemeiner Teil</td><td rowspan="2">TV-N</td><td rowspan="2">TV-V</td></tr>
<tr><td>Beson-
derer Teil
Kranken-
häuser
(BT-K)</td><td>Beson-
derer Teil
Pflege-
und Be-
treuungs-
einrich-
tungen
(BT-B)</td><td>Beson-
derer Teil
Spar-
kassen
(BT-S)</td><td>Beson-
derer Teil
Flug-
häfen
(BT-F)</td><td>Beson-
derer Teil
Ent-
sorgung
(BT-E)</td><td>Sonder-
regelun-
gen</td></tr>
</table>

Die zusätzliche Altersversorgung im Öffentlichen Dienst

Bis 2001 war die Zusatzversorgung der Beschäftigten im Öffentlichen Dienst tarifvertraglich als Gesamtversorgungssystem ausgestaltet (in Anlehnung an das Beamtenrecht). Das bedeutete vereinfacht, das die Beschäftigten gemäß einer Staffel je nach Beschäftigungszeit von 45 % bis 91,75 % eines fiktiven Nettoeinkommens als Gesamtversorgung erhielten. Diese Gesamtversorgung setzte sich aus der gesetzlichen Rente und den Leistungen aus der Zusatzversorgung zusammen.
Die Finanzierung erfolgte über Umlagen, die ausschließlich von den Arbeitgebern gezahlt wurden. Zur Abwicklung gibt es eine Versorgungsanstalt des Bundes und der Länder (VBL – *http://www.vbl.de*) sowie für den kommunalen Bereich Zusatzversorgungskassen. Sie sind regional organisiert. Die Rechtsansprüche für die Beschäftigten werden also durch Tarifvertrag und in der konkretisierenden Ausgestaltung durch die Satzung definiert. Das Entscheidungsgremium ist der Verwaltungsrat, der

sich paritätisch aus Vertretern der Arbeitgeber und der Versicherten (Gewerkschaften) zusammensetzt.
Neben den Tarifverträgen zur Altersteilzeit sind die Tarifverträge zur zusätzlichen Altersversorgung noch die einzigen, die über alle Manteltarifverträge hinweg Gültigkeit haben und damit eine verbindende Klammer darstellen.
Aufgrund dieser Struktur können auch die Beiträge und Umlagen, die zur Finanzierung des Systems erforderlich sind, divergieren. Die Tarifverträge geben insofern keine Vorgabe. Sie definieren nur Höchstgrenzen, bis zu denen die Umlagen ausschließlich vom Arbeitgeber zu tragen sind. Im kommunalen Bereich wurde festgeschrieben, dass eine Arbeitnehmerbeteiligung an den Umlagen nur erfolgt, soweit sie sich schon zum 1. November 2001 beteiligen mussten (der Teil der Umlagen, der 5,2 % überstieg, musste zur Hälfte vom Arbeitnehmer getragen werden – in den meisten kommunalen Versorgungseinrichtungen nicht der Fall). Zu diesem Zeitpunkt betrug die Umlage bei der VBL schon 7,7 % – mit der Einführung des neuen Systems wurde der Arbeitnehmeranteil bei der VBL auf 1,41 % angehoben.
War das System bis 2001 als Gesamtversorgungssystem ausgelegt und ausschließlich umlagefinanziert (vereinfacht: die aktuellen Umlagen decken den aktuellen Versorgungsaufwand), erfolgte mit den Tarifverträgen ATV/ATV-K zu diesem Zeitpunkt eine Umstellung.
Die Versorgungslasten der Kassen stiegen kontinuierlich (allgemeine Entgeltentwicklung und Arbeitsplatzabbau durch vorzeitige Verrentung in Verbindung mit reduzierter, versicherungspflichtiger Einstellungsquote) – während die dafür notwendige Umlagehöhe aufgrund des Arbeitsplatzabbaus kaum noch akquiriert werden konnte. Der Druck einer nennenswerten Zahl öffentlicher Arbeitgeber, sich aus diesem System zu verabschieden, stieg ständig an. Zur Absicherung des Systems in der Gänze wurde (mit differierenden Übergangsregelungen für rentennahe und rentenferne Jahrgänge) auf eine klassische zusätzliche, betriebliche Altersversorgung (Punktemodell) umgestellt und den einzelnen Versorgungskassen die Möglichkeit eingeräumt, neben dem bisherigen Umlageverfahren auf ein kapitalgedecktes Versorgungssystem umzustellen (mit aktuellen Beiträgen wird ein Kapitalstock gebildet, aus dem die daraus erwachsenden Leistungsansprüche der Zukunft refinanziert werden). Dabei bedarf es der Klärung, ob langfristig ausschließlich auf ein kapitalgedecktes System gesetzt werden kann (Abhängigkeit von den Finanzmärkten). Die Umlagefinanzierung wiederum schafft eine hohe Abhängigkeit von der Arbeitsplatz- und der demografischen Entwicklung. Ob so genannte Hybridsysteme, wie sie im Moment erfolgreich bei der ZVK

Bayern praktiziert werden, auf Dauer den Königsweg darstellen, bleibt abzuwarten.

Der Verwaltungsrat der bayerischen ZVK hatte am 16.4.2002 richtigerweise einstimmig beschlossen, neben der damaligen Umlage Beiträge zum Aufbau eines Kapitalstocks zu erheben – maximaler »Zusatz«beitrag 4,0 %. Damit konnte bis 2016 eine (Teil-)Kapitaldeckung der zukünftigen Versorgungsansprüche von mehr als 60 % realisiert werden – und die Umlage schon um 1 % gesenkt werden (aktueller Wert: 7,75 %). Auch wenn natürlich die Niedrigzinsphase die Einnahmesituation aus den Anlagen belastet, ist das System aktuell sehr stabil und belastbar.

Als weiteres Stabilisierungsinstrument wurde neben dem Abrechnungsverband I (umlage- und beitragsfinanziert) ein Abrechnungsverband II eingerichtet. Er war zunächst nur geöffnet für Unternehmen und Einrichtungen, die aufgrund neuer Tarifbindung oder Neugründung der ZVK erstmalig beitreten. Der Abrechnungsverband II erhebt ausschließlich Beiträge (in Höhe von 4,8 %) zum Aufbau eines Kapitalstocks und refinanziert dadurch die zukünftigen Ansprüche der Versicherten. Der Leistungsumfang nach Tarifvertrag ist zwischen den Abrechnungsverbänden gleich. Der Druck eines Teils der öffentlichen Arbeitgeber führte allerdings in der Vergangenheit dazu, dass auch »alteingesessene« Unternehmen und Einrichtungen mit den Neueingestellten in den Abrechnungsverband II wechseln konnten. Das kann die solidarische Grundfinanzierung des bisherigen Systems durchaus in Frage stellen.

Anders war die Situation bei der VBL. Dort mussten weitere Angriffe der Arbeitgeber auf das Leistungsrecht von ver.di in den Tarifverhandlungen 2015 abgewehrt werden – zu Lasten allerdings einer höheren Selbstbeteiligung der Versicherten. Das rief 2016 die VKA auf den Plan, die grundsätzlich eine Eigenbeteiligung der Arbeitnehmer einforderte. In der Tarifrunde konnte der Angriff abgewehrt werden – nur bei Zusatzversorgungskassen, die einen zusätzlichen Finanzbedarf ab 2016 ff. haben, kann der zusätzliche Beitrag bzw. die Umlage hälftig vom Arbeitnehmer eingefordert werden.

Der Stellenwert der zusätzlichen Altersversorgung kann aber gerade angesichts der Absenkung des gesetzlichen Rentenniveaus gar nicht hoch genug eingeschätzt werden. Sie ist ein Beitrag gegen die in Zukunft häufiger drohende Altersarmut. Zur Information: Die durchschnittlich gezahlte Zusatzversorgung beträgt ca. 350 Euro/Monat (2018).

Anhang

- Mustervordrucke für die Mitwirkung von Personalräten bei Einstellungen, Eingruppierungen, Versetzungen, Umsetzungen und Kündigungen:
  - Gruppe Arbeitnehmer
  - Gruppe Beamte
  - Gruppe Arbeitnehmer: Kündigung
- Muster-Geschäftsordnung für einen Personalrat nach dem BPersVG
- Katalog stets wiederkehrender Eckpunkte für Dienstvereinbarungen
- Muster-Dienstvereinbarung Urlaubsplanung
- Muster-Dienstvereinbarung Dienstplangestaltung in Schichtbetrieben
- Wichtige Adressen:
  - Anschriften der ver.di-Landesbezirke
  - Anschriften der GEW-Landesverbände
  - Anschriften der Landesbezirke der Gewerkschaft der Polizei
  - Weitere Adressen
- Interessante Internetadressen
- Weiterführende Literatur

Mustervordrucke für die Mitwirkung von Personalräten bei Einstellungen, Eingruppierungen, Versetzungen, Umsetzungen und Kündigungen

Gruppe Arbeitnehmer

Mitteilung nach § 78 Abs. 1 BPersVG
Gruppe Arbeitnehmer

Zutreffendes ☒ bitte ankreuzen bzw. ausfüllen
☐ Höhergruppierung
☐ Rückgruppierung
☐ Übertragung einer höherwertigen Tätigkeit
☐ Übertragung einer niedriger zu bewertenden Tätigkeit
☐ Versetzung zu einer anderen Dienststelle
☐ Umsetzung innerhalb der Dienststelle und gleichzeitigem Wechsel des Dienstortes
☐ Abordnung
☐ Zuweisung

Name, Vorname, Dienst- oder Berufsbezeichnung, geboren am, Familienstand, Staatsangehörigkeit
Derzeitige Tätigkeit, Abteilung, Entgeltgruppe
Vorgesehene Tätigkeit, Abteilung, Entgeltgruppe ab
Gründe für die Höhergruppierung, Rückgruppierung, Versetzung, Umsetzung, Abordnung, höherwertige, niederwertige Tätigkeit, Zuweisung, Auswirkungen

Die Höhergruppierung, Rückgruppierung, Übertragung einer höherwertigen Tätigkeit, einer niederwertigen Tätigkeit, Versetzung, Umsetzung, Abordnung, Zuweisung erfolgt
☐ auf eigenen Wunsch des Mitarbeiters
☐ mit Einverständnis des Mitarbeiters
☐ ohne Einverständnis des Mitarbeiters

Weitere Angaben (wenn notwendig)

Beurteilung der Person	
Beurteilung der fachlichen Fähigkeiten	
Dauer der Berufserfahrung	Schwerbehinderung
Soziale Aspekte	Zahl der unterhaltsberechtigten Kinder
Sonder- und Schutzrechte	

An den

- ☐ Personalrat
- ☐ Bezirkspersonalrat
- ☐ Hauptpersonalrat
- ☐ Gesamtpersonalrat

Mit der Bitte um

- ☐ Zustimmung
- ☐ Rückgabe der Unterlagen

Ort, Datum	Dienststellenleiter

Anlagen

Empfangsbestätigung

Der Personalrat bestätigt hiermit den Empfang der schriftlichen Mitteilung über die beabsichtigte Maßnahme des o. g. Beschäftigten.

Ort, Datum	Personalrat

Gruppe Beamte

Mitteilung nach § 78 Abs. 1 BPersVG
Gruppe Beamte

Zutreffendes ☒ bitte ankreuzen bzw. ausfüllen
- ☐ Beförderung
- ☐ Übertragung einer höherwertigen Tätigkeit
- ☐ Übertragung einer niedriger zu bewertenden Tätigkeit
- ☐ Umsetzung innerhalb der Dienststelle mit Dienstortwechsel
- ☐ Versetzung zu einer anderen Dienststelle
- ☐ Abordnung
- ☐ Zuweisung

Name, Vorname, Dienst- oder Amtsbezeichnung, geboren am, Familienstand, Staatsangehörigkeit
Derzeitige Tätigkeit, Abteilung, Besoldungsgruppe
Vorgesehene Tätigkeit, Abteilung, Besoldungsgruppe ab
Gründe für die Beförderung, Versetzung, Umsetzung, Zuweisung, Abordnung, höherwertige, niederwertige Tätigkeit, Auswirkungen

Die Beförderung, Übertragung einer höherwertigen Tätigkeit, einer niederwertigen Tätigkeit, Versetzung, Zuweisung, Abordnung erfolgt
- ☐ auf eigenen Wunsch des Mitarbeiters
- ☐ mit Einverständnis des Mitarbeiters
- ☐ ohne Einverständnis des Mitarbeiters

Weitere Angaben (wenn notwendig)

Beurteilung der Person	
Beurteilung der fachlichen Fähigkeiten	
Dauer der Berufserfahrung	Schwerbehinderung
Soziale Aspekte	Zahl der unterhaltsberechtigten Kinder
Sonder- und Schutzrechte	

An den
- ☐ Personalrat
- ☐ Bezirkspersonalrat
- ☐ Hauptpersonalrat
- ☐ Gesamtpersonalrat

Mit der Bitte um
- ☐ Zustimmung
- ☐ Rückgabe der Unterlagen

Ort, Datum	Dienststellenleiter

Anlagen

Empfangsbestätigung

Der Personalrat bestätigt hiermit den Empfang der schriftlichen Mitteilung über die beabsichtigte Maßnahme des o. g. Beschäftigten.

Ort, Datum	Personalrat

Gruppe Arbeitnehmer: Kündigung

Mitteilung nach §§ 85, 86 BPersVG
Gruppe Arbeitnehmer

Zutreffendes ☒ bitte ankreuzen bzw. ausfüllen
- ☐ Kündigung
- ☐ fristlose Kündigung
- ☐ Änderungskündigung

Name, Vorname, Dienst- oder Berufsbezeichnung, geboren am, Familienstand, Staatsangehörigkeit
Derzeitige Tätigkeit, Abteilung, Entgeltgruppe
Vorgesehene Tätigkeit, Abteilung, Entgeltgruppe ab
Gründe für die Kündigung, fristlose Kündigung, Änderungskündigung

Die Kündigung, fristlose Kündigung erfolgt
- ☐ auf eigenen Wunsch des Mitarbeiters
- ☐ mit Einverständnis des Mitarbeiters
- ☐ ohne Einverständnis des Mitarbeiters

Weitere Angaben (wenn notwendig)

Beurteilung der Person	
Beurteilung der fachlichen Fähigkeiten	
Dauer der Berufserfahrung	Fehlzeiten in den letzten 36 Monaten bzw. seit Einstellung bei Kündigung wegen Krankheit
Soziale Aspekte	Zahl der unterhaltsberechtigten Kinder
Sonder- und Schutzrechte	

An den
- ☐ Personalrat
- ☐ Bezirkspersonalrat
- ☐ Hauptpersonalrat
- ☐ Gesamtpersonalrat

Mit der Bitte um
- ☐ Zustimmung
- ☐ Rückgabe der Unterlagen

Ort, Datum	Dienststellenleiter

Anlagen

Empfangsbestätigung

Der Personalrat bestätigt hiermit den Empfang der schriftlichen Mitteilung über die beabsichtigte Maßnahme des o. g. Beschäftigten.

Ort, Datum	Personalrat

Mustervordrucke erstellt nach: Verlagsgruppe Jehle Rehm.

Muster-Geschäftsordnung für einen Personalrat nach dem BPersVG

(ist eventuell an das jeweilige Landespersonalvertretungsgesetz anzupassen)
Der seit dem 01. Juni 2024 ins Amt gewählte Personalrat (PR) hat in seiner Sitzung am 5. Juni 2024 folgende Geschäftsordnung nach § 44 BPersVG beschlossen.

1. Geltungsdauer

1.1 Diese Geschäftsordnung gilt für die Dauer der laufenden Amtsperiode. Sie kann jederzeit geändert werden.

2. Vorstand und Geschäftsführung

2.1 Laufende Geschäfte

2.1.1 Der Vorstand führt die laufenden Geschäfte (§ 34 Abs. 1 BPersVG).

2.1.2 Nach Bedarf findet eine Vorstandssitzung statt, zu der der Vorsitzende (im Verhinderungsfall dessen Stellvertreter) einlädt. Der Vorstand kann zu seinen Sitzungen Mitglieder des Personalrats (z.B. aus den Ausschüssen) zur Berichterstattung hinzuziehen. Entsprechendes gilt für die Schwerbehinderten- und die Jugend- und Auszubildendenvertretung.

2.1.3 Als laufende Geschäfte gelten alle Befugnisse, die dem PR nicht ausdrücklich nach dem BPersVG zustehen. Der PR kann jedoch im Einzelfall oder generell durch Beschluss festlegen, welche Angelegenheiten der laufenden Geschäfte vom PR beraten und beschlossen werden.

2.1.4 Für ein zeitweilig verhindertes Vorstandsmitglied tritt das jeweilige Ersatz-Vorstandsmitglied ein. Ordentliche Personalratsmitglieder zeigen – entsprechend § 36 Abs. 2 BPersVG – eine evtl. Verhinderung unter Angabe der Gründe beim Vorsitzenden an.

2.1.5 Der Vorstand hat über seine Sitzungen Niederschriften anzufertigen.

2.2 Vorsitzender und Stellvertreter
Als Rechtsgrundlage gelten die §§ 34 und 35 BPersVG entsprechend.

2.3 Abstimmungen können in besonders dringenden Fällen im elektronischen Verfahren durchgeführt werden (§ 39 Abs. 4 BPersVG). Dies ist im Einzelfall zu begründen.

3. Freistellung, Dienstbefreiung, Geschäftsverteilung

3.1 Über die Freistellung des PR gemäß § 52 Abs. 2 BPersVG beschließt der Personalrat.

3.2 Über die Entsendung von PR-Mitgliedern zu Veranstaltungen gemäß § 54 Abs. 2 BPersVG beschließt der PR.
Nur für GPR-, BPR- oder HPR-Gremien:

3.3 Der GPR, BPR, HPR entscheidet über die Teilnahme einzelner Mitglieder an Personalversammlungen von ÖPRs, wenn die Teilnahme eines GPR-, BPR-, HPR-Vertreters gewünscht wird.

4. Ausschüsse, Arbeitsgruppen

4.1 Der Personalrat legt zu Beginn der Amtsperiode Zuständigkeiten für bestimmte Teilbereiche des Arbeits-, Sozial- und Personalvertretungsrechts (bzw. weiterer Themengebiete) fest. Die zuständigen Personalratsmitglieder kümmern sich selbstständig um die festgelegte Aufgabe.

4.2 Zur Erledigung umfangreicher Aufgaben kann der PR Ausschüsse bilden. Der PR legt fest, welche Mitglieder dem jeweiligen Ausschuss angehören werden und welches Mitglied den Vorsitz übernimmt.

4.3 Die Entsendung von PR-Mitgliedern in Ausschüsse, Projektgruppen usw. der Dienststelle ist durch den PR zu beschließen.

5. Sitzungen

5.1 Festsetzung und Einladung

5.1.1 Die ordentlichen Sitzungen (§ 36 Abs. 2 BPersVG) finden nach Bedarf, mindestens 10-tägig, statt.

5.1.2 Die Sitzungen werden vom Vorsitzenden terminiert und einberufen.

5.1.3 Zu den Sitzungen werden die ständigen Mitglieder durch den Vorsitzenden bzw. den Stellvertreter geladen. Mitglieder, die an der Teilnahme verhindert sind, haben dies rechtzeitig unter Angabe des Grundes dem Vorsitzenden bzw. Stellvertreter mitzuteilen. Die Einladung mit Tagesordnung hat so frühzeitig zu erfolgen, dass sie mindestens drei Arbeitstage vor der Sitzung im Besitz der PR-Mitglieder, des/der Vorsitzenden der JAV und der Vertrauensperson der Schwerbehinderten ist.

5.1.4 Die Einladung erfolgt in der Regel schriftlich. In dringenden Fällen kann auch kurzfristig mündlich, per Telefon, E-Mail oder Fax eingeladen werden.

5.2 Tagesordnung

5.2.1 Die Tagesordnung legt der PR-Vorsitzende fest.

5.2.2 Anträge zur Tagesordnung können jederzeit beim PR-Vorstand oder beim PR-Vorsitzenden eingereicht werden. Sie sind spätestens bei der übernächsten Sitzung zu behandeln. § 36 Abs. 3 BPersVG ist zu beachten.

5.2.3 Anträge auf Ergänzung der Tagesordnung, die erst in der Sitzung eingebracht werden, sind nur zu behandeln, wenn alle Personalratsmitglieder ordnungsgemäß geladen wurden und die anwesenden Mitglieder die Aufnahme des neuen Tagesordnungspunktes einstimmig beschließen.

5.3 Teilnahme der Dienststellenleitung, von Gewerkschaftsbeauftragten, Sachverständigen und sonstigen Auskunftspersonen

5.3.1 Gewerkschaftsbeauftragte, die nach Beschlussfassung gemäß § 37 Abs. 2 BPersVG berechtigt sind, an Sitzungen mit beratender Stimme teilzunehmen, werden vom Vorsitzenden eingeladen.

5.3.2 Über die Teilnahme von Sachverständigen oder sonstigen Auskunftspersonen hat der PR zu beschließen. Sie werden ebenfalls vom Vorsitzenden eingeladen.

5.3.3 Bei Bedarf sind Vertreter der Dienststellenleitung hinzuzuziehen.

5.4 Ablauf der Sitzung

5.4.1 In allen Angelegenheiten wird gemeinsam beraten.

5.4.2 Der Vorsitzende oder bei dessen Verhinderung ein Stellvertreter eröffnet, leitet und schließt die Sitzung.

5.4.3 Zu Beginn jeder Sitzung ist eine Anwesenheitsliste zu erstellen, in die sich die Sitzungsteilnehmer eigenhändig eintragen. Die Beschlussfähigkeit ist zu prüfen und festzustellen.

5.4.4 Einwendungen gegen das Protokoll der vorangegangenen Sitzung sind schriftlich einzureichen. Die Einwendungen werden dem Protokoll beigefügt.

5.4.5 Der Sitzungsleiter oder ein Beauftragter gibt zu jedem Beratungspunkt eine kurze Sachdarstellung und zwar möglichst anhand schriftlicher Beratungsunterlagen.

5.4.6 Der Vorsitzende führt die Rednerliste nach dem Eingang der Wortmeldungen. Die Redezeit der Mitglieder zu einzelnen Tagesordnungspunkten kann begrenzt werden.

5.4.7 An der Sitzung teilnehmenden Gewerkschaftsbeauftragten, sachkundigen Personen und Mitgliedern der Dienststellenleitung kann das Wort außerhalb der Reihenfolge der Redner erteilt werden.

5.4.8 Der PR-Vorsitzende kann das Wort entziehen, wenn trotz Ermahnung nicht zur Sache gesprochen oder gegen die Geschäftsordnung verstoßen wird.

5.4.9 Anträge auf Schluss der Debatte oder Schluss der Rednerliste sind zulässig. Der Antrag kann nur von PR-Mitgliedern gestellt werden, die bisher an der Erörterung des betreffenden Tagesordnungspunktes nicht beteiligt waren.

5.5 Abstimmungen

5.5.1 Die Abstimmungen werden offen durchgeführt. In Gruppenangelegenheiten dürfen nur die Mitglieder dieser Gruppe abstimmen. Auf Antrag eines Stimmberechtigten ist geheim abzustimmen.

5.5.2 Die gefassten Beschlüsse des PR sind für alle Mitglieder bindend und müssen beachtet werden.

5.6 Sitzungsniederschrift

5.6.1 Die Niederschrift über die PR-Sitzung muss mindestens enthalten:

- Ort, Tag und Dauer der Sitzung,
- die Anwesenheitsliste, in die sich jeder Teilnehmer eingetragen hat,
- die Tagesordnung,
- die zu den einzelnen Tagesordnungspunkten gefassten Beschlüsse im Wortlaut und mit dem Abstimmungsergebnis.

5.6.2 Die Beschlüsse werden im Laufe der Amtsperiode, mit Nr. 1 beginnend, fortlaufend nummeriert.

5.6.3 Die Niederschrift ist vom Schriftführer bzw. einem Personalratsmitglied und dem Vorsitzenden zu unterschreiben.

5.6.4 Die Niederschrift ist den Sitzungsteilnehmern und den entschuldigten ordentlichen PR-Mitgliedern mit den Unterlagen für die nächste Sitzung zu übersenden. Die jeweils folgenden Nachrücker, die an der Sitzung teilgenommen haben, erhalten nur die Niederschrift.

5.6.5 Einwendungen gegen die Niederschrift sind spätestens bei der nächsten Sitzung zu erheben.

6. Bildungsplanung, Tagungen

6.1 Der Besuch von Schulungen, Tagungen, Seminaren gehört zu den Aufgaben jedes Personalratsmitglieds.

6.2 Jeweils im Herbst eines jeden Jahres legt der Personalrat die Grundzüge für eine Bildungsplanung seiner Mitglieder für das kommende Jahr fest. Dazu werden von den verschiedenen Bildungsträgern Seminarinformationen eingeholt.

6.3 Beim Besuch von Spezialseminaren haben diejenigen Personalratsmitglieder den Vorrang, die den entsprechenden Bereich im Personalrat verantwortlich betreuen.

6.4 Der Personalrat führt einmal im Jahr, bei Bedarf mehrmals, eine ein- oder mehrtägige Klausurtagung durch.

6.5 Ziele der Klausurtagung sind u. a.: Nachbereitung des abgelaufenen Jahres, Zielbestimmungen für das kommende Jahr, Klärung offener Fragen im Personalrat.

7. Sprechstunden

7.1 Der Personalrat führt regelmäßig alle ..... Tage (z. B. zwei Mal pro Woche) Sprechstunden durch. Die Sprechstunden finden im Personalratsbüro statt.

7.2 Die Sprechstunden werden vorrangig von den Vorstandsmitgliedern wahrgenommen, ansonsten abwechselnd von allen Personalratsmitgliedern durchgeführt.

7.3 Über die Inhalte und Ergebnisse der Sprechstunden wird im Personalrat berichtet.

8. Inkrafttreten

8.1 Diese Geschäftsordnung tritt am 5. Juni 2024 in Kraft.

8.2 Beschlossen durch den PR am 5. Juni 2024.

Katalog stets wiederkehrender Eckpunkte für Dienstvereinbarungen

Dienstvereinbarungen sollten immer Regelungen zu folgenden Eckpunkten enthalten:

1. Überschrift der Dienstvereinbarung (möglichst positiv formulieren, um Vorurteilen und Ängsten vorzubeugen)
2. Präambel (Grund, Anlass, Motive, Absichten, Ziele für den Abschluss der Dienstvereinbarung)
3. Geltungsbereich
   - betrieblich (räumlich)
   - persönlich (besonders wichtig, wenn die Vereinbarung nur für bestimmte Personengruppen gelten soll)
   - zeitlich (wenn die Vereinbarung nur befristet gelten soll)
4. Begriffsbestimmungen (sofern erforderlich)
5. Eventuell Bildung einer Clearingstelle zur Beilegung von Streitigkeiten im Zusammenhang mit der Dienstvereinbarung
6. Regelung, dass die Dienstvereinbarung jederzeit einvernehmlich in einzelnen Punkten ergänzt oder abgeändert werden kann
7. Regelungen über die Bekanntmachung der Vereinbarung
8. Salvatorische Klausel
9. Pflicht zur Umsetzung, Überprüfung und Fortschreibung der Vereinbarung
10. Zeitpunkt für Inkrafttreten der Vereinbarung
11. Kündigungsfrist für die Vereinbarung
12. Nachwirkung der Vereinbarung
13. Eventuell: Nach Kündigung der Dienstvereinbarung verpflichten sich beide Seiten, unverzüglich Verhandlungen aufzunehmen.

(Nach einer sehr empfehlenswerten Broschüre der Gewerkschaft ver.di für ihre Mitglieder: Manfred Peiseler/Martin Wolmerath: Die Dienstvereinbarung. Handlungshilfe für Personalräte. Bund-Verlag, Frankfurt/Main 2001. Aktuell siehe: Norbert Warga: Handbuch Dienstvereinbarungen. Bund Verlag, Frankfurt/Main 2019.)

Muster-Dienstvereinbarung Urlaubsplanung

Eckpunkte für die Urlaubsplanung

Einvernehmen besteht zwischen Personalrat und Dienststellenleitung über die nachstehenden Regelungen für die Planung des Jahresurlaubs 202…
Dabei gehen wir von folgenden grundsätzlichen Erwägungen aus:

- Bedeutung eines zusammenhängenden Urlaubs als Erholungszeit für die Beschäftigten
- Möglichkeit einer individuell vorteilhaften Urlaubsplanung für Arbeitnehmer in Abstimmung mit betrieblichen Notwendigkeiten
- Verbindlichkeit der Urlaubsplanung für Beschäftigte und Führungskräfte
- Berücksichtigung verschiedener Beschäftigtengruppen, wie
  schwerbehinderte Menschen
  Betriebsurlaub von berufstätigen Partnern
  Ferien von schulpflichtigen Kindern.

Für das Jahr 202… gelten folgende Richtlinien:
Jede Beschäftigte legt bis 31. Dezember des Vorjahres der jeweiligen Führungskraft die Planung des zustehenden Urlaubsanspruchs 202… für die Zeit von Januar bis Ende Dezember 202… vor. Es sind mindestens 20 Tage einzuplanen. Der Restanspruch aus dem Vorjahr ist zusätzlich zu berücksichtigen. Auf Antrag des Beschäftigten sind mindestens vier Wochen zusammenhängend vorzusehen.
Die Dienststellen-/Einrichtungsleitung genehmigt die Planung innerhalb von ….. Tagen.
Während der Sommerferien können in der Regel nur jeweils am Anfang oder am Ende der Ferien drei Wochen Urlaub genommen werden. Das Anhängen einer Woche Urlaub vor bzw. nach einem Drei-Wochen-Urlaubszeitraum in den Sommerferien ist möglich. Die übrigen Urlaubstage können frei gewählt werden.
Bei der verbindlichen Urlaubsplanung sind die betrieblichen Notwendigkeiten zu berücksichtigen (z. B. Mindestbesetzungen).
Beide Vertragsparteien bemühen sich, Härtefälle einvernehmlich zu lösen.
Bei Bedarf können einvernehmlich soziale Kriterien für Vorrechte beim Nehmen des Urlaubs aufgestellt werden. Sie dürfen den Regelungen des BUrlG und der Rechtsprechung nicht widersprechen.

Muster-Dienstvereinbarung Dienstplangestaltung in Schichtbetrieben

Grundsätze der Dienstplangestaltung

1. Der Dienstplan ist ein Dokument und daher mit einem dokumentenechten Stift zu erstellen. Er ist von der Pflegedienstleitung/Bereichsleitung/Abteilungsleitung zu unterzeichnen.
2. Der Dienstplan ist bis zum 15. des Vormonats fertig zu stellen.
3. Die Stationsleitung/Abteilungsleitung bespricht den Dienstplanentwurf mit den Beschäftigten und berücksichtigt deren persönliche Bedürfnisse.
4. In den Vier-Wochen- bzw. Monatsdienstplänen wird jeweils die Soll-Arbeitszeit aufgeführt.
5. Bei allen Beschäftigten (auch bei Teilzeitkräften) werden Arbeitstage und freie Tage für die gesamte Planungsdauer vollständig gekennzeichnet.
6. Im Dienstplan sind alle Veränderungen wie Mehrarbeit (bei Teilzeitkräften), Überstunden, Zeitausgleich, Krankheit, Fortbildung, Mutterschutz etc. zu dokumentieren.
7. Wochenend-, Nacht- und Feiertagsdienste sind gleichmäßig auf die Beschäftigten zu verteilen. Das gilt auch für Teilzeitkräfte entsprechend ihres Stellenanteils.
8. Bei Wochenenddiensten ist grds. ein regelmäßiger Rhythmus einzuhalten.
9. Es wird regelmäßig an 5 (oder 5,5) Tagen in der Woche gearbeitet.
10. Innerhalb von 14 Tagen muss mindestens ein Wochenende (Samstag/Sonntag) dienstfrei sein. Den Beschäftigten ist die Möglichkeit für Freizeitblöcke zu gewähren.
11. Im Rahmen des regelmäßigen Dienstplans darf jeder Beschäftigte innerhalb von 14 Tagen höchstens elf Tage arbeiten.
12. Überstunden sind die auf Anordnung geleisteten Arbeitsstunden, die über die im Rahmen der regelmäßigen Arbeitszeit von Vollbeschäftigten für die Woche dienstplanmäßig bzw. betriebsüblich festgesetzten Arbeitsstunden hinausgehen und nicht bis zum Ende der folgenden Kalenderwoche ausgeglichen werden. Überstunden dürfen im Dienstplan nicht vorgesehen werden. Teilzeitkräfte sind in der Regel nicht zu Mehrarbeit heranzuziehen.
13. Bei notwendiger Anordnung von Überstunden sind der Personalrat und die betroffenen Beschäftigten umgehend zu informieren und das Mitbestimmungsverfahren ist einzuleiten. Grundsätzlich ist die Anordnung von Überstunden während der arbeitsfreien Zeit nicht möglich.
14. Leitung und Personalrat beraten in regelmäßigen Abständen über die Einhaltung und konkrete Ausgestaltung dieser Grundsätze.

Wichtige Adressen

Anschriften der ver.di-Landesbezirke

Landesbezirk	Adresse	Telefon/Fax/E-Mail
Nord	Hüxstraße 1 23552 Lübeck	Tel.: 04 51/81 00–6 Fax: 04 51/81 00–888 E-Mail: *lbz.nord@verdi.de*
Niedersachsen/ Bremen	Goseriede 10 30159 Hannover	Tel.: 05 11/1 24 00–0 Fax: 05 11/1 24 00–150 E-Mail: *service-sued.nds-hb@verdi.de*
Berlin/ Brandenburg	Köpenicker Str. 30 10179 Berlin	Tel.: 0 30/88 66–6 Fax: 0 18 05/83 73 43 14 00 7 E-Mail: *service.bb@verdi.de*
Nordrhein- Westfalen	Karlstr. 123–127 40210 Düsseldorf	Tel.: 02 11/61 824–0 Fax: 02 11/61 824–466 E-Mail: *lbz.nrw@verdi.de*
Hessen	Wilhelm-Leuschner Str. 69–77 60329 Frankfurt/Main	Tel.: 0 69/25 69–0 Fax: 0 69/25 69–20 99 E-Mail: *lbz.hessen@verdi.de*
Bayern	Neumarkter Str. 22 81673 München	Tel.: 0 89/5 99 77–0 Fax: 0 89/5 99 77–488 E-Mail: *LBZ.Bayern@verdi.de*
Baden- Württemberg	Theodor-Heuss-Str. 2 / Haus 1 70174 Stuttgart	Tel.: 07 11/8 87 88–7 Fax: 01805/83734329920 E-Mail: *lbz.bawue@verdi.de*
Hamburg	Besenbinderhof 60 20097 Hamburg	Tel.: 0 40/8906150 E-Mail: *bezirk.hamburg@verdi.de*
Rheinland-Pfalz/ Saarland	Münsterplatz 2–6 55116 Mainz	Tel.: 0 61 31/97 26–0 Fax: 06131/9726–288 E-Mail: *lbz.rlpsaar@verdi.de*
Sachsen/ Sachsen-Anhalt/ Thüringen	Karl-Liebknecht- Str. 30–32 04107 Leipzig	Tel.: 03 41/52 9010 Fax: 03 41/52 901 500 E-Mail: *lbz.sat@verdi.de*
Bundes- Verwaltung	Paula-Thiede-Ufer 10 10179 Berlin	Tel.: 0 30/69 56–0 Fax: 0 30/69 56–31 41 E-Mail: *info@verdi.de*

Stand: November 2021

Anschriften der GEW-Landesverbände

Landesverband	Adresse	Telefon/Fax
Baden-Württemberg	Silcherstr. 7 70176 Stuttgart	Tel.: 07 11/2 10 30–0 Fax: 07 11/2 10 30–45
Bayern	Neumarkter Str. 22 81673 München	Tel.: 0 89/54 40 81–0 Fax: 0 89/5 38 9–487
Berlin	Ahornstr. 5 10787 Berlin	Tel.: 0 30/21 99 93–0 Fax: 0 30/21 99 93–50
Brandenburg	Alleestr. 6a 14469 Potsdam	Tel.: 03 31/2 71 84–0 Fax: 03 31/2 71 84–30
Bremen	Bahnhofsplatz 22–28 28195 Bremen	Tel.: 04 21/3 37 64–0 Fax: 04 21/3 37 64–30
Hamburg	Rothenbaumchaussee 15 20148 Hamburg	Tel.: 0 40/41 46 33–24 Fax: 0 40/44 08–77
Hessen	Zimmerweg 12 60325 Frankfurt/Main	Tel.: 0 69/9 71 293–0 Fax: 0 69/9 71 293–93
Mecklenburg-Vorpommern	Lübecker Str. 265a 19059 Schwerin	Tel.: 03 85/48 52–70 Fax: 03 85/48 52–7 24
Niedersachsen	Berliner Allee 16 30175 Hannover	Tel.: 05 11/3 38 04–0 Fax: 05 11/3 38 04–46
Nordrhein-Westfalen	Nünningstr. 11 45141 Essen	Tel.: 02 01/2 94 03–01 Fax: 02 01/2 94 03–51
Rheinland-Pfalz	Martinsstr. 17 55116 Mainz	Tel.: 0 61 31/2 89 88–0 Fax: 0 61 31/2 89 88–80
Saarland	Mainzer Str. 84 66121 Saarbrücken	Tel.: 06 81/6 68 30–0 Fax: 06 81/6 68 30–17
Sachsen	Nonnenstr. 584 04229 Leipzig	Tel.: 03 41/49 47–4 04 Fax: 03 41/49 47–4 06
Sachsen-Anhalt	Markgrafenstr. 6 39114 Magdeburg	Tel.: 03 91/73 55–4 30 Fax: 03 91/73 13–4 05
Schleswig-Holstein	Legienstr. 22–24 24103 Kiel	Tel.: 04 31/51 95–11 50 Fax: 04 31/51 94–15 54
Thüringen	Heinrich-Mann-Str. 22 99096 Erfurt	Tel.: 03 61/5 90 95–0 Fax: 03 61/5 90 95–60

Stand: November 2021

Anschriften der Landesbezirke der Gewerkschaft der Polizei

Landesbezirk	Adresse	Telefon/Fax
Baden-Württemberg	Maybachstr. 2 71735 Eberdingen	Tel.: 0 70 42/8 79–0 Fax: 0 70 42/8 79–2 11
Bayern	Hansastr. 17 80686 München	Tel.: 0 89/57 83 88–01 Fax: 0 89/57 83 88–10
Berlin	Kurfürstenstr. 112 10787 Berlin	Tel.: 0 30/21 00 04–0 Fax: 0 30/21 00 04–29
Brandenburg	Großbeerenstr. 185 14482 Potsdam	Tel.: 03 31/7 47 32–0 Fax: 03 31/7 47 32–99
Bremen	Bürgermeister-Smidt-Str. 78 28195 Bremen	Tel.: 04 21/9 49 58–50 Fax: 04 21/9 49 58–59
Hamburg	Hindenburgstr. 49 22297 Hamburg	Tel.: 0 40/2 80 89–60 Fax: 0 40/2 80 89–6 18
Hessen	Wilhelmstr. 60a 65183 Wiesbaden	Tel.: 06 11/9 92 27–0 Fax: 06 11/9 92 27–27
Mecklenburg-Vorpommern	Platz der Jugend 6 19053 Schwerin	Tel.: 03 85/20 84 18–0 Fax: 03 85/20 84 18–11
Niedersachsen	Berckhusenstr. 133a 30625 Hannover	Tel.: 05 11/5 30 37–0 Fax: 05 11/5 30 37–50
Nordrhein-Westfalen	Gudastr. 5–7 40625 Düsseldorf	Tel.: 02 11/2 91 01–0 Fax: 02 11/2 91 01–47
Rheinland-Pfalz	Nikolaus-Kopernikus-Str. 15 55129 Mainz	Tel.: 0 61 31/9 60 09–0 Fax: 0 61 31/9 60 09–99
Saarland	Kaiserstr. 258 66133 Saarbrücken	Tel.: 06 81/84 12 4–10 Fax: 06 81/84 12 4–15
Sachsen	Sachsenallee 16 01723 Kesselsdorf	Tel.: 03 52 04/6 87–11 Fax: 03 52 04/6 87–50
Sachsen-Anhalt	Halberstädter Str. 40a 39112 Magdeburg	Tel.: 03 91/6 11 60–10 Fax: 03 91/6 11 60–11
Schleswig-Holstein	Max-Giese-Str. 22 24116 Kiel	Tel.: 04 31/1 70 91 Fax: 04 31/1 70 92
Thüringen	Auenstraße 38a 99089 Erfurt	Tel.: 03 61/5 98 95–0 Fax: 03 61/5 98 95–11

Stand: November 2021

Weitere Adressen

IG Bauen Agrar Umwelt
Olof-Palme-Str. 19, 60439 Frankfurt am Main,
Tel.: 0 69/9 57 37–0
Fax: 0 69/9 57 37–800

EVG Eisenbahn- und Verkehrsgewerkschaft
Reinhardtstraße 23, 10117 Berlin
Tel.: 0 30/42 43 90–0
Fax.: 0 30/42 43 90–60

Gewerkschaft Nahrung Genuss Gaststätten
Haubachstr. 76, 22765 Hamburg
Tel.: 0 40/38 01 30
Fax: 0 40/38 92 637

Bundesarbeitsgericht
Hugo-Preuß-Platz 1, 99084 Erfurt
Tel.: 03 61/26 36–0
Fax: 03 61/26 36–2000
E-Mail: *bag@bundesarbeitsgericht.de*
www.bundesarbeitsgericht.de

Bundesverwaltungsgericht
Simsonplatz 1, 04107 Leipzig
Tel.: 03 41/20 07–16 00
E-Mail: *post@bverwg.bund*.de
DE-Mail: *post@bverwg.de*-mail.de
www.bverwg.de

Interessante Internetadressen

Berufsgenossenschaft BGW *Wichtige Informationen zum Arbeits- und Gesundheitsschutz*	*www.bgw-online.de*
Bund-Verlag *Ständig aktuelle Literatur für Betriebs- und Personalräte*	*www.bund-verlag.de*

Bundesministerium für Arbeit und Soziales	*www.bmas.de*
Aktuelle Informationen, gesetzliche Grundlagen und Verordnungen aus diesem Bereich	
Bundesministerium für Gesundheit und Soziale Sicherung *Aktuelle Informationen, gesetzliche Grundlagen und Verordnungen aus diesem Bereich*	*www.bundesgesundheits ministerium.de*
Bundesministerium für Familie, Senioren, Frauen und Jugend *Aktuelle Informationen, gesetzliche Grundlagen und Verordnungen aus-diesem Bereich*	*www.bmfsfj.de*
Bundesarbeitsgericht *Pressemitteilungen über Entscheidungen ab 1. 1. 1997*	*www.bundesarbeitsgericht.de*
Bundesverwaltungsgericht *Urteile und Beschlüsse*	*www.bverwg.de*
Bundesverfassungsgericht *Vollständige Entscheidungen ab 1. 1. 1998*	*www.bundesverfassungsgericht.de*
Gesetze im Internet *Fast alle deutschen Gesetze sind hier zu finden*	*www.gesetze-im-internet.de*
Gewerkschaft EVG	*www.evg-online.org*
Gewerkschaft Erziehung und Wissenschaft (GEW)	*www.gew.de*
Gewerkschaft der Polizei (GdP)	*www.gdp.de*
Gewerkschaft IG Bauen Agrar Umwelt (IG BAU)	*www.igbau.de*
Gewerkschaft ver.di *Umfangreiche aktuelle Informationen zu Tarifabschlüssen und vielen anderen Themen von Gesundheitspolitik und Mitbestimmung bis zu Globalisierung*	*www.verdi.de*

Soliserv *Die Website für Arbeitnehmer, Betriebs- und Personalräte, sehr interessante Datenbank*	*www.soliserv.de*
Verwaltungs-Berufsgenossenschaft *Wichtige Informationen zum Arbeits- und Gesundheitsschutz*	*www.vbg.de*
Wikipedia *Weiß fast alles …*	*www.wikipedia.org*

Weiterführende Literatur

Altvater, Lothar/Baden, Eberhard/Baunack, Sebastian/Berg, Peter/Dierßen, Martina/Herget, Gunnar/Kröll, Michael/Lenders, Dirk/Noll, Gerhard, BPersVG. Kommentar für die Praxis. 11. Auflage, Frankfurt am Main 2022

Babiak, Paul/Hare, Robert D., Menschenschinder oder Manager. Psychopathen bei der Arbeit, München 2007

Baden, Eberhard, Das neue Bundespersonalvertretungsgesetz, Gesetzestext und Synopse des alten und neuen Rechts mit Erläuterungen. Frankfurt am Main 2021

Bechmann, Reinhard, Qualitätsmanagement und kontinuierlicher Verbesserungsprozess, Frankfurt am Main 2010

Däubler, Wolfgang, Gewerkschaftsrechte im Betrieb. 12. Auflage, Baden-Baden 2016

Däubler, Wolfgang/Bertzbach, Martin (Hrsg.), Allgemeines Gleichbehandlungsgesetz, 4. Auflage, Baden-Baden 2018

Däubler, Wolfgang/Deinert, Olaf/Zwanziger, Bertram (Hrsg.), Kündigungsschutzrecht. 11. Auflage, Frankfurt am Main 2020

Deinert, Olaf/Johannes Heuschmid/Zwanziger, Bertram (Hrsg.), Arbeitsrecht. Handbuch für die Praxis. 10. Auflage, Frankfurt am Main 2019

Esser, Axel/Wolmerath, Martin, Mobbing und psychische Gewalt. Der Ratgeber für Betroffene und ihre Interessenvertretung, 10. Auflage, Frankfurt am Main 2020

Görg Axel/Guth Martin, Tarifvertrag für den öffentlichen Dienst. Basiskommentar. 9. Auflage, Frankfurt am Main 2022

Görg Axel/Guth Martin, Tarifvertrag für den öffentlichen Dienst der Länder. Basiskommentar. 6. Auflage, Frankfurt am Main 2020

Hjort, Jens Peter/Hjort, Niklas M., Aufhebungsvertrag und Abfindung. 6. Auflage, Frankfurt am Main 2019

Holwe, Joachim/Kossens, Michael/Pielenz, Cornelia/Räder, Evelyn, Teilzeit- und Befristungsgesetz. Basiskommentar. 7. Auflage, Frankfurt am Main 2021

Kittner, Arbeits- und Sozialordnung. Gesetzestexte – Einleitungen – Anwendungshilfen. 47. Auflage, Frankfurt am Main 2022 (erscheint jährlich)

Küttner, Wolfdieter, Personalbuch 2021. Arbeitsrecht, Lohnsteuerrecht, Sozialversicherungsrecht, 28. Auflage, München 2021 (erscheint jährlich)

Langmaack, Barbara/Braune-Krickau, Michael, Wie die Gruppe laufen lernt. Anregungen zum Planen und Leiten von Gruppen. Ein praktisches Lehrbuch, 8. Auflage, Weinheim 2010

Pieper, Ralf, Arbeitsschutzgesetz. Basiskommentar. 8. Auflage, Frankfurt am Main 2018

Pieper, Wolfgang, Entgeltordnung TVöD-VKA, Frankfurt am Main 2017

Schaub, Günter, Arbeitsrechtshandbuch. 19. überarbeitete Auflage, München 2021

Warga, Norbert, Handbuch Dienstvereinbarung, 3. Auflage, Frankfurt am Main 2019

Weinmann, Ralf/Götz, Barbara, Das Arbeitnehmermandat. Handbuch für die anwaltliche Praxis, 2. Auflage, Baden-Baden 2017

Wolf, Helmuth, BPersVG Novelle 2021: Das neue Personalvertretungsgesetz des Bundes. Vergleichende Gegenüberstellung des alten und neuen Rechts mit Praxistipps für Personalvertretung und Dienststelle. Regensburg 2021

Zeitschriften für Personalräte

Arbeitsrecht im Betrieb (AiB). Fachzeitschrift für den Betriebsrat. Bund-Verlag GmbH, Frankfurt am Main (erscheint 11-mal jährlich; auch online)

Arbeit und Recht (AuR). Deutsches und Europäisches Arbeitsrecht. Bund-Verlag GmbH, Frankfurt am Main (erscheint 11-mal jährlich; auch online)

Computer und Arbeit. IT-Mitbestimmung und Datenschutz. Bund-Verlag GmbH, Frankfurt am Main (erscheint 11-mal jährlich; auch online)

Gute Arbeit. Arbeitsschutz und Arbeitsgestaltung. Bund-Verlag GmbH, Frankfurt am Main (erscheint 11-mal jährlich; auch online)

Mitbestimmung. Das Magazin der Hans-Böckler-Stiftung. Bund-Verlag GmbH, Frankfurt am Main (erscheint 6-mal jährlich)

Der Personalrat. Personalrecht im öffentlichen Dienst. Bund-Verlag GmbH, Frankfurt am Main (erscheint 11-mal jährlich; auch online)

Soziale Sicherheit. Zeitschrift für Arbeit und Soziales. Bund-Verlag GmbH, Frankfurt am Main (erscheint 11-mal jährlich)

Bestellung:
Leser- und Aboservice
Bund-Verlag GmbH
60424 Frankfurt am Main
Tel. 069/79 50 10–96
Fax 069/79 50 10–12
E-Mail: *abodienste@bund-verlag.de*

Weitere Zeitschriften

Neue Zeitschrift für Arbeitsrecht (NZA). Zweiwochenschrift für die betriebliche Praxis. München (erscheint zweiwöchentlich)
Recht der Arbeit (RdA). Zeitschrift für die Wissenschaft und Praxis des gesamten Arbeitsrechts. München (erscheint zweimonatlich)
WSI-Mitteilungen. Zeitschrift des Wirtschafts- und Sozialwissenschaftlichen Instituts der Hans-Böckler-Stiftung. Düsseldorf (erscheint zweimonatlich)
Zeitschrift für Beamtenrecht (ZBR). München (erscheint monatlich)
Zeitschrift für Tarif-, Arbeits- und Sozialrecht des öffentlichen Dienstes (ZTR). München (erscheint monatlich)

Stichwortverzeichnis

1-Euro-Jobber 55

A

Abfallwirtschaft 190
Abgehobenheit vom Gremium 58
Ablagesystem 133
Abordnung 224, 226
Adressen 223, 237, 240
- GEW 238
- Gewerkschaft der Polizei 239
- Internetadressen 240
- ver.di 237
Agieren 125
Aktenplan 133
Aktivierung der Beschäftigten 144
Allgemeines Gleichbehandlungsgesetz 103
Alte Hasen 43, 45, 46
Alter 54
Amt 43, 44
Amt für Arbeitsschutz und Sicherheitstechnik 110
Anerkennungspraktikanten 55
Anhörung 85
Arbeitgeber 53
Arbeitnehmer 55, 56, 224, 228
Arbeitsbedingungen im Personalrat 138
Arbeitsleistung 107
Arbeitsmethoden 107
Arbeitsrecht 171
Arbeitsschutz 106, 145
Arbeitsschutzausschuss 53, 106, 107, 111
Arbeitsschutzgesetz 106
Arbeitssicherheit 106
Arbeitssicherheitsgesetz 106
Arbeitsstättenverordnung 106
Arbeitsteilung 57, 118
- Bildung von Ausschüssen 57
- Experten 57
- Spezialwissen 57
- Teamarbeit 58
- Zuständigkeiten 58
Arbeits- und Gesundheitsschutz 107, 108
Arbeits- und mitbestimmungsrechtliche Themen 57
Arbeitsunfälle 110
Arbeitszeit 106, 108, 203
Arbeitszeitgesetz 106
Auflösung des Personalrats 153
Aufsichtsperson 110, 111
Augenhöhe 53
Ausbildung 55
Ausgründungen 50
Ausschüsse 57, 82, 231
Außerordentliche Kündigung von Personalratsmitgliedern 154
Auszubildende 54, 55

B

BAT 203, 208, 210, 215
BDSG 105
Beamte 55, 56, 226
Beamtenanwärter 55
Beauftragter für den Datenschutz 104
Bedeutung des Amtes 43
Beförderung 226
Begehungen 110
Begehungen der Arbeitsstätte 107
Belegschaft als Ganzes 55
BEM 101
Benachteiligungsverbot 160
- Änderungskündigungen 163
- Behinderung 160
- Behinderungsverbot 160
- Ersatzmitglied 165
- Kündigungsschutz 162
- Versetzungs- und Abordnungsverbot 161
- Wahlbewerber 163
- Wahlvorstand 163
Berufsfelder 54
Berufsgenossenschaft 54, 108, 110, 111
- für Gesundheitsdienst und Wohlfahrtspflege 110
Berufsgenossenschaftliche Vorschriften 106, 107, 110
Berufsgruppen 49
Berufspraktikanten 55
Beschäftigte 49, 55
- im Freiwilligen Sozialen Jahr 55
- in Arbeitsbeschaffungsmaßnahmen 55
Beschluss 112, 232
Beschwerden 110
Beschwerderecht 104
Beschwerdestelle 104
- Beschwerderecht von Beschäftigten 104
Beschwerdestelle nach § 13 AGG 54, 103
Besichtigungen 110
Betriebliches Eingliederungsmanagement 101
Betriebsanalyse 123
Betriebsarzt 53, 106, 107
Betriebsgeschichte 45
Betriebsgruppenseminare 173
Betriebsklima 109
Betriebskultur 45
Bewährungsaufstiege 210
Bildungsplanung 233
BMT-G II 211, 215
BPersVG 170
Bundesbahn 179
Bundesdatenschutzgesetz 104
Bundesfreiwilligendienst 55
Bundespersonalvertretungsgesetz 36, 38, 57
Burn-Out-Syndrom 109
Bürokräfte 71
Büroorganisation 133
Bürotätigkeiten 58

C

Co-Management 195, 197

D

Datenschutz 105, 136
Datenschutzbeauftragter 54, 104
- Bundesdatenschutzgesetz 104
- Daten 105
- Inter- und Intranet 105
- Personalakten 105
- Telekommunikationsanlagen 105
Datenschutz-Grundverordnung 105

Deutsche Bundespost 178
Deutsches Rote Kreuz 207
Deutsche Telekom AG 179
DGB-Index GuteArbeit 197
- Arbeitsbedingungen 197
- Befragungsmöglichkeiten 198
- Befragung von Arbeitnehmern 197
- Jahrbuch 201
- Mitarbeiterbefragung 198
- Online-Mitarbeiterbefragung 198
- Themengebiete 198
Dienstleistungen 49
Dienstleistungsrichtlinie 179
Dienstordnungsangestellte 55
Dienstplangestaltung 236
Dienststelle 49, 102
Dienststellenleiter 49
Dienststellenleitung 45, 50, 53, 56, 101, 231
Dienststellenteil 49
Dienstvereinbarung 70, 76, 79, 102, 147, 223, 235, 236
- Dienstplangestaltung 236
- Eckpunkte 234
- Erzwingbarkeit 80
- Gegenstände 77
- Kündigungsfristen 79
- Nachwirkungsklausel 80
- rechtlicher Rahmen 76
- Schriftform 79
- Urlaubsplanung 235
- Voraussetzungen 79
- zur Gleichstellung der Geschlechter 102
Diskriminierung 104
DSGVO 105
Duales System 110

E
EDV 135
Ehrenamt 44
Einarbeitung in das Personalvertretungsgesetz 39
- Literatur 41
- Systematik 39
Eingruppierung 224
Eingruppierungsordnung 203
Einigungsstelle 53
Einigungsstellenverfahren 156
- Beschluss 158
- Bildung der Einigungsstelle 157
- Empfehlung 156
- Schweigepflicht 159
- Zusammensetzung der Einigungsstelle 157
Einstellung 224
Entgeltbestandteile 209
Entgeltordnung 217
Ergonomie 106
Erwartungen 51
Expertenwissen 58

F
Fachkraft für Arbeitssicherheit 53, 106, 107
Fachliteratur 41
Ferienarbeiter 55
Flächentarifverträge 208
Forming 47
Frauenanteil 102
Freie Mitarbeiter 55
Freistellung 82, 119 , 230
- allgemeine Freistellungsregelung 82
- besondere Freistellungsregelung 83
- Teil-Freistellungen 83
Führungsverhalten 50

G
Gefährdungen 109
Gefährdungsbeurteilung 108
- Dokumentation 108
- Mitbestimmung des Personalrats 108
- psychische Belastungen 108
Gegenüber 50
Gemeinschaft von Frauen und Männern 102
Gender Mainstreaming 103
Geringfügig Beschäftigte 55
Geschäftsführung der MAV 149
- Verhandlungen mit dem Arbeitgeber 149
Geschäftsordnung 46, 72, 73, 120, 230
- Muster-Geschäftsordnung 230
- Verabschiedung 73
Gesundheitswesen 175, 180, 216
GEW 238
Gewalt gegen Beschäftigte 109
Gewerbeaufsicht 110
Gewerbeaufsichtsamt 54, 110, 111
Gewerkschaft 54, 133, 140, 144, 166, 205, 214
- Kerngruppenseminare 173
- Koalitionsfreiheit 166
- Streikrecht 166
- Tarifautonomie 166
- Tariffähigkeit 167
- Tarifvertragsgesetz 167
- vertrauensvolle Zusammenarbeit 168
Gewerkschaft der Polizei 239
Gewerkschaft, Rechte im öffentlichen Dienst 170
- Personalversammlung 170
- Personalversammlung zur Wahl eines Wahlvorstands 170
- Sitzung des Personalrats 170
- Zugangsrecht zur Dienststelle 170
Gleichstellung 102
Gleichstellungsbeauftragte 54, 102, 103
Gleichstellungsgesetze 103
Gruppenmitglieder 56
Gruppenprinzip 55
Gruppenvertreter 56
Gute Arbeit 197, 201

H
Hausrecht 112
Höhergruppierung 224
Honorararbeitsverhältnis 55

I
Information 51
Information des Personalrats 138
Informationsrecht 86
Informationstechnologie 105
Informations- und Kommunikationstechniken für Personalräte 90
Inklusionsvereinbarung 100
Integration 46
Integrationsvereinbarung 100
Interessenvertretung 44
Internes Controlling 132
Internet 105, 135
Internetadressen 240
Intranet 91, 105

J
JAV 102
JAV-Arbeit 102
Jugendliche 54
Jugendliche und Auszubildende 49
Jugend- und Auszubildendenvertretung (JAV) 53, 101
Jugendvertreter 102

K
Katalog stets wiederkehrender Eckpunkte für Dienstvereinbarungen 234
Kirchliche Einrichtungen 207
Klausurtagung 45, 120
Koalitionsfreiheit 166
Kommunale Arbeitgeberverbände 208
Kompetenz 31
Konstituierende Sitzung 56
Kontakt zur JAV 101
Kontakt zur Schwerbehindertenvertretung 99
Kontinuität 127, 133
Krankenhäuser 180, 190
Kündigung 86, 112, 224, 228

L
Landespersonalvertretungsgesetz 36
Legitimation 53
Leiharbeitnehmer 55
Leistungsorientierte Bezahlung 191
Leistungsorientierte Vergütung
– Intrinsische Motivation 192
Leitbilddiskussion 195
Literatur 243

M
Mandat 44, 54
Mehrarbeit 236
Mitarbeiterstatus 55
Mitarbeiter von Fremdfirmen 55
Mitbestimmung 83, 84
– eingeschränkte 84
– Einwendungen 86
– uneingeschränkte 84
Mitgliederwerbung der Gewerkschaften 170
Mitwirkung 84
Mobbing-Beauftragte 54
Modernisierung des Tarifrechts 203
MTL II 212
Muster-Geschäftsordnung 230
Mustervordrucke 223, 224
– Eingruppierung 224
– Einstellung 224
– Gruppe Angestellte/Arbeiter 224
– Gruppe Beamte 226
– Kündigungen 228
– Mitwirkung von Personalräten 224
– Versetzungen 224

N
Niederschrift 72, 232, 233
Norming 47
Notwendiger Sachbedarf 88

O
Offenheit 31
Öffentliche Daseinsvorsorge 175
Öffentliche Dienstleistungen 213
Öffentlicher Arbeitgeber 175
Öffentlicher Dienst 23, 216
– aktuelle Tendenzen 23
– Beamte 25
– Billig-Tarifverträge 24
– Bürokratie 23
– Outsourcing 24
– Privatisierung 24
– Senkung der Personalkosten 24
– Spartentarifverträge 24
– Zusatzversorgung 25, 26
Öffentlicher Dienst 25
Öffentlicher Personennahverkehr 190
Öffentlicher Personennahverkehr 211

Öffentlichkeits- und Pressearbeit 133, 171
Organigramm 50
Orientierung 48

P

Pausen 106
Performing 47
Personalakte 105
Personalrat 45
– Aufgaben 170
– Mitgliederwerbung 170
– Neutralitätspflicht 172
– Unterstützung durch die Gewerkschaft 171
– vollständig neu zusammengesetzt 48
Personalratsbeschluss 75
– Aussetzen von Beschlüssen 76
– Voraussetzungen 75
Personalratsbüro 87, 133
Personalratsmitglied 43, 44
Personalratssitzung 56, 101, 112, 122
Personalratsvorsitz 118
Personalratsvorsitzender 58, 61, 64, 112
– Abwahl 61
– Aufgaben 62
– Einberufung der Personalversammlung 69
– Einberufung von Sitzungen 65
– Entgegennahme von Anträgen 70
– Entgegennahme von Entschuldigungen 66
– Festlegung der Tagesordnung 66
– Leitung der Personalversammlung 69
– Sitzungsleitung 68
– Unterzeichnung des Sitzungsprotokolls 69
– Unterzeichnung von Dienstvereinbarungen 70
– Verhandlungsmandat 64
– Vertretung nach außen 64
Personalversammlung 55, 69, 112, 139, 140, 171, 174
– Einladung 69
– Hausrecht 69
– Tagesordnung 69
Prävention 110
Prekarisierung 204
Prioritätenkatalog 125
Prioritätenliste 132
Privatisierung 176, 178, 181, 187, 204, 213
Protokoll 69
Psychische Belastungen 109
Psychische Gesundheit 109
Public Private Partnership 184
Publikationen des Personalrats 97

R

Rahmenbedingungen 43, 45, 48
Rahmenvorschriften Bund 37
Rechtsberatung 171
Rechtsgrundlagen 36
Rechtsschutz 113
Rechtsweg für Personalräte 151
– Einigungsstelle 151
– Verwaltungsgericht 151
Recht und Billigkeit 104
Rechtzeitige und umfassende Information 51
Re-Kommunalisierung 188
Rolle 44
Rollenverteilung 46

S

Sachkunde 31

Sachkundige Person 112
– Beschluss 112
– Kosten 112
Sachmittel für die Personalratsarbeit 87
Schriftführer 56, 71, 72
Schuldenbremse 176
Schulung 41, 80, 137, 171, 195
– Kosten 81
– rechtliche Grundlagen 80
– Schulungsplanung 81
Schwarzes Brett 96, 141
Schweigepflicht 74, 143
Schwerbehinderte 49, 54, 99
Schwerbehindertenvertretung 53, 99, 100, 101
– Vertrauensperson 99
Selbstbewusstsein 46
Selbstverständnis 44, 51, 108
Selbstverständnis des Personalrats 115, 126
Seminare 233
Sicherheitsbeauftragter 53, 106, 107
Sitzungen 58, 72, 73, 231
– Arbeitszeit 74
– Beschlüsse 73
– Sitzungskultur 73
Soldaten 55
Soziale Kompetenz 195
Speicherung von Daten 105
Sprechstunden 56, 140, 233
Stellvertretender Vorsitzender 56, 70
Stellvertretungsregelung 51
Storming 47
Streikrecht 166
Streitkultur 194
Stress 129
Stufenvertretungen 112

T

Tagesordnung 66, 67, 231
Tarifautonomie 166
Tarifgemeinschaft deutscher Länder 208
Tarifrecht im Öffentlichen Dienst 208
Tarifverträge 205, 209, 221
Tätigkeitsbereiche 54
Tätigkeitsbericht 139
Teamarbeit 58
Teamgefühl 47
Teamuhr 47
Teilzeit 54
Telekommunikationsanlagen 105
TTIP 188
TV-L 218
TVöD 203, 208, 212, 215

U

Übergabe 45
Überstunden 236
Überwachungsaufgaben 110
Unfallanzeigen 111
– Statistik des Unfallgeschehens 111
Unfallgeschehen 111
Unfallkasse 108, 110, 111
– Arbeitsunfälle 110
– Prävention 110
Unternehmenskultur 196
Urlaubsgestaltung 108
Urlaubsplanung 235

V

ver.di 237
Verhandlungen mit dem Arbeitgeber
– Aktionen der Mitarbeiter 150
Versammlungen 58
Verselbstständigung 57

Versetzung 224, 226
Vertrauensleute 173, 174
Vertrauensperson 99
Vertrauensvolle Zusammenarbeit 51
Verwaltungs-Berufsgenossenschaft 110
Verwaltungsgericht 53, 113
Verwaltungsgerichtsweg 152
– Instanzenweg 155
– Kosten 154
Vollzeit 54
Vorgeschichte 45
Vorpraktikanten 55
Vorsitzende 56
Vorstand des Personalrats 56
Vorstandssitzung 230

W

Wahlanfechtung 153
Wahlvorstand 56
Wasserversorgung 190
Weimarer Republik 36
Werkstudenten 55
Wirtschaftsausschüsse 38
Wohlfahrtsverbände 207

Z

Zeitkontingent für die Personalratsarbeit 121
Zeitmanagement 130
Zeitschriften 244
Zielvereinbarungen 193
Zusammenarbeit 51, 53, 99, 100, 102
– mit der Gleichstellungs- bzw. Frauenbeauftragten 102
– zwischen Personalrat und der Vertrauensperson der schwerbehinderten Menschen 99
Zusätzliche Altersversorgung im Öffentlichen Dienst 220
Zuständigkeiten 51
Zuweisung 224, 226